KB146824

미래사회,
공감이 진짜 실력이다

# 미래사회,
# 공감이 진짜 실력이다

초판 1쇄 발행 2023년 11월 10일

**지은이** 도대영

**발행인** 송진아
**편 집** 아이핑크
**디자인** 권빛나
**제 작** 제이오
**펴낸곳** 푸른칠판
**등 록** 2018년 10월 10일(제2018-000038호)
**팩 스** 02-6455-5927
**이메일** greenboard1@daum.net

ISBN  979-11-91638-16-5  13370

\* 이 책은 저작권법에 따라 보호를 받는 저작물이므로 무단 전재와 무단 복제를 금
  지하며, 이 책의 전부 또는 일부를 이용하려면 반드시 저작권자와 푸른칠판의 서면
  동의를 받아야 합니다.
\* 책 값은 뒤표지에 있습니다.

# 미래사회, 공감이 진짜 실력이다

## 세상을 바꾸는 교실 공감교육

도대영 지음

푸른칠판

차례

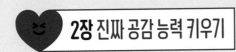

**2장 진짜 공감 능력 키우기**

"카톡!"

2월의 어느 날, 새 학년 준비로 한창 바빴던 나는 컴퓨터 모니터에 코를 처박고 있었다. 메시지 알림에도 휴대폰으로 눈 돌릴 여유조차 없었다. 한참을 더 달려 눈앞의 작업들을 일단락하고 나서야 고개를 돌렸다.

'누구지?'

메시지 발신인은 '보영(본 책에 등장하는 모든 이름은 가명을 사용함.) 도화 8기'였다. 익숙하고 가슴 아린 이름이었다. 창을 누르자 8개의 이미지 파일이 있었다. 손 편지 대신 편지지 이미지에 적는다는 말로 시작하는 보영이의 편지였다. 그 편지는 나를 예전의 그 시절로 데려갔다.

교사에게 특별하지 않은 해는 없다. 교직 생활의 거의 모든 해가 기억나지만 유독 선명한 해가 있는데, '라온제나 8기'를 만난 2017년이 그중

하나다.('라온제나'는 당시 운영했던 학급의 이름이고, '8기'는 8번째 학급이라는 뜻) 돌이켜 보면 건방진 생각이지만 나는 충분히 준비된 교사라고 믿었고, 자신만만했다. T.E.T(교사역할훈련)와 PDC(학급긍정훈육법)를 기반으로 한 나만의 학급살이 시스템이 완성되고 있었으며, 학생, 학부모, 동료 교사들로부터 칭찬과 찬사를 받았다. 여기저기 강의를 다니며 교생실습 지도를 하고 있었고, 훌륭한 동료들과 책도 써서 출간한 상태였다. 더구나 내가 가장 좋아하는 6학년 담임인 데다가 든든한 지지를 해 주는 허용적인 선배들이 동학년이었던 상황인지라 그보다 더 좋을 수는 없다고 생각했다.

그해 첫날 만난 아이들은 참 예뻤다. 6학년 특유의 까칠함과 무뚝뚝함이 묻어났지만 솔직했다. 마음을 숨기지 못하고 표정과 몸짓으로 드러내는 게 좋았다. 우리는 금방 친해졌고 학급은 행복과 에너지가 넘쳤다. 당시만 해도 나에게 '하나의 학급 공동체'는 절대적인 가치가 있었다. 모두가 하나의 긍정적 관계 속에서 소속감을 느끼는 행복한 교실을 목표로 삼았다. 결과는 성공적인 듯했다. 쉬는 시간이면 아이들은 성별이나 성향과 상관없이 시끌벅적하게 어울려 놀았으며, 나는 내 성취감에 도취된 채 그 모습을 흐뭇하게 바라보았다. 하지만 갈등은 언제나 익숙함과 함께 오는 법. 어느 날이었다.

"선생님, 상담할 게 있는데요. 이것 좀……"

주영이가 SNS 그룹 창 하나를 보여 주었다. 열 명 남짓한 우리 반 아이들이 있는 대화방, 그 속에서 충격적인 대화들이 오가고 있었다. 난무하는 욕설, 비속어, 뒷담화들을 애써 담담하게 읽었다. 학생들, 특히 사춘기에 접어든 6학년들의 민낯은 나에게 새로운 것이 아니었다. 내가 놀랐던 점은 따로 있었다. 싸움의 주축이 된 두 여학생의 존재였다. 둘은 내가 가장 믿고 아끼는 학생들이었다. 생활 태도, 성적, 관계 능력 등 어디 하나 나무랄 데 없는, 소위 말하는 '에이스' 둘이 세력을 형성하며 서로를 공격하고 있었다. 그리고 그 공격은 집요하고 교묘했다. 증거를 남기지 않기 위해 돌려 험담하고, SNS 상태 메시지에서 애매한 단어로 상대를 저격하고 있었다. 언제나 발 뺄 준비를 한 채, '네 이야기 아니야.'라며 웃으며 받아칠 만반의 준비를 한 상태였다.

"안 되겠군."

나는 서둘렀다. 갈등 해결은 내가 전문이었고, 본능적으로 단순한 개별 상담만으로는 부족하다고 느꼈다. 나는 그 당시 감정교육에 진심이었고, 이미 다양한 감정 수업을 하고 있었기 때문에 감정 수업, 감정 중심의 문제 해결, 또래 중재, 교사 개별 상담, 타임아웃 공간 활용 등 내가 가진 모든 무기를 활용해 '하나의 학급 공동체' 수리에 나섰다. 관계의 금을 덕지덕지 이어 붙이는 과정에서 나의 자만심 때문에 놓쳤던 관계의 민낯이 적나라하게 드러났다. 하하 호호 웃으며 내 앞에서 다정하게 팔짱을 끼고 다니던 아이들은 마치 춘추전국시대처럼 얼키설키한 관계의 정치 속에서 갈등하며 방황하고 있었다. 나만 몰랐던 것이다. 우리 교실에는 누군가가 감정을 다친 채 대화를 나누는 장면이 매일, 매시간 펼쳐지고 있었다. 내가 펼친 감정 수업과 활동들은 오히려 아이들의 감정 마개를 열어 버렸고, 맹렬하게 쏟아지는 감정의 홍수 속에서 아이들은 허우적댔다. 정말 '격랑' 그 자체였다.

그 격랑 속에서 가장 많이 다친 아이가 바로 보영이었다. 보영이는 감수성이 빛나는 다재다능한 아이였고 어려운 환경 속에서도 학교생활에 최선을 다했다. 동시에 깊고 여린 감수성이 스스로를 힘들게 했다. 나는 담임으로서의 애타는 마음을 숨긴 채 이 아이의 깊은 내면에 상채기라도 낼까 봐 두려워하며 조심스레 다가갔다. 보영이는 여러 격랑 속에서 성장과 좌절을 겪었지만 안타깝게도 행복한 미소를 짓지 못한 채 졸업했다. 나에게는 아프고 애달픈 손가락 같은 아이였다.

그 힘들었던 한 해는 역설적으로 나를 많이 성장시켰다. 갈등 중재 및 해결 능력이 급격하게 상승했고, 아이들에 대해 더 깊이 이해하게 되었다. 내 힘을 덜 들이고 아이들을 도울 수 있는 방법도 찾았다. 그리고 중요한 고민과 화두를 가지게 되었다. 나는 '감정'을 통해 행복한 삶이 보장된다고 확신하고 있었다. 감정을 정확히, 깊이, 많이 알면 관계는 당연히 좋아지는 것이라고 생각했다. 하지만 그건 착각이었다. 감정이 인생에서 중요한 요소라는 생각은 변함없지만, 뼈저리게 겪은 실패 후에야 감정이 관계와 직결되지는 않는다는 것을 깨달았다.

"네 말을 들었을 때 보영이의 감정이 어떨 것 같아? 감정 카드에서 골라 볼래?"

"음, 속상할 것 같아요."

"그래, 고맙다. 선생님 생각에도 아마 그럴 것 같아. 그럼 앞으로 같은 상황에서 더 상대방의 감정을 고려해서 행동해 줄 수 있겠어?"

"네."

이렇게 대화를 하고 며칠 뒤 성연이는 보영이를 다시 공격했다. '아니, 도대체 왜?' 꽤 많은 무력감과 좌절을 맛본 뒤에 실낱같은 힌트를 얻을 수 있었다.

"성연아, 저번에 선생님과 약속하지 않았니?"

"했어요."

"그런데 약속을 어겨서 선생님은 속상하구나. 도대체 이유가 뭐니?"

"……"

나는 한숨을 쉬었고, 한참 침묵이 흘렀다.

"솔직히…… 공감이 안 돼요."

"뭐? 뭐라고?"

"보영이가 공감이 안 된다고요. 자기 혼자 피해자인 척하잖아요? 자기도 저한테 잘못했으면서."

"아니, 보영이가 속상할 것 같다고 이야기했었잖아?"

"그게 정답인 것 같으니까요. 하지만 정답이랑 진짜랑 같은 건 아니잖아요."

순간 나는 아무 말도 못했다. 내가 믿던 세계관이 무너져 머리가 멍해진 느낌. 공감이라는 건 상대의 감정을 알아차리는 것 아닌가? 그렇기에 감정에 대해 많이 알고, 정확하게 파악하면 자연스럽게 향상되는 능력이지 않은가! 그런데 성연이는 아니라고 말하고 있었다. 그저 감정에 대한 '지식'이 문제 풀이 능력을 높여 줬을 뿐이라고 항변했다.

그제야 뿌연 안개에 가려져 있던 장면들이 분명해졌다. 개별적으로 보면 하나하나 모두 훌륭한 아이들이 왜 서로에 대해서는 그 관계 역량을 발휘하지 않는지, 동영상에 나오는 불우한 친구의 상황에 눈물을 글썽이는 아이가 왜 옆자리 친구의 실수에는 아량을 베풀지 않는지. 나는 감정만 제대로 가르쳐 주면 태어날 때부터 마음속 깊은 곳에 가지고 있던 공감 능력이 당연히 작동할 거라고 착각했던 것이다. 나는 정말 공감에 대해 아무것도 모르고 있었다.

그때부터 아이들의 공감 능력을 키워 주고 싶다고 생각했다. '공감교육'이라는 키워드를 마음에 품고 다양한 공부와 시도를 거듭했다. 결국 3년 뒤에 받은 보영이의 편지 속에서 그러한 내 노력들이 헛되지 않았다는 위로를 받았지만, 조금 더 효과적으로 능숙하게 아이들의 성장을 돕고 싶었기 때문에 다양한 방법들을 찾아 나가며 적용했다. 내 방법이 아이들의 공감 능력을 키워 주는 정답이라고 생각하지 않는다. 그러나 공감교육이라는 키워드 자체가 전무한 현재 상황에서 나와 비슷한 고민을 하는 누군가가 시도해 볼 수 있는 하나의 선택지만 되어도 충분히 의미 있지 않을까.

# 01

## 공감에 대한
## 진실 혹은 오해

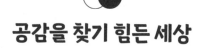

# 공감을 찾기 힘든 세상

## 공감하지 못하는 사람들

2022년 10월 29일, 핼러윈의 흥겨움이 넘치던 이태원에서 참사가 일어났다. 짧은 순간에 좁은 골목에서 수백 명의 소중한 목숨이 허무하게 스러졌다. 그곳에서 생존했던 고교생은 트라우마를 이기지 못하고 극단적 선택을 하고 말았고, 일어나지 말아야 할 비극에 국민들은 다시금 눈물을 흘렸다. 그리고 며칠 뒤에 한덕수 국무총리의 기자간담회 발언이 도마에 올랐다.

"본인(극단적인 선택을 한 학생)이 필요에 따른 이런 생각이 좀 더 굳건하고 치료를 받겠다 이런 생각들이 더 강했으면 좋지 않았을까 하는 생각이 듭니다."

후에 총리실에서는 안타까움을 표현한 것뿐이라고 수습했지만 비극의 책임을 개인에게 전가하는 듯한 실언에 많은 사람들이 실망감을 감추지 못했다. 창원시 시의원이 본인의 SNS에 이태원 참사 유가족을 향해 '우려먹기 장인들', '자식 팔아 장사한단 소리 나온다', '나라 구하다 죽었냐?' 등의 원색적인 비난을 해 비판받은 지 불과 이틀 뒤의 일이었다. 기사의 댓글창이나 SNS에서는 정치인들의 경솔한 발언에 대한 질타가 이어졌다. 그중 결이 다른 댓글 몇 개가 눈에 들어왔다.

'솔직히 자기들이 놀러 갔다가 사고 난 건데, 왜 나라가 책임을 져야 하는 건지 모르겠음.'

'세월호 때처럼 또 시체 장사 하려는 거 같은데? 어이없네.'

심지어 그 글들은 적지 않은 '좋아요'로 지지받고 있었다. 다음 날 이 이야기를 교실에서 학생들과 나누었다. 학생들 대부분 분개하는 와중에 반에서 똑똑하기로 정평이 난 주원이가 손을 들었다.

"그런데요, 저희 아빠가 그러는데 이태원에서 죽은 사람들이 잘못한 거래요. 저는 커서 절대로 핼러윈 파티 같은 거 안 갈 거예요."

나는 생각에 잠겼다. 정치인들의 발언, 온라인상의 거친 표현, 그리고 주원이의 말 속에는 모두 '공감'이 결여되어 있었다. 물론 누구나 의사 표현을 할 수 있는 자유가 있고, 이런 표현을 하는 사람들은 예전부터 있었다. 하지만 특이한 것은 오늘날, 온라인상에서 소위 '키보드 워리어'라고 불리는 이들만 편향된 목소리를 내는 것이 아니라는 점이다. 적어도 내 기억으론 과거에는 누군가 타인의 아픔과 고통에 공감하지 못하는 발언을 하면 다른 많은 사람들의 질타를 받았다. 소수의 잔인한 말을 다수가 집단지성과 사회적 통념으로 통제할 수 있었고, 이런 사회 자체의 자정작용으로 인해 공감이 결여된 발언을 쉽게 하지 못하는 분위기였다. 하지만 세상이 급변했다. 사회를 뒤덮었던 엄숙주의는 사라져 갔고, 정보통신기술의 발달 덕분에 누구나 쉽게 말할 수 있는 공간과 자유가 주어졌다. 사람들은 타인의 얼굴을 마주하지 않은 채 떠드는 데 익숙해졌고, 거침없는 말을 걸러 낼 자정 장치는 힘을 잃고 있다. 개인의 정치적 견해나 사상을 검열해야 한다는 말이 아니다. 나 역시 의사 표현의 자유는 절대적으로 보장되어야 한다고 믿으며, 다양한 생각이 서로 존중받고 어우러지는 사회만이 발전하고 성장할 수 있다고 생각한다. 그러나 서로 다른 생각들을 평화적으로 펼치지 않고 상대에 대한 맹목적이고 잔인한 공격의 무기로 쓰는 행태는 곤란하다. 야수처럼 무자비하게 상대를 물어뜯는 이유는 '좋아요'로 만들어지는 삐뚤어진 지지와, 묵인되고 용인되는 비논리적인 억지 때문이다.

"그래, 주원이에게 이런 끔찍한 비극이 일어나면 안 되겠지. 그런데 주원아, 혹시 만약에 주원이의 사랑하는 가족이 안타깝게 희생되었다면 주원이는 어떨 것 같니?"

"어…… 엄청 슬프겠죠."

"고마워, 선생님이랑 같은 생각인 것 같아서 기쁘네. 그럼 이번 이태원 희생자의 가족들은 어떤 마음일까?"

"음…… 슬펐을 것 같네요."

주원이 얼굴에 착잡함과 시무룩함이 올라왔다. '같아요'가 아니라 '같네요'라고 말한 것은 인정할 수밖에 없는 상황에서 지키고 싶은 마지막 자존심의 표현이었을까? 만약에 주원이가 실제 유가족이라면 다른 사람에게서 어떤 말을 들어야 힘이 나고 도움이 될 것 같은지 물었다. 내 질문에 주원이는 한참을 고민하더니 힘내라는 말을 듣고 싶을 거라고 대답했다. 여기서 그치지 않고 간단한 심리극을 이어 갔다. 주원이는 20살 누나를 잃은 유가족 역할을 맡았다. 심상화 작업을 거친 뒤 질문을 이어 갔고, 핵심으로 들어갔다.

"이번에 누나에게 안 좋은 일이 일어났다고 들었어요. 무척 힘들 것 같은데 실례가 안 된다면 무슨 일인지 말해 줄 수 있어요?"

"누나가 이태원에 놀러 갔다가, 그만 하늘나라로 떠났어요."

"아, 그랬군요. 너무너무 비통하겠어요. 뭐라 말을 해야 하나……."

일부러 '슬프다'가 아닌 '비통하다'는 감정을 이야기했다. 가족을 잃어버린 사람에 대한 애도에는 비통함이 더 적절하다고 판단했다. 이후 심리극은 절정을 향했다. 사랑하는 가족을 잃은 주원이에게 위로와 격려를 해 주기를 부탁했고, 잠시 후 열 명이 넘는 아이들이 자리에서 일어나 주원이에게 위로와 격려의 말을 건넸다. 그때 윤아가 주원이에게 다가가더니 주원이를 끌어안았다. 순간 나도 아이들도 심지어 주원이도 놀랐다. 윤아는 평소에 주원이와 생각이 달라서 자주 다투는 친구였기 때문이다. 잠시 그렇게 아무 말도 하지 않은 채 우리는 각자 에너지를 느끼고 있었다. 심리극이 끝난 뒤 주원이가 말했다.

"윤아가 안아 줬을 때 솔직히 처음에 너무 놀랐거든요? '얘가 왜 이러지?' 이런 생각이 들고요. 그런데 쟤가 막 이렇게, 막 등을 이렇게 이렇게 하는데, 어, 음…… 위로받았어요."

목소리가 떨렸다. 평소 생각이 날카롭고 우호적인 감정 표현을 잘 하지 않는 아이인데, 이렇게 감정의 색깔을 세밀하게 찾아내다니 아이러니했다. 나는 주원이에게 고마움을 표현한 뒤 소감을 물었다.

"앞으로 유가족들에게 위로하는 댓글을 많이 많이 쓸 거예요. 그리고 혹시 주변에서 유가족 욕하는 사람들이 있으면 그러면 안 된다고 당당하게 말하고요."

"맞아요, 그런 사람들 나빠요!"

"그런 사람들 그냥, 막, 머리를 때릴래요!"

흥분한 정의의 사도 준호가 주먹을 공중에 세차게 휘두르며 소리를 쳤다. 순식간에 교실은 타도의 장이 되었다.

"그래요, 여러분 마음은 충분히 알겠어요. 그런데 선생님 생각은 비슷하지만 조금 달라요. 사람마다 다른 생각을 할 수 있고, 누구나 자기 생각을 자유롭게 말할 권리가 있죠. 다만 선생님이 말하고 싶은 것은 조금 전의 심리극 활동을 한 이유가 그 사람들의 입장이 되어 볼 필요가 있다는 겁니다. 상대방의 눈높이에 한 번도 서 보지 않은 채 우리는 너무 쉽게 평가하고 판단하는 경우가 많으니까요. 상대방의 생각에 꼭 동의할 필요는 없어요. 우리는 모두 다르니까요. 다만 그 사람의 입장에서 공감해 봐야 진짜 서로를 이해하고 이야기를 시작할 수 있어요. 방금 주원이가 유가족의 입장이 되어 보기 전과 후의 생각이 달라진 것처럼 말이죠. 보상이나 해결책은 그다음 문제입니다. 선생님 생각에는 일부 정치인이나 사람들이 막말을 하는 건 그 사람들이 나쁜 사람들이거나 수준이 낮아서가 아니에요. 공감하지 못해서 그런 거죠."

아이들이 내 말을 정확히 이해했는지는 모르겠지만, 그날 아이들 각자 가슴이 뜨거워지고 고개를 갸웃거리게 되는 무언가를 가지게 된 것은 확실했다. 깊은 흑색의 초롱초롱한 눈망울들이 그걸 말해 주었다.

우리 주변에도 개인으로 보면 인품 좋고 존경할 만한 사람이 상대를 경악케 하는 발언을 하는 경우가 있는데, 이는 단순한 도덕성의 차원을 넘어 공감 능력이 부족하기 때문이다. 한 통계 자료에 따르면 2009년의 평균적인 미국 사람들은 1979년 사람들의 75%보다 공감 능력이 떨어진다고 한다. 또한 뉴스에 눈살을 찌푸리게 하는 극악무도한 범죄나 사고가 나올 경우, 소위 전문가들은 '공감 능력 부족'을 하나의 원인으로 빼놓지 않고 언급한다. 공감 능력이 낮을수록 의도적으로 상대를 공격할 가능성도 커진다고 한다. 그래서 《당신이 옳다》를 저술한 정신과 의사 정혜신의 2012년 연설이 많은 사람들의 심금을 울렸다.

"벼랑 끝에 몰린 사람들한테, 혼자 숨죽여서 울고 있는 사람들한테 공감이라는 것은요, 굶어 죽어 가는 사람들한테 제공되는 한 끼 밥 같은 그런 것입니다. 그래서 사람한테 공감을 해 주는 일은 누군가의 목숨을 구하는 일입니다."

이토록 사람들에게 중요하고 사회에 필요하며, 누구나 바라는 공감 능력. 과연 우리 아이들은 공감 능력을 갖춘 사람으로 성장하고 있을까? 아이들을 위한 공감 능력에 대한 교육은 제대로 이루어지고 있을까?

교사, 학부모를 대상으로 아이들의 공감 능력에 대한 설문을 한 적이 있다. 공감이 얼마나 중요하다고 생각하느냐는 질문에는 5점 만점에 평균 4.3점으로 응답했다. 반면 학생들의 공감 능력은 5점 만점 중 2.7점으로 평가받았다. 특히 교사의 87% 이상이 학생들의 공감 능력이 보통 이하라고 생각하고 있었다.

물론 설문 결과가 실제 아이들의 공감 능력에 대한 직접적인 지표로 충분하지 않을 수 있다. 그러나 교사, 학부모, 학생 모두가 같은 곳을 가리키고 있다면 이는 분명 시사하는 바가 있을 것이다. 그 속에 담긴 의미, 현실을 세세히 살펴보고 올바른 방향으로 나아가는 노력을 해야 한다. 도대체 교실 속에서는 무슨 일이 일어나고 있으며, 올바른 인성 함양을 목적으로 하는 학교교육에서 공감교육은 어떻게 이루어지고 있는 것일까?

## 공감이 꽃피기 어려운 교실

### 집단에서 살아남기*

내 학창 시절의 3월 첫날, 새로운 교실에서 시작하던 아침이 기억난다. 어색한 공기, 의자의 낯선 촉감, 어딘지 모르게 경계하는 것 같은 새 친구들의 얼굴. 성인이 된 지금은 친구들도 나를 그렇게 바라봤을 거라 미루어 짐작할 수 있지만, 당시 어린 나로서는 다른 친구들은 어떠할지 생각해 볼 여유나 경험이 없었다.

공동체 생활은 인류의 역사와 함께한다. 인간은 혼자 살아가기에는 약하기 때문에 일찍이 무리 생활을 했다. 그리고 다시 공동체 안에서 살아남기 위한 2라운드가 펼쳐진다. 흔히 '하나의 공동체'라고 생각하지만 그 속을 들여다보면 복잡다단한 관계들이 있고 그 관계로 만들어진 집단들의 총합이다. 예를 들어 '대한민국'은 지역, 나이, 성별, 경제적 수준, 직업 등에 따라 다양한 집단이 존재한다. 모두가 똑같은 한국인이라는 것은 환상에 가깝고 결국 국가는 하나의 플랫폼이라고 할 수 있다.

학급 역시 마찬가지다. 애초부터 학급은 강력한 공통점과 결속력을 지닌 공동체가 아니다. 행정 편의와 교육의 효율성을 목적으로 연령에 따라 임의로 나눠 놓은 집단일 뿐이다. 학생들은 이 안에서 자연스럽게 새로운 생존 게임을 시작한다. 이 게임에서 가장 중요한 전략은 집단을 이루는 것이다. 여기서 말하는 생존 게임은 거친 야생에서 맹수와 타 부족의 공격을 물리치던 옛 인류의 물리적 생존 이야기가 아니다. 지금은 옆에 있는 친구나 지나가는 맹수에게 공격당해 죽을 확률이 0에 가까운 시대이니 말이다. 결국 현대의 생존은 '관계 속 생존'을 뜻한다. 당연한 말이지만 관계 속에서 생존하려면 나에게 유리하고 건강한 관계를 맺어야 한다. 아이들은 결속력을 갖춘 '진짜 우리 집단'을 원한다. '한국 청소년 패널 조사'에 따르면 학생들은 교우 관계에서 3~10명 정도 중범위 수준의 친밀 집단을 가장 선호하는 것으로 나타났다. 초등학생 120명을 대상으로 한 설문에서도 '(나를 포함해서) 몇 명이 단짝 친구가 되어 함께 어울리는 게 가장 편하고 좋나요?'라는 질문의 답은 3~5명이 가장 많았다. 어쩌면 당연한 선택일 것이다. 3~5명 정도는 집단의 기능을 갖추면서도 동시에 개개인의 개성을 존중받을 수 있는 규모이고, 구성원 간의 접촉 빈도가 높아 밀도 있는 관계를 맺을 수 있기 때문이다. 이렇게 내가 소속된 집단을 사회학에서는 '내집단in-group'이라고 부른다. 모든 사회에는 국가, 인종, 정치적 성향, 연령, 지역, 경제적 수준 등에 따라 수많은 내집단이 있고, 이 내집단을 제외한 나머지는 '외집단out-group'이 된다.

교실에서 내집단과 외집단을 구분하는 기준은 다양하다. 쉽게는 성별, 거주 지역 등이 있고, 취미나 관심사(좋아하는 아이돌, 게임, 애니메이션 등), 다니는 학원, 경제적 수준, 교사가 임의로 나누어 준 모둠 등으로 내집단이 만들어진다. 흔히 내집단의 결속력을 다지는 방법에는 두 가지가 있다.

하나는 구성원만이 공유하는 특별한 가치나 경험을 만드는 것이다. 2022년 포켓몬스터 광풍이 불었을 때 서로를 포켓몬 애칭으로 부르고, 포켓몬 빵이나 희귀 카드 정보를 독점·공유하던 우리 반 포켓몬 그룹이 바로 그런 경우다. 그들은 엄청난 유대감과 소속감을 뽐내며 다른 집단과 선을 그었다.

내집단의 결속력을 높이는 다른 방법은 외집단에 대한 경계심과 적대감을 이용하는 것이다. '적이 있으면 단결한다.'는 오래된 격언처럼 독재자들이나 종교 지도자, 권력을 탐한 정치인들이 애용한 유서 깊은 방법이다. 히틀러는 괴벨스를 앞세워 유대인을 독일의 패망과 경제 위기의 주범으로 만들었다. 그 결과 나치당은 98%가 넘는 압도적인 지지를 얻을 수 있었으며, 600만이 넘는 유대인이 학살당하고 말았다. 이런 예는 교실에서도 쉽게 찾아볼 수 있다.

"선생님, 베프 만드는 제일 쉬운 방법이 뭔지 아세요?"

"음, 글쎄?"

"간단해요. 다른 애를 같이 씹으면 돼요."

내가 가르치던 학생에게 들었던 충격적인 말이다. 이 아이의 무심한 한마디가 나에게 큰 깨달음을 주었다. 그토록 뒷담화의 안 좋은 점에 대해 이야기해도, 친구에게 "○○가 아까 네 욕하던데?"라고 알려 주는 게 누구에게도 도움이 안 된다고 교육해도 왜 뒷담화가, 고자질이 사라지지 않는 걸까? 결국 외집단에 대한 막연한 두려움과 적개심이 인간의 이성을 압도하는 것이다.

인간은 내집단에 더 공감하고 우호적으로 반응하며, 외집단에 덜 공감한다. 이것은 경험적 데이터를 넘어 과학적으로도 증명되고 있다. 뇌과학 연구에 따르면 내집단 간의 경험은 무의식적인 미러링으로 처리한다. 미러링mirroring이란 상대방의 언어나 비언어의 일부 또는 전부를 거울 속에 비친 것처럼 그대로 따라하는 행동을 뜻하는데, 이는 상대에 대한 호감을 드러내며 긴밀하고 긍정적인 관계를 맺고 싶다는 무의식적인 신호다. 우리가 마음에 드는 이성을 만났을 때 자기도 모르게 미소를 띠고 상대의 표정이나 말투를 따라하게 되는 것처럼 말이다. 전 FBI 요원이자 커뮤니케이션 전문가인 존 내버로는 그의 저서 《FBI 행동의 심리학》에서 행동은 말보다 더 크게 말한다고 했다. 비언어적 표현은 사고를 관장하는 전두엽의 영향을 덜 받기에 더 정직하게 감정을 전달한다는 뜻이다. 이성적인 판단의 과정을 거치지 않고 생리적으로 상대방의 감정을 공유하고 모방해 버리는 미러링도 이와 같은 맥락이다. 그래서 상대의 감정을 내 직접적인 경험으로 여기고, 당연히 나의 생체 시스텝도 그에 걸맞게 반응한다.

반면 외집단 간의 경험은 처리 방식 자체가 다르다. 직접적이지도 않고 미러링이 일어나는 경우도 드물다. 물론 외집단에 대해서도 공감할 수 있다. 그러나 이 경우는 아예 다른 뇌 영역을 사용하며, 학습에 의한 결과물일 가능성이 크다. 가령 단짝 친구가 엄마에게 혼나서 속상해 하면 누가 시키지 않아도 내 마음이 자연스레 움직여 친구를 위로해 주지만, 데면데면한 친구의 강아지가 죽었다는 소식에는 '아, 강아지가 세상을 떠났으니 슬프겠지?'라는 면밀하고 의식적인 두뇌 작용을 거친 다음 공감하는 말을 건네게 되는 것이다. 그만큼 외집단에게 진심으로 공감하는 일은 어렵다.

정리하자면 교실은 수많은 내집단들이 날실과 씨실처럼 얽혀 있으며, 그들은 외집단에 대해 공감하기보다는 경계하고, 건조한 중립 상태를 유지하는 경우가 많다. 이것이 교실 속에서 공감을 가로막는 가장 큰 이유다.


## 교실의 공감을 가로막는 장벽*

대부분의 교사는 선천적으로든 후천적으로든 공감을 잘한다. 교사들을 대상으로 한 설문 결과 90% 이상의 교사가 자신의 공감 능력을 평균 이상이라고 응답했다. 하지만 이런 공감 능력을 모든 순간마다 펼치기에는 교실 상황이 녹록하지 않다.

우선 교사는 너무 바쁘다. '쉬는 시간에 정작 교사는 못 쉰다.'는 웃픈

말처럼 교사에게는 잠시의 여유나 쉼도 쉽사리 허락되지 않는다. 수업을 마치면 쉬는 시간에 학생들이 다가온다. 단순히 교사와 이야기를 나누고 싶어서이기도 하고, 무언가가 불만이거나 친구와 갈등이 생겨서 해결해 달라고 요청하기도 한다. 그런 순간에도 컴퓨터에는 다급한 업무 지시와 협조를 구하는 메시지들이 날아들며, 교실 전화 역시 쉴 새 없이 울린다. 다음 수업을 위한 세팅 또한 놓칠 수 없다. 한 기사에 의하면 초등학교 교사는 하루 평균 2시간이 넘는 시간을 잡무에 사용하고 있다고 한다. 어느 직업이나 이 정도의 애로 사항은 있다고 할 수도 있고, 감정노동 치고는 그래도 강도가 센 편은 아니라고 치부할 수도 있을 것이다. 하지만 결정적으로 이 모든 일들을 10~20분이라는 짧은 시간에 완벽하게 처리해야 한다는 것이 문제다. 그것도 최소 20명이 넘는 학생들과 함께하는 상황에서 말이다. 사람이 급하거나 바쁘면 다른 사람을 도울 가능성이 낮아진다는 것은 사회심리학 연구에서도 증명되었다. 사실 연구까지 갈 필요도 없이 '내 코가 석 자'라는 속담만 봐도 알 수 있다. 급하고 바쁘게 돌아가는 시간을 피해 하교 시간에 학생들과 차분하게 이야기 나누면 되지 않겠냐고 할 수도 있지만, 요즘은 하교 후에 여유롭게 교실에 남을 수 있는 학생들이 거의 없다. 그러다 보니 학생들의 마음에 진심으로 귀 기울일 준비가 된 교사들이 어쩔 수 없이 짧은 시간에, 별 탈 없이 상대의 감정을 듣고 덮을 수 있는 인스턴트 같은 방법을 찾게 된다.

또한 교사의 책임감이 공감을 방해한다. 책임감이 공감을 방해한다는 말이 선뜻 이해되지 않을 수도 있다. 이를 설명하기 위해 잠시 아들러Adler, A.의 이야기를 빌리고자 한다.

아들러는 '과제 분리'를 강조한다. 누구나 인생의 과제가 있으며, 과제의 주인만이 그 과제를 책임지고 다루어야 한다는 뜻이다. 다른 사람의 과제에 침범하는 것은 마치 흙투성이 발을 들이미는 것과 같은 행위이므로 타인의 과제에 함부로 침범해서는 안 된다. 따라서 과제의 주인을 구별하는 것이 중요한데, 과제의 주인은 '그 선택이 가져온 결과를 최종적으로 받아들이는 사람은 누구인가?'에 따라 결정된다. 예를 들어 일기예보에 비 소식이 있는데 아이가 외출할 때 우산을 챙겨 가지 않으려 한다고 가정해 보자. 부모는 아이가 나중에 우산이 없어 난감해지고, 심각할 경우 비를 맞아 감기에 걸릴 수도 있을 거라는 걱정에 우산을 가져가라고 하지만 아이는 가져가지 않겠다고 고집을 부린다. 이 경우 '우산을 들고 가지 않는다.'는 과제의 주인은 아이이며, 부모는 아이의 과제를 침범하고 있는 것이다. '아니, 그럼 부모가 아이의 잘못된 선택을 방치하라는 것인가?'라고 항변할지도 모르겠다. 하지만 아들러는 방임을 권장하는 것이 아니다. 아무리 어려도 자신의 과제는 자신이 책임져야 하며, 부모는 아이의 결정을 돕는 역할을 해야 한다고 강조한다. 이러한 상황은 교실에서도 종종 일어난다. 학생에 대해 부모 이상의 책임감을 가지고 있는 교사들이 많다. 그런데 아이러니하게도 그렇기에 과제 분리가 어렵다. 학생이 힘들어 하거나, 실수하는 것이 곧 자신의 교육적 성과의 지표라고 착각하기 때문이다.

"선생님, 승우가 일부러 제 물통을 발로 찼어요!"

"그래? 승우야, 정말이면 얼른 사과하렴."

"싫어요."

교실에서 흔히 일어나는 상황이다. 이때 교사는 어떻게 대처하는 것이 현명할까? 이 글을 읽는 선생님들은 아마 정답을 알 것이다. 승우에게 거부한 이유를 물어보고 감정을 읽어 준 뒤 올바른 행동을 권하면 된다. 하지만 실제 상황에서는 다그치기 급급한 경우가 많다. 왜 그럴까? 승우가 사과를 거부하는 행동이 교사의 불안함을 건드리기 때문이다. '이대로 두면 승우가 올바르지 못한 학생으로 자랄 수도 있다.'라는 불안. 그리고 승우가 도덕적으로 옳지 않은(않다고 판단되는) 선택을 하는 것이 자신의 교육이 실패했다는 증거라고 성급하게 일반화시키는 것이다. 이는 당연히 사실이 아니다. 하지만 실제 상황에서 교사는 함정에 쉽게 빠지며, 충분한 공감 능력을 갖추었음에도 불안함과 조급함 때문에 결과적으로 공감하지 못한다. 학생에 대한 책임감 때문에 과제 분리에 실패하는 것이다.

교사와 학생의 대화 방법도 공감을 가로막는 요인이 된다.

"자, 그럼 설명한 대로 지역사회 문제 해결 프로젝트를 진행하겠어요. 질문 있나요?"

"선생님, 이런 거 꼭 해야 해요?"

학생이 통명스럽게 쏘아붙이듯 말할 때 교사는 가장 먼저 어떤 말을 할까? 아이에게 이유를 물어야 한다고 할 수도 있고, 아이의 상황이나 마음에 공감해 주어야 한다고 할 수도 있겠다. 아이를 나무라거나 똑같이 쏘아붙여 주어야 한다고 생각하는 교사는 거의 없을 것이다. 그럼, 실제 대화 장면에서는 어떤 상황이 벌어질까?

"이런 거 꼭 해야 해요?"

"어, 꼭 해야 해!"

대화 끝. 혹은,

"이런 거 꼭 해야 해요?"

"교과서에도 나오고, 상시 평가니까 꼭 해야 하는 거야. 안 하면 점수 없어. 그리고 남겨서 끝까지 하게 할 테니까 열심히 해."

장면의 뉘앙스나 분위기를 생생하게 묘사하기는 어렵지만 이런 상황이 너무 극단적인 반응을 가정하는 것일까? 사실 이런 상황이나 장면은 흔하게 펼쳐지고 있으며 더 날카로운 반응들도 종종 나타난다. 그럼 교사는 왜 뻔히 부정적인 결과를 낳을 것으로 예상되는 말을 하게 되는 걸까? 우선 나의 학급에서 실제로 이루어졌던 대화를 살펴보자.

"이런 거 꼭 해야 해요?"

"선생님이 보기에는 지원이가 뭔가 답답한 것 같네. 이유를 물어봐도 될까?"

"아니, 프로젝트 이런 거 하면 막 팀 짤 때 친한 친구들끼리만 하니까요. 맨날 같은 애들이랑만 하니까 재미도 없고, PPT도 못 만들겠고……."

"아, 팀 짜는 것 때문에 걱정되는가 보다."

"네."

"여러분, 지원이 말 들었죠? 혹시 비슷한 감정을 느낀 친구 있나요?"

이때 팀 구성에서 자주 소외되는 몇몇 학생들이 쭈뼛쭈뼛 손을 든다.

"음, 지원이 혼자만의 생각은 아니네요. 그럼 어떻게 하면 좋을까?"

그 뒤에 여러 의견이 오갔고, 우리는 모두의 생각을 모아 방법을 정한 뒤 그대로 하기로 정했다. 이후 지원이의 표정은 밝아졌다.

이러한 대화 방법이 마치 맛집의 비법 소스처럼 특별한 것은 아니다. 교사의 전문성을 이루는 기본이며 수많은 교사들이 실천할 수 있고, 하고 있는 대화일 뿐이다. 그럼에도 앞서 들었던 예처럼 교사가 날이 선 채 효과적이지 않은 방식으로 대응하는 이유는 학생의 말투 때문이다. 지원이가 처음부터 "팀 구성 때문에 걱정이 돼요."라고 말했다면 공감 못할 교사는 거의 없을 것이다. 하지만 지원이는 표정, 말투, 말 하나하나에 불만을 담아 말했다. 더구나 "이런 거 꼭 해야 해요?"라는 비난의 메시지로 본심을 숨긴 채 말이다. 물론 지원이가 모든 과정을 계산하고 의도하여 일부러 본심을 숨긴 것은 아니다. 사람은 본능적으로 자신의 욕구를 겉으로 드러내기를 꺼린다. 자신의 욕구를 정확하게 파악하지 못하는 경우도 많고, 욕구를 투명하게 드러내면 상대가 어떤 반응을 보일지 걱정되기 때문이다. 그래서 A라는 욕구가 있다면 A′ 혹은 A″, 심지어 B라고 표현한 채 상대가 이를 해독하고 알아차려 주기를 바라거나, 내가 나서지 않아도 자연스럽게 상황이 나의 욕구를 충족시키는 방향으로 흘러가기를 기다린다. 그래서 학생들은 평화적이고 객관적이며 솔직한 말을 하기 어려운 것이다. 이렇게 까다롭게 암호화된 학생의 말을 제대로 해독하지 못하면 교사 역시 표면적인 메시지에 반응하고, 결국 학생의 숨겨진 본심이나 욕구에 닿지 못한 채 감정만 상하게 된다. 그러다 보니 겉핥기식 대화가 되고 공감이 끼어들 자리는 없어진다.

## 스트레스 받는 아이들*

'스트레스는 만병의 원인'이라지만 안타깝게도 우리 아이들은 수많은 스트레스 속에서 살아가고 있다. '2021 한국 어린이 청소년 행복지수' 연구 결과에 따르면 우리나라 어린이 청소년의 행복지수는 OECD 주요 22개국 중 꼴찌다. 꼴찌라는 것보다 더 비극적인 사실은 OECD 평균을 100점으로 잡았을 때 79.5점이라는 매우 낮은 수치이며, 이는 21위인 체코와도 4점 가량 차이가 나는 결과라는 것이다. 우울증을 겪는 어린이 역시 2017년에 비해 2020년에는 49.8% 증가했는데, 이는 전 연령 평균 증가율인 23.2%보다 두 배 이상 큰 수치다.

주목할 만한 점이 또 있는데 바로 학생들이 느끼는 관계에 대한 안정감이다. 반 친구들이 자신에게 얼마나 친절하며 도움을 주는지 묻는 질문에 한국 학생들은 63.1%가 그렇다고 대답했는데 이는 OECD 평균인 69.7%보다 낮은 수치다. 그리고 이것은 2011년 한국 학생들의 응답 비율인 70.9%보다 7% 이상 낮아진 결과다. (이때만 해도 OECD 평균보다 2% 이상 높았다.) 삶의 만족도도 66.5%로 꼴찌, 소속감 또한 15.6%로 꼴찌에서 두 번째였다.

교실이라는 세상에서 살아가는 아이들은 교실 환경이 안전해야 안정감을 느낄 수 있다. 관계 속에서 소속감과 안정감을 느끼지 못하는 아이에게, 자신의 삶에서 행복이나 만족을 얻지 못하는 학생에게, '공감'이라는 친사회적이고 고차원적인 정신활동의 여유가 있을까?

6학년 담임을 맡았던 어느 해에 만난 지훈이는 거의 모든 상황에 부정적으로 반응하는 아이였다.

"그거 한다고 뭐가 달라져요?", "안 될 것 같은데요?", "아, 진짜……."

교사가 아무리 열의를 가지고 다가가도 가시 돋은 겉옷을 입고 웅크린 모습이었다. 친구들에게도 마찬가지였다. 특히 지훈이가 입버릇처럼 내뱉는 가시 같은 말이 있었다.

"어쩌라고!"

퉁명스러운 표정으로 쏘아붙이는 말에 친구들은 화를 내거나 멀어져 갔다. 사실 지훈이는 장점이 참 많았다. 영민하고 재치 넘쳤으며, 창의적인 방법으로 문제를 해결할 줄 아는 아이였다. 하지만 이런 지훈이의 장점들이 태도 때문에 묻히는 것 같아 안타까웠다. 왜 이러는 것인지, 이 아이는 왜 스스로를 관계의 절벽으로 모는 것인지 고민스러웠다. 그러다 우연히 지훈이의 5학년 때 담임선생님 이야기를 들었다. 지훈이가 5학년 때 한 친구의 주도로 따돌림을 당했는데 자살을 생각할 만큼 힘들어 했단다. 게다가 친하다고 믿었던 친구에게 배신당한 것이었고, 친구와 나누었던 말 하나하나가 칼날이 되어 자신에게 꽂히는 경험을 했다는 것이다. 그래서 다시는 배신당하지 않기 위해, 자신을 지키기 위해 날을 세운 채 상대를 밀어내고 있던 것이다. '어쩌라고'라는 갑옷을 두른 채.

이 사실을 알게 된 나는 끊임없이 아이의 마음을 두드렸다. 방법은 간단했다. '네가 어떠해서가 아니라 너 자체로 충분하다.', '우리 교실에서 너는 충분히 관계적으로 안전하다.'는 사실을 알려 주고 안아 주었다.

아침마다 눈을 마주치며 스킨십을 했고, 기차 인사를 통해 매일 친구들과 마음을 나누게 했다. 격려 패드 활동을 하며 친구들의 격려를 받게 하고, 두 줄 감정 일기를 통해 자신의 마음을 돌아보게 했다.

"왜 이래요? 짜증 나게."

처음에는 세차게 거부했다. 불신 가득한 눈빛으로 선생님과 친구들을 밀어내기 바빴다. 그렇게 하루가 지나고, 일주일이 지나고, 한 달이 흘렀다. 고맙게도 다른 아이들이 지훈이의 고약한 반응을 꿋꿋이 버텨 줬다. 가시 돋힌 말에도 상처받지 않고, '네가 그러거나 말거나 나는 인사한다.'는 생각으로 손을 내밀었다. 결국 시간만큼 정직한 것은 없었다. 차곡차곡 쌓여 간 마음은 어느새 아이의 벽을 허물었다. 모둠활동을 할 때 눈빛이 빛나기 시작했고, 친구에게 먼저 인사를 건넸다. 그러다 예고 없이 놀라운 아침이 찾아왔다.

"어? 연아야, 너 표정이 안 좋은데 무슨 일 있어?"

친구의 안색을 보며 다정하게 감정을 살피는 말이었다. 그곳에는 지훈이가 있었다.

"아니, 아빠랑 엄마랑 아침부터 싸워 가지고……."

"그래? 우리 엄마 아빠도 맨날 싸워. 이혼한다 어쩐다. 참……"

"그래?"

내성적인 연아가 입을 연 것도 신기했고, 그걸 이끌어 내고 있는 아이가 지훈이라는 점은 더욱 놀라웠다. 지훈이는 연아의 이야기에 공감해 줬고, 따뜻하고 안전한 대화가 이어졌다.

그 이후 지훈이는 놀랍게 성장했다. 여전히 말투는 까칠했지만 행동은 부드러워졌다. 친구들과 웃는 시간이 많아졌고 함께 놀면서 땀 흘리는 시간이 늘었다. 가장 눈에 띈 점은 다른 아이들의 감정을 살피는 능력이 눈에 띄게 달라졌다는 것이었다. 다정하고 상냥한 표정과 말투는 아니지만, 정확하게 상대의 감정을 읽고 제대로 된 공감과 조언을 했다. 요즘 흔히 말하는 돌직구, 사이다 스타일이라고 할까? 아이들은 점차 지훈이에게 다가가 마음을 털어놓기 시작했는데, 마치 힘든 마음에 위안을 얻고자 점집을 찾는 사람들 같았다. 놀라워서 비결을 묻는 내게 지훈이가 답했다.

"그냥 뭐…… 편해진 것 같은데요."

"편해져? 뭐가?"

"뭐긴 뭐예요, 우리 반이지."

입을 삐죽 내밀고 투덜대듯이 뱉어낸 말이었지만, 그 말이 내 마음을 울렸다. 지훈이는 드디어 우리 반에서 자신이 안전함을 확신한 것이다. 관계 속 스트레스가 사라지자 아이의 공감 능력에 날개가 돋아났고, 멋지게 날며 공동체에 선한 영향력을 미치기 시작했다.

그 뒤 나는 지훈이에게 또래 상담가 역할을 부여하며 더 많이 활약할 기회를 주었다. 지훈이는 여전히 투덜댔지만 그 역할을 기가 막히게 해냈고, 츤데레 같은 지훈이의 공감 능력을 친구들은 더욱 신뢰했다. 지훈이의 소속감과 자존감이 수직 상승했음은 말할 것도 없었다.


아이들은 너무나 많은 스트레스에 노출된 채 살아가고 있다. '공부만 하면 되는 그때가 제일 편하다.'라는 기성세대의 꼰대 같은 말이 전혀 위로가 되지 않는 삶이다. 학업 스트레스뿐 아니라 불안정한 가정환경, 학급 공동체 내에서의 관계로 인한 스트레스도 어마어마하다. 수십 년째 우리나라 청소년 사망 원인 1위가 '자살'이라는 사실만 봐도 알 수 있다. 지속적인 스트레스는 공감 능력을 떨어뜨린다. 정서적 반응을 경험하게 하는 변연계, 인지적 부분을 담당하는 전전두엽 모두 스트레스에 취약하기 때문이다. 스트레스가 전혀 없는 삶은 불가능하다 하더라도, 적어도 아이들이 자신의 삶에 희망과 안정감을 느끼고 관계의 안전함을 확신할 수 있어야 공감이라는 아름다운 능력을 발휘할 수 있다. 아이들은 공감을 하는 능력이 없는 게 아니라, 안타깝게도 공감을 하기 어려운 환경에 놓여 있다.

## 온라인에 빼앗긴 공감*

"우리는 인류 역사상 유일하게 아날로그와 디지털 그 모두를 경험한 축복받은 세대였다."

94학번의 청춘을 다룬 인기 드라마 〈응답하라 1994〉의 마지막 내레이션 중 일부다. 나는 03학번이지만 비슷하게 기술 발전의 과도기를 겪은 세대이다. 유선전화, PC 통신, 삐삐, 2G 휴대폰을 모두 거쳤다. 그렇게 시간이 흐르고 어른이 된 2007년, 아이폰의 출시와 함께 대중적인 스마트폰 세상이 열렸다. 스마트폰의 출현은 산업혁명에 비유될 만큼 혁신적이었다. 온라인 세계와 휴대성이 결합된 획기적인 삶의 변화가 일어난 것이다. 기술의 발전이 가속화되면서 사람들은 점점 현실 세계에 앉아서도 온라인 세계에 머무르기 시작했다. KISA<sup>Korea Internet & Security</sup> Agency에서 실시한 '2021 인터넷 이용 실태 조사'에 따르면 한국인은 하루에 평균 7시간 57분을 인터넷에서 보낸다고 한다. 하루 24시간 중 수면 시간을 제외하면 온라인은 정말 현실의 삶을 위협하는 플랫폼이 되어 버렸다. 그리고 관계에도 질적인 변화가 일어났다. 여태까지 우리는 현실 세계에서 얼굴을 맞대고 관계를 맺었고, 온라인에서 만드는 관계는 보조적이었다. 그러나 접속의 용이함과 편리성으로 인해 온라인에서 맺는 관계가 현실 관계를 대체하기 시작했다.

그리고 2020년, 코로나 19 사태가 대변화를 촉진시켰다. 감염의 위험 때문에 학교는 문을 닫았고, 오프라인 교육이 마비되는 초유의 사태가 벌어졌다. 이로 인해 줌<sup>Zoom</sup>, MS팀즈 등의 쌍방향 화상 소통 프로그램과 온라인 학습 플랫폼(구글 클래스룸, E학습터, 하이클래스, 클래스팅 등)으로 대변되는 온라인 교실이 공식적으로 구축되었다. 이제 학생들은 교실이 아닌 온라인에서 공부하고 대화하며 놀기 시작했다.

여기서 미래교육에 대해 이야기하려는 게 아니다. 기술의 발전이 결국 교육 전반의 패러다임을 전환시켰고, 관계를 위한 사회적 기술과 공감 능력에도 막대한 영향을 미쳤다는 점을 말하려는 것이다. 2023년 현재, 적어도 2~3년 이상을 코로나 19로 인해 온라인 교실에 머물렀던 세대가 다시 교실로 돌아왔다. 그동안 온라인에서 맺은 관계가 그들의 관계 능력을 향상시켰을까? 안타깝게도 저명한 인지심리학자였던 네스<sup>Nass, C.</sup>의 '온라인 커뮤니케이션이 사회, 정서적 발달에 도움이 되는 풍요롭고 친사회적인 세상을 열어 줄 것이라는 생각은 거짓이다.'라는 말처럼 온라인은 공감을 북돋아 주기보다는 오히려 빼앗아 간 것 같다. 그이유를 하나씩 살펴보자.

2017년, 6학년 담임을 맡았을 때의 일이다. 허정이 어머니가 나에게 허정이의 지나친 휴대폰 사용에 대해 하소연을 했다. SNS 메신저 알람 때문에 밤에 제대로 못 잘 지경이라고 했다. 허정이에게 이유를 묻자 친구들 십여 명이 모인 단체 채팅방이 있는데, 그곳에서 대화가 끊이지 않는다는 것이다. 문제는 대화의 양상이었다. 허정이가 보여 준 채팅방에는 '야, 자냐?', '야!', '대답 안 해?', 'ㅋㅋㅋ 잠들었나 봐. 됐어 무시해.' 같은 반응을 재촉하는 메시지가 가득했다. 놀라운 점은 이런 메시지 5~6개를 10여 초도 안 되는 짧은 간격으로 연달아 보낸다는 것이었다. 이런 재촉으로 허정이는 스트레스를 받고 있었고, 울며 겨자 먹기 식으로 채팅방에 정신적으로 상주하고 있었다. 당연히 손에서 휴대폰은 놓을 수 없었다.

게임 채팅에서 이루어지는 소통도 마찬가지다. 학부모 상담을 하다 보면 많은 보호자들이 자녀가 게임 채팅에서 비속어를 사용하거나 욕설을 한다고 걱정한다. 당연히 신경 써야 하는 부분이다. 그러나 더 큰 문제는 그곳을 통해 고착되는 소통의 방식이다. 게임이나 인터넷 방송 채팅의 특징은 대화가 보조적인 지위를 지닌다는 것이다. 게임 채팅은 게임을 하는 곳이고, 인터넷 방송 채팅 역시 스트리머의 방송이 주가 된다. 그러다 보니 채팅은 굉장히 빠르게, 일방적으로, 거칠게 이루어진다. 상대나 다른 사람의 말을 재치 있게 효율적으로 '맞받아치는' 데 최적화된 곳이 바로 게임, 인터넷 방송 채팅창이다. 이런 곳에서 상대의 감정을 살펴 공감할 여유는 당연히 없을 뿐더러, 오히려 대화 중 공감의 필요성을 지워 버릴 가능성이 크다.

이처럼 온라인 소통은 즉각적이고 접속이 편리하다. 친구가 있는 곳으로 몇십 분을 걸어가 문을 두드릴 필요 없이, 언제 어디서나 몇 번의 터치로 만날 수 있다. 문제는 온라인 채팅방에 함께 있는 것과 현실 세계에서 같은 방에 있는 것은 명백히 다른데 그것을 혼동한다는 점이다. 만약 현실 세계에서 같은 방에 있는 친구에게 말을 걸었는데 친구가 반응하지 않는다면 답답하고 서운할 것이다. 하지만 온라인에서는 같은 플랫폼에 접속해 있을 뿐 실제로는 각자 다른 활동을 하고 있을 가능성이 큰데도 마치 같은 방에 있는 것처럼 상대가 즉각적으로 반응하지 않으면 조바심이 생기고 답답해진다. 상대가 지금 무엇을 하는지 눈으로 보고 감정을 느끼는 것이 아니므로 배려하고 기다려 줄 여유 따위도 없다. 결국 기술의 용이함과 속도는 일이 계획대로 흘러가지 않을 때 사람을 더 쉽게 좌절시키고 지루하게 만든다. 그리고 결과적으로 공감적인 상호작용을 방해한다.

또한 온라인 소통에서는 비언어적 소통이 제한받는다. 한 연구에서 대학생들이 친구와 짝을 지어 각각 직접 면담, 화상통화, 전화 통화, 온라인 문자 채팅의 네 가지 형태로 의사소통을 하는 실험을 했다. 그 결과 친구 간 결속력은 직접 면담 → 화상 통화 → 전화 통화 → 온라인 문자 채팅 순으로 높게 나타났다. 이는 대화에서 상대의 비언어적 메시지(표정, 제스처, 행동 등)나 반언어적 메시지(목소리의 크기, 높낮이, 속도, 말투

등)를 접할 수 있는 양과 정확히 비례한다. 인간은 결코 말로만 표현하지 않는다. 오히려 비언어적 신호가 더 많고 정직한 정보를 상대에게 전달한다. 이러한 상대의 비언어적 신호를 본능적으로 읽고 느낀 뒤, 인지적으로 해석하는 것이 공감의 핵심이다. 그런데 온라인에서는 이 과정이 생략된다. 온라인에 자주 접속할수록 자신과 상대의 감정을 파악하는 능력이 떨어지고, 서브 텍스트를 놓쳐 공감 능력을 상실하게 된다. 터클Tuckle, S.은 이런 현상에 대해 다음과 같이 설명했다.

"'미안해'를 전송할 때는 성찰의 시간을 갖기보다 그저 후회감을 내보낼 뿐이다. 하지만 얼굴을 맞대고 사과할 때는 공감 능력이 작동된다. 뉘우치려면 타인의 입장에서 생각해야 하기 때문이다. 사과를 받는 입장도 상대편의 시각으로 상황을 봐야 공감하는 쪽으로 마음이 움직일 수 있다. 그런데 디지털 접속 상태는 이 모든 과정을 건너뛴다. 공감(얼굴을 맞댄 사과)을 배울 수 있는 상황으로 이끌지 않으면 아이들은 자기가 하는 말이 남에게 어떤 영향을 미치는지 알지 못한다."

상대의 비언어적 신호를 읽고 느낀 뒤 올바르게 해석하고, 불편함을 견뎌 내며 얼굴을 마주하고 마음을 전하는 것이 공감의 과정이다. 어렵지만 당연하게 여겼던 이 과정을 우리는 기술이라는 이기심 뒤에 숨어 회피하고 있는지도 모른다.

그리고 온라인 소통은 오프라인 소통 자체를 직접적으로 방해한다. 요즘 아이들이 방과 후에 학교에 남아 모여 노는 모습을 보면 놀랄 때가 많다. 함께 공을 차거나 보드게임을 하기도 하지만 다수의 경우는 각자 휴대폰을 손에 쥐고 있다. 눈은 자기 휴대폰을 향해 있고 손가락은 연신

터치하며, 가끔 "야, 이쪽으로 와!", "얼른 죽여!" 같은 짧은 말만 오간다. 아이들은 같은 공간에 앉아 있지만 서로 다른 온라인 세상에 머문다. 체험학습을 갈 때 차 안에서 휴대폰 사용을 허락하면 비슷한 풍경이 펼쳐진다. 귀에 이어폰을 꽂은 채 같은 차 안에서 다른 곳에 머무른다. 예전처럼 함께 음악을 듣는다든지, 신나는 노래를 같이 부르거나 369 게임을 하는 경우는 드물다.

　이처럼 온라인 소통은 오프라인 소통을 가로막는데, 최근 연구에서는 휴대폰이 소통 자체를 방해한다는 것이 밝혀졌다. 서로 모르는 40명의 참가자에게 한쪽은 휴대폰을 책상 위에 올려놓게 하고, 다른 한쪽은 주머니나 가방에 넣게 한 뒤 서로 대화하게 했다. 그 결과 휴대폰을 꺼내지 않은 쪽에 대한 의사소통능력이 더 높게 평가되었으며, 공감을 더 잘하는 것으로 나타났다. 휴대폰으로 아무것도 하지 않아도 오프라인 소통은 제한당하고 있다는 의미다. 당연히 공감도 같이 제한당한다. 어쩌면 누군가는 반문할 수도 있다. 온라인에서 소통을 잘하면 어차피 그 경험이 쌓여 오프라인에서도 소통을 잘하게 되지 않겠냐고 말이다. 안타깝게도 온라인에서 친구를 사귀고 관계를 맺는 기술은 실생활에서 원활한 사회적 관계로 전환되지 않을 수 있다. '키보드 워리어'라는 말을 아는가? 온라인에서 다른 사람과의 논쟁에 활발히 참여하고, 그 정도가 지나쳐 공격적이고 논란을 일으키는 사람을 일컫는 신조어다. 나는 소위 키보드 워리어를 여럿 알고 있다. 페이스북에서, 인디스쿨에서 활개치던 그분들은 실제로 만나면 같은 사람이 맞나 싶을 정도로 조용하고, 내성적인 경우가 대부분이었다. 온라인에서는 누구나 가면을 쓰고 또 하나의 자아를 만들어 내는 경향이 있는지도 모르겠다. 온라인에서 갈고닦은 관계 맺기 스킬은 오프라인에서 별 효과가 없을 가능성이 크다.

온라인 소통은 공감을 위계화시키기도 하는데, 이는 특히 SNS로 인해 나타나는 폐해다. 한 연구에 따르면 나르시시즘이 강할수록 공감 능력은 약해진다고 한다. 그리고 인스타그램, 페이스북, 틱톡으로 대표되는 SNS야말로 이런 자기애의 결정판이라고 할 수 있다. 인터넷에서 본 인상적인 글귀가 있다.

'SNS에서 다른 사람의 게시물을 보며 부러워하는 것은 다른 사람 인생의 하이라이트와 내 인생의 비하인드 컷을 비교하는 것과 같다.'

테일러 스위프트의 명언으로 알려진 '남의 하이라이트를 부러워하지 말고, 나의 백스테이지에서 나만의 하이라이트를 만들어 내세요.'라는 문구에서 차용한 듯한 이 글귀는 SNS를 하는 사람들의 심리를 정확히 꿰뚫고 있다. 사람은 누구나 SNS에 긍정적인 내용을 올린다. 내가 가진 값진 물건, 맛있는 음식, 멋진 장소의 사진을 통해 내 인생은 멋지다고 동네방네 떠드는 것과 같다. 이것은 나쁜 행동이 아니다. 문제는 저변에 깔려 있는 심리다. SNS에 자랑하고픈 게시물을 자주 올리는 사람의 다수는 자존감이 낮고 자존심이 강할 가능성이 크다. 자존감은 자신에 대한 주관적인 인식이지만 자존심은 다른 사람과 비교하여 우위를 차지하고 인정받고자 하는 마음이다. 따라서 다른 사람이 나를 부러워하고 인정해 줘야 나는 행복한 사람이 된다. SNS는 이런 심리를 알차게 구현한다. 좋아요와 공감 스티커, '와, 정말 멋져요!', '진짜 행복하겠어요. 부러워요!' 같은 가식적인 답글이 난무한다. 여기에는 '공감'이라는 이름이 붙었지만 공감이 아니라 부러움, 동의의 표시일 뿐이다. 우리는 나보다 나아 보이는 게시물의 주인공은 부러워하고 많은 공감을 보내지만, 나보다 못나 보이는 사람에게는 쉽게 공감하지 않으며 심하게는 깔보기도 한다. 이처럼 인정과 부러움의 다단계 시스템 같은 SNS는 공감을 위계화시키고 거짓 공감에 사람을 길들인다.

## 공감의 씨앗을 심지 못하는 가정

### 누구와 시간을 보내나*

최근 통계청 자료에 따르면 18세 미만 자녀가 있는 유배우 가구 중 맞벌이는 53.4%이다. 쉽게 말하자면 아이를 키우는 부모의 절반 이상이 맞벌이라는 뜻이다. 맞벌이를 하는 데는 다양한 이유가 있지만 '경제적 이유'가 60% 이상을 차지했다. 맞벌이 가구의 초중고 자녀(학생) 1인당 평균 사교육비가 38만 8천원이라고 하는데, 자녀교육을 위해 맞벌이를 한다는 말이 과언은 아닐 것이다. 그렇다면 시간을 팔아 교육비를 버는 현재 상황이 아이에게 어떤 영향을 미칠까?

한국의 부모가 학령기 자녀와 매일 대화를 나누는 비율은 53.7% 정도로 OECD 국가 평균인 70%보다 많이 낮다. 또한 학부모들이 미취학 자녀와 보내는 시간은 하루 평균 48분으로, OECD 평균인 150분에 훨씬 못 미친다. 2021년에 한 사교육 업체에서 실시한 설문 결과에서 부모가 초등 자녀와 하루에 나누는 대화 시간 1위가 30분~1시간(30.9%), 2위가 10분~30분 미만(29.1%)인 것을 봐도 크게 다르지 않은 것 같다. 오늘날 우리나라 다수의 학부모들은 경제력을 통한 물질적 지원, 사교육 제공을 육아와 자녀교육의 1순위로 택하고 있다. 학원을 하나 더 보내면 아이의 미래도 바뀌리라 기대하며 말이다. 그리고 이런 아이들은 교실에서 흔히 볼 수 있다.

승국이는 3월 첫날 전학 온 아이였다. 작은 체구에 다소 반항적인 눈빛이었는데, 상황에 어울리지 않거나 과격한 언행으로 친구들의 관심을 끌려 했고 일부러 자신을 '빡빡이'라고 부르며 비웃음을 샀다. 그러다 친구들이 같이 웃으며 놀리면 소리를 지르면서 나에게 이르거나 울음을 터뜨렸다. 나는 승국이에게 다양한 공감교육 프로그램을 적용했고, 매일 짧은 시간 공유와 마음 읽기를 했는데 언제부터인가 승국이는 마음의 문을 열기 시작했다. 승국이 부모님은 맞벌이였는데 아버지는 사업을 하고, 어머니는 학원을 운영한다고 했다. 두 분 다 학력이 높고 사회적 성공에 대한 의지가 큰 데다 정보력이 있어 승국이에게 어릴 때부터 많은 돈을 들여 사교육을 시켰다.

"부모님이랑 대화는 자주 하니?"

"하긴 하는데 엄마는 맨날 동생 편만 들어서 솔직히 짜증 나요. 말투에 티가 나요."

"어떻게 하시는데?"

"동생이 저한테 잘못한 걸 막 이야기하잖아요? 그럼 '그래, 승국이가 억울할 수도 있는데'라고 하고서는 바로 '그래도 동생이 일부러 그런 게 아니라 이러이러한 거잖아. 네가 형이니까 이해하렴. 아유, 착하다.'라고 해요. 그리고는 바로 다른 이야기로 넘어가 버려요. 밥 챙겨 먹으라고 하거나, 숙제는 했냐고 하거나, 휴대폰 그만하라고 하거나요."

그 순간 승국이에 대한 의문이 풀렸다. 승국이는 바쁜 부모님과 사교육으로 인해 부모님과의 대화 시간 자체가 부족했다. 부모님이 권위적이거나 강압적이지는 않았지만 아이의 마음을 충분히 들여다볼 시간이 부족했고, 형식적인 말로 간단하게 공감한 뒤 다음 이야기로 넘어가는 대화 패턴이었다. 승국이는 부모님의 이런 '해롭지 않지만 깊지 않은' 공감 방식에 익숙했다. 상대방의 감정을 읽어 말한다는 것은 승국이에게 일종의 면죄부 같은 의미였고, 실제로 마음을 깊숙하게, 오래 들여다보는 방법도 이유도 느끼지 못했던 것이다.

공감 능력은 고정된 기질적 특성이라기보다는 기술에 가깝다. 기술은 수많은 반복과 연습을 통해 연마할 수 있으며, 효과적으로 연마하려면 연습 프로그램과 환경이 목적에 부합하고 적절해야 한다. 모래사장에서 피겨스케이팅 기술을 연마할 수 없는 것처럼 말이다. 그런데 우리는 학업 성취를 위한 학문적 기술이나 신체적 기술 향상에는 이러한 원리가 적용되는 것을 당연시하면서, 사회적 기술이나 인성, 관계 능력에 대해서는 예외로 두는 경향이 있다. 예의, 배려하는 마음, 공감하는 능력은 인간이라면 으레 갖추어야 할 자질이니 연마의 영역이 아니라고 치부한다. 그러나 관계를 위한 사회적 기술 역시 끊임없이 연습해야 갈고

닦을 수 있다. 수학 능력을 키우려면 수학 문제집을 풀어야 하고, 축구 실력을 키우려면 그라운드에서 근육의 힘과 민첩성을 높이는 운동 프로그램을 소화해야 하는 것처럼 말이다. 그럼 공감 능력을 키울 수 있는 가장 효과적인 연습 환경은 어떤 환경일까? 당연히 타인과 관계를 맺는 곳이어야 하며, 태어난 뒤에 꽤 오랜 시간 동안은 가족과 관계를 맺는 가정일 것이다. 부모가 많이 공감해 줄수록 자녀는 부모로부터 배운 적응적인 감정 조절 전략을 사용하고 감정 조절에 어려움을 덜 겪는다. 그러나 요즘 아이들은 부모와 이런 시간을 충분히 가지기 어렵다. 모든 영역이 그렇지만 특히 공감 능력은 투자하고 경험한 시간만큼 신장된다. 공감 능력을 향상시키는 방법 중에는 '신뢰할 만한 사람을 통한 모델링'이 가장 큰 영향력이 있다. 부모가 해 주는 공감을 경험하면서 아이들은 자연스럽게 공감의 힘과 방법을 배우고 실천하게 된다. 그러나 안타깝게도 지금 아이들은 가정에서 공감을 충분히 경험할 기회도, 배울 시간도 없다. 부모와의 대화 시간은 공감 능력을 넘어 자녀의 행복감과도 직결된다. '유대인식 자녀교육'으로 대한민국을 휩쓸었던 하브루타도, 행복을 향하는 북유럽 부모의 자녀교육 방법도 모두 공통 전제는 '자녀와 보내는 충분한 대화 시간'임을 잊어서는 안 된다.

## 방치 혹은 과잉보호°

2020년 9월 14일 오전, 인천의 한 다세대주택에서 난 화재로 당시 10세였던 형과 8세였던 동생 모두 전신에 화상을 입고, 동생은 끝내 사망

하고 말았다. 코로나 19 상황에 등교하지 못하던 형제를 두고 엄마인 A 씨가 새벽에 나간 사이에 일어난 비극이었다. 조사 결과 A씨는 불이 나기 보름 전인 8월 28일부터 10번이나 형제만 둔 채 '지인 방문을 위해' 집을 나가서 짧게는 3~4시간, 길게는 2박 3일 동안 들어오지 않았다.

부모가 자녀를 지원하고 편안하게 해 주면 아이의 생물학적 스트레스는 줄어든다. 그러나 안타깝게도 앞선 사례처럼 가정에서 제대로 돌봄을 받지 못한 채 정서적 안정이나 지지받는 경험을 하지 못하는 아이들이 늘고 있다. 2022년 신문 기사에 따르면 아동 학대 신고 건수는 2017년 12,619건에서 2021년 53,932건으로 5년 동안 약 327% 이상 증가했다.

어린 시절 가정에서 맺는 애착 관계는 생애 전반에 큰 영향을 미친다. 터커Tucker, M.는 유아기의 안정적인 애착 관계가 자기조절능력을 발달시켜 공감할 수 있게 한다고 했으며, 초기 애착 관계를 만들지 못한 아이는 이후 고통과 좌절을 견딜 수 있는 자기조절능력을 갖기 어렵다고 했다. 우리나라에도 어린 시절 가정에서 돌봄을 받지 못하고 정서적 방치, 학대 등을 당한 경험이 연쇄살인에 분명한 영향을 미친다는 연구 결과가 있다. 물론 가정에서 돌봄을 받지 못한 모든 아이들이 성장하여 극악한 범죄를 저지르는 것은 아니다. 버락 오바마 전 대통령이나 오프라 윈프리처럼 불우한 환경과 돌봄의 공백을 극복하고 훌륭한 대인관계능력을 길러 성공적인 삶을 사는 경우도 많다. 그러나 따뜻함으로 반응을 잘해 주는 부모가 아이의 공감 능력을 키워 줄 수 있다는 점, 전문가들이 앞서 언급한 연쇄살인범들에게서 찾은 공통점이 '공감 능력의 결여'라는 점, 공감 능력은 안정적인 애착 관계를 바탕으로 기를 수 있다는 점은 부정할 수 없다. 갈수록 깊어지는 다양한 어려움 때문에 자녀를 제대로 돌보지 못하는 부모의 영향으로 아이들의 공감 능력이 제대로 발달하지 못하는 것이다.

반대의 경우도 있다. 통계청 자료에 따르면 2021년 자녀가 있는 가구 중에 자녀가 2명인 경우가 48.9%로 1위, 1명은 40.9%로 2위였으며, 3명 이상은 10.2%에 불과했다. 1970년대에 평균 4~5명이었던 것과 비교하면 불과 50년도 되지 않아 가구당 자녀 수가 급격하게 줄어든 것을 알 수 있다. 줄어든 자녀의 수 또한 아이의 공감 능력 발달에 악영향을 미치는데, 크게 두 가지 원인을 들 수 있다.

첫 번째는 형제자매의 부재다. 어린 시절 형제자매와의 관계를 떠올려 보자. 든든하고 행복한 기억도 많지만 대부분 나를 괴롭히거나 힘들게 했던 경쟁 장면이 먼저 떠오를 것이다. 이렇게 형제자매와 지내며 다양한 사회적 기술을 배우는데, 특히 형제자매끼리 매일 갈등을 겪고 해결하는 과정에서 자연스럽게 공감 능력이 길러진다. 격투기로 따지면 매일 스파링을 함으로써 실력이 느는 것과 같은 이치다. 하지만 형제자매가 없다 보니 공감 연습의 최적화된 장소인 가정에서 공감 능력을 기를 기회가 사라진다.

두 번째는 부모가 아이의 공감 연습 기회를 박탈하는 것이다. 부모의 경제력과 학력이 높아지면서 자연스럽게 부모들의 육아에 대한 관심과 열의 또한 상승했는데, 이는 세계적으로 전례 없던 사회현상을 만들어 내고 있다. 1991년, 제먼Zeman, N은 〈뉴스 위크〉에 '헬리콥터 부모Helicopter

Parents'라는 신조어를 소개했다. 헬리콥터 부모란 헬리콥터를 단 것처럼 자녀 주변을 끊임없이 떠다니며 자녀에게 잔소리하고, 학교와 교사에게 간섭하는 부모를 칭하는 말이다. 이후 헬리콥터에서 더 진화해 무선으로 자녀를 감시하고 조종하는 '드론 맘', 주변에 불필요한 잔디들을 미리미리 모두 깎아 버리듯 자녀 앞에 놓인 장애물을 해결해 준다는 의미의 '잔디 깎기 맘', 주변에 민폐를 끼치면서까지 자식을 감싸고 도는 일본의 '몬스터 페어런츠'까지 등장했다. 이들의 공통점은 자녀에게 과도하게 집착하며, 아이와 자신을 분리하지 못한다는 점인데, 그래서 아이의 실패를 받아들이지 못하고 아이가 실패하지 않도록 삶의 어려움을 대신해서 바로바로 해결해 주려 한다. 심지어는 자녀가 성인이 된 이후까지 이런 모습이 이어지기도 한다. 우리나라도 학부모회를 만드는 대학생 자녀의 부모, 회사에 결근 사유를 전화로 대신 말해 주는 부모, 군대에서 자녀가 잘 지내는지 수시로 전화하는 부모 등의 이야기가 끊이지 않는 것을 보면 남의 이야기는 아닌 듯하다. 극단적인 일부 사례라고 생각할지도 모르겠다. 다음은 나의 경험담이다.

첫째가 5살 무렵이던 주말이었다. 나는 첫째를 데리고 키즈 카페에 놀러 갔다. 오랜만에 간 키즈 카페라 딸은 신이 나서 뛰어다니기 시작했다. 그런데 딸이 가장 좋아하는 빨간색 뽀로로 주스를 들고 신이 나서 돌아서는 순간, 앞을 보지 않고 뛰어가던 아이 하나가 딸과 부딪혔다. 딸은 충격에 휘청거렸고, 손에 쥐고 있던 주스를 떨어뜨리고 말았다.

"아, 죄송합니다. 애가 앞을 안 보고 뛰어가다 실수로 그랬어요. 어떡하죠."

돌아보니 딸과 부딪힌 아이의 엄마인 듯했다. 그녀는 진심으로 미안한 표정이었고, 나는 딸에게 괜찮은지 다시 물었다. 그 뒤에 아이의 엄마는 바닥과 아이의 옷을 살펴 묻은 주스 자국을 닦아 냈다. 그러더니 다시 한 번 우리를 향해 목례를 한 뒤 길을 떠났다.

아이 엄마는 예의 바르게 대처했고, 잘못을 인정한 뒤 사과도 했다. 하지만 나는 그 상황이 무척 이상했다. 인정, 사과, 수습까지 필요한 모든 것을 했지만 가장 중요한 점이 어긋나 있었기 때문이다. 그 모든 걸 아이가 아닌 엄마가 주체가 되어 했다는 점이다. 물론 아이가 어리기 때문이라고 생각할 수도 있지만, 아이는 딸보다 훨씬 더 컸고, 적어도 6~7세 이상은 되어 보였다. 더 어렸다고 해도 상황의 수습은 아이가 중심이 되어야 하며, 아이가 미숙하다면 부모가 도와주면 된다. 아이의 엄마는 부딪힌 이유도 자신이 미리 판단해서 나에게 설명했으며(사실인지 아닌지의 여부와는 상관없이 그럴싸하고 도덕적으로 크게 비난받지 않을 이유로), 모든 사과와 수습을 대신했다. 아이는 그 과정을 멀뚱멀뚱 쳐다볼 뿐이다. 아이는 엄마 덕분에 그 순간의 불편함을 피할 수 있을지 몰라도, 삶의 다양한 지혜와 경험을 배울 수 있는 기회를 잃는 것이다. 자신의 잘못을 인정할 수 있는 용기, 자신의 생각을 적절한 말로 표현하는 대화 방법, 부딪힌 상대가 느꼈을 난감함에 대한 공감 능력 등 모든 것을 말이다.

공감 능력은 불편하고 실제적인 경험 속 실천을 통해서 성장한다. 그리고 아이들은 충분히 타인의 감정에 공감할 준비가 되어 있다. 하지만 부모의 과도한 집착과 사랑이 그 기회를 막고 있는 경우가 많다. 자녀를 예의 바르게 키운다는 부모조차도 '그건 나쁜 행동이야. 안 돼!'라고 공감은 생략한 채 도덕적 판단만 권위적으로 지시한다든지, '부딪히면 친구가 아프잖아, 얼른 사과해!'처럼 대신 타인의 감정을 알려 주고 도덕적으로 올바른 행동을 하도록 종용하는 경우가 다수이다. 마치 아이가 점수를 낮게 받을까 봐 두려워 정답지를 먼저 들이미는 것과 다르지 않다. 상대의 감정을 읽고 느끼려면 우선 상대를 살피며 추측하고 판단할 시간이 필요하다. 하지만 부모의 조급함이 그 짧은 순간을 용납하지 않는다면 아이는 공감 능력을 기를 수 있는 기회를 잃는다.

# 공감이란 무엇인가

〜〜〜〜〜 바야흐로 공감의 시대 〜〜〜〜〜

"선생님, 공감 소통 설명회가 뭐예요?"

우리 반 학생 하나가 안내장을 받더니 나에게 물었다. 아이가 들고 있는 안내장 제목은 '2022 초등학교 교육과정 공감 소통 설명회 참석 안내'였다. '2022 개정 교육과정 방향과 부모의 역할'이라는 주제로 강연을 하니 참석하라는 내용이었다. 나는 안내장의 내용을 알아듣기 쉽게 설명해 주었다. 그러다 문득 '공감'이라는 단어에 눈이 머물렀다. '공감'이란 단어가 왜 이 안내장의 제목으로 들어가 있을까? 개정 교육과정에 대해 잘 알려 주면 학부모들은 공감할 것이라는 의미일까? 아니면 공감과 소통에 관해 설명한다는 뜻일까? 문득 예전에 봤던 '소통과 공감의 학교 설명회', '학교 공감 학부모 공개수업'이라는 문구도 떠올랐다. 언제부터인가 학교의 주요 행사, 계획서 제목, 활동명, 학급 특색 등에 '공감'이라는 말이 빠지지 않고 등장하고 있다. 심지어 모 교육청은 정책 사업으로 추진하는 혁신학교 명칭을 '공감 학교'라고 지었고, '에듀넷 티클리어' 연구대회 게시판에는 공감과 관련된 연구대회 보고서, 정책 계획서 등이 400개 이상 있다. 오늘날은 바야흐로 '공감'의 시대다.

교육 현장만의 현상은 아니다. 2000년대 초반 온 사회를 뒤덮었던 '웰빙' 열풍처럼 공감은 사회 곳곳을 점령하고 있다. 2023년 3월 한 달간 '공감'이라는 단어의 검색량은 31,200건이며, 관련 블로그, 카페 등의 콘텐츠와 뷰 모두 각각 28만 건이 넘는다. 공감 상담사 연계 지원 정책, 공감 의료제도, 공감과 이해를 바탕으로 한 노인복지정책 등 정부 기관의 각종 정책에도 공감이 가득하며, 행정안전부는 생활공감정책을 통해 정책 아이디어 제안, 민원 불편 해소 등으로 국민의 공감을 사기 위해 노력하고 있다. 경찰은 과거의 강압적이고 경직된 경찰의 조직 문화를 개선하고 경찰의 공감 능력을 길러 국민의 신뢰와 인정을 받겠다며 '공감 경찰'을 천명했다.

공감은 마케팅 분야에서도 핵심 전략으로 자리 잡은 지 오래다. '공감과 감동이 있는 일상(A마트)', '공감, 그리고 나눔이 더해지는 곳(B은행)', '함께 하는 공감 세상(C음료)' 등 캐치프레이즈에도 공감이 등장한다. 직접적으로 제품을 드러내지 않고 고객을 공감하게 만드는 감성 광고 기법 사례도 무수히 많다. 심지어는 공감 식당, 공감 건설, 공감 식탁 등 기업을 상징하는 기업명에도 공감이 꽃피고 있다. 선거철이 되면 국민과의 공감을 약속하는 후보들, 공감을 내세운 공약들이 가득하다. 이 정도면 우리 사회에서 공감을 못 찾는 것이 이상할 정도다.

이렇게 공감이 각광받는 이유는 공감의 힘과 공감 능력의 필요성 때문이다. 개인 간 관계에서의 가치뿐 아니라 사회적으로도 필수 자질로 여겨지고 있다. 공감 능력은 4차 산업 시대에 인재가 갖추어야 할 미래 역량으로 평가된다. 한국 사회를 이끌어 가는 명사 100인과 인터뷰를 한 결과 필요한 미래 역량으로 공감 능력이 공동 8위로 꼽혔으며, 인성 (2위), 협업 능력(4위), 커뮤니케이션 능력(5위), 유연성(공동 6위), 대인관계 능력(공동 10위) 등 다른 역량과의 연관성을 고려하면 사실상 가장 핵심적인 역량 중 하나라고 해도 과언이 아니다. 한 기업인은 '기계에 의해 대체되지 않는 인간만의 고유한 감성, 진실한 소통 능력과 공감력이 탁월한 역량으로 주목받게 될 것'이라고 예측했다. 또한 세계적인 리더십 개발 기관인 CCL<sup>Center for Creative Leadership</sup>의 연구에 따르면 직장 내에서의 공감이 직무 수행 능력을 높이며, 공감하는 리더십을 가진 관리자가 더 높은 성과를 내는 것으로 나타났다. 실제로 벌써 많은 기업에서 인재를 채용할 때 공감 능력을 채용 기준으로 활용한다. 삼성전자 인재개발센터 담당자는 '사람과 문화를 이해하는 열린 마음과 경험이 화려한 스펙보다 더 중요하다'며 공감 능력을 인재의 주요 자질로 꼽았다.

공감 능력은 리더십의 핵심 요소로도 손꼽힌다. 경영학자 사드리<sup>Sadri, G.</sup>의 연구에 따르면 리더의 공감 능력이 높을수록 조직의 생산성이 높아지고, 의사소통을 촉진하는 것으로 나타났다. 반대로 리더의 공감 능력이 떨어지면 이직하고 싶어 하는 직원의 비율이 늘어난다고 한다. 연구 결과를 인용하지 않더라도 공감 능력 없는 리더가 공동체를 얼마나 피폐하게 만드는지 우리는 다양한 역사적 사례와 경험을 통해 익히 잘 알고 있다. 나치의 히틀러가 그랬고, 〈우리들의 일그러진 영웅〉의 엄석대가 그러했다. 하지만 아쉽게도 현재 너도나도 말하는 '공감'이라는 단어가 적절하게 사용되고 있는지에 대해서는 공감하기가 어렵다. 잘 살펴보면 요즘은 크게 두 가지 유형으로 '공감'이라는 단어를 사용한다. 하나는 결과로서의 공감이다. 정책이든 프로그램이든 하다못해 음식까지 '우리가 준비한 것에 사용자가, 소비자가, 고객이, 당신들이 결국 공감하게 될 것이다.'라는 식으로 사용하는 것이다. 앞서 이야기한 행정안전부의 생활공감정책이 대표적이다. 이때의 '공감'은 '우리가 생활 문제를 해결하는 정책을 만들면 당신들은 공감하게 될 것이다'라고 해석될 것이다.

문제는 두 번째 유형인데 공감과 직접적인 연관성이 없는데도 무작정 사용하는 경우다. 모 초등학교에서 '수업 공감 Day'라는 행사를 진행했다. 자세히 들여다보면 그냥 동료 장학 공개수업일 뿐이며 수업 주제로 공감을 다루지도 않고, 공감대 형성을 위한 공개수업을 하는 것도 아니다. 이미 언급한 모 교육청의 '혁신공감학교' 역시 운영 과정이나 정책 방향이 공감 자체의 의미와는 상관이 없다. 또 다른 교육청에서는 매주, 매월 발행하는 '주간공감회의' 결과를 볼 수 있는데, 파일에는 공감과는 아무 관련이 없는 업무 회의 결과와 사업 보고만 가득했다. 마찬가지로 '연구학교 공감 나눔 한마당'이라는 행사에서도 공감을 찾기는 어려울 것 같다. 비단 교육계만의 문제는 아니다.

러시아-우크라이나 전쟁의 전세가 엄중하던 시점의 한 신문 칼럼을 읽고 실소를 금치 못했다. 한 국제 정세 전문가가 칼럼에서 전 정부에 대한 비판을 곁들이면서 현 정부의 외교적 무능함을 지적하더니 거창하게 '공감 외교'를 추진하라고 주장했다. 그러나 그의 칼럼 어느 곳에도 공감 외교가 무엇인지, 어떻게 하는 것이고 왜 필요한지에 대한 이야기는 없었다. 공감 외교를 주장하기 전에 공감할 수 있는 글을 쓰는 게 먼저 아닐까? 왜 이런 현상이 일어나는 걸까? '말은 힘'이라는 헤밍웨이의 말처럼 시대적 요구와 맞아떨어지는 '공감'이라는 낱말의 힘을 빌리고 싶은 것일지도 모르겠다. 그러다 보니 맥락도 연관성도 없는 소위 아무말 대잔치가 벌어지는 것이다.

이쯤에서 '아니, 공감이 나쁜 것도 아니고, 그냥 좋은 말이라서 좀 가져다 쓰는 건데 그게 그렇게 잘못된 일인가?' 라고 반문하는 사람도 있을 것 같다. 물론 낱말 자체를 잘못 사용한다고 해서 공감의 가치가 훼손되지는 않는다. 문제는 공감의 남용 때문에 오히려 사람들이 공감에 대해 오해하고 멀어지게 된다는 데 있다. 주위에서 워낙 많이 들려오고 너도나도 쉽게 이야기하다 보니 마치 내가 공감을 잘 알고 있으며 쉽게 공감할 수 있다는 착각을 한다.

## 우리가 생각하는 공감*

공감이란 무엇일까? 실제로 초등학교 4학년 학생 80명을 대상으로 설문을 해 보았다. 학생들은 다양한 답변을 내놓았다.

'이해하고 배려하는 것'

'친구의 말을 잘 들어 주는 것'

'다른 사람의 마음과 내 마음이 같은 것'

마음이 따뜻해지는 문장들이 많았다. 심지어 '상대방의 슬픈 일이나 기쁜 일을 배로 해 주거나 나눠 가지는 것'처럼 문학적이고 감동적인 답변도 여럿 있었다. 그러나 자세히 들여다보면 조금씩 다른 개념을 말하고 있다. 가장 많이 나온 답변은 '이해해 주는 것', '친구의 마음을 이해하는 것', '헤아려 준다' 등 '이해'에 대한 것이었다. 그다음으로는 의외로 '다른 사람의 말에 맞장구쳐 주는 것', '친구의 말을 잘 들어 주는 것', '마음을 들어 주기' 등 '경청'에 대한 이야기가 많았고, 그 외에도 '존중, 배려, 위로'를 공감의 개념 속에 담기도 했다. 물론 '마음을 해석한다', '같은 감정을 느낀다'처럼 상대의 감정에 대한 직접적인 반응을 공감이라고 한 경우도 있었다.

반면, 교사와 학부모 70명을 대상으로 실시한 설문 결과는 비슷하지만 조금 달랐다. '이해'라는 키워드가 가장 많이 나온 점은 같았으나, 학생과는 다르게 '역지사지', '마음을 헤아리다', '입장을 바꾸어 생각하다',

'상대방의 입장에서' 등 관점 바꾸기에 대해 직간접적으로 언급한 응답이 두 번째로 많았다.

이 설문 결과를 통해 흔히 사람들은 공감과 다른 개념들을 혼동하고 있다는 것을 알 수 있었다. 물론 이 개념들이 공감과 연관성이 전혀 없는 것은 아니다. 공감하기 위해서는 상대를 이해해야 하고, 위로를 통해 공감을 표현해야 한다. 친구의 이야기를 경청하지 않고 공감할 수 있는 방법은 없다. 그러나 모두 도덕적 가치라는 점에서는 같지만, 그렇다고 뭉뚱그려 같은 개념으로 여길 수는 없다. 우리는 공감의 뉘앙스를 체득하고 있을 뿐 개념과 정의를 정확하게 아는 것은 아니다. 또 하나 주목할 점은 공감의 가치에 대한 우리의 인식이다.

달재는 공감을 무척 잘한다. 성격이 까칠한 지명이도 달재와 이야기를 하다 보면 어느새 기분이 스르르 풀린다. 내가 봐도 지명이는 가끔 지나칠 정도로 본인에게 유리한 이야기를 하거나 맥락 없이 화를 내는데도 달재는 아랑곳하지 않는다. 침착한 미소와 부드러운 목소리로 호응하고 친구에게 공감하기 위해서 노력하는 모습이 보는 사람마저 감탄할 정도다. 비결을 묻는 나에게 달재가 대답했다.

"우리 엄마가 친구 이야기를 잘 들어 주고 공감하는 게 착한 거라고 했어요."

그 대답을 듣고 달재가 생각하는 공감의 가치와 달재가 꿋꿋이 공감할 수 있었던 원동력을 알 수 있었다. 간단히 말하면 '공감=착한 행동'으로, 공감을 착한 사람이 갖추어야 할 일종의 스펙 같은 것으로 생각하는 것이었다. 여러 학생들과 이야기를 더 나누었는데 의외로 많은 친구들이 달재의 생각에 동의했다. 생각해 보면 틀린 이야기는 아니다.

우리는 도덕적 인간이 되기 위해 도덕적 가치를 실천하며 살아간다. '착한 사람'은 도덕적 인간의 일상적 표현이라고 할 수 있으니 결국 도덕적 가치는 착한 사람이 되기 위한 수단이라고 볼 수도 있다. 그런데 이런 당위적 접근은 한계가 있다. 우선 최근 연구에서는 공감 능력이 개인의 성격을 결정짓지 않는다는 결과가 있었다. 또한 가치가 책무가 되면 그것을 받아들이는 사람이 인정하지 않는 순간 그 가치는 아무 힘도 발휘하지 못한다. '됐어, 나는 착한 아이 같은 거 안 할래. 누가 나더러 착하다고 인정하지 않아도 상관없어.'라고 해 버리는 학생에게는 어떻게 공감을 받아들이도록 하고, 공감 능력을 키워 줄 수 있을까?

나는 오히려 공감의 도구적 가치에 주목한다. 인간은 공동체 생활을 하는 사회적 동물이다. 그리고 사회생활에서 공감 능력을 갖추면 유리한 점이 너무나 많다. 타인과 긍정적인 관계를 맺을 수 있을 뿐 아니라 개인의 신체적, 정신적 건강도 증진된다. 협업에 높은 재능을 발휘해 성공적인 직업 생활을 할 가능성도 높아지고 심지어 이성에게 매력적인 사람으로 다가갈 수 있다. 자신에게 유리한 것을 취하는 것은 인간의 본능이니, 이렇게 유용한 공감 능력을 기르는 것은 합리적인 선택이다. 공감에 대한 성스러운 가치관을 버리고 실용적으로 바라볼 필요가 있다.

## 공감에 대한 학문적 접근°

심리학자 에크런드 Eklund, J.의 연구에 따르면 공감에 대해 약 43개의 서로 다른 정의가 있다. 하나의 공인받은 정의가 없기에 공감에 대한 논의 자체로 집중되지 못하고 개념 자체가 중구난방의 양상을 띤다. 우선 공감을 학문적으로 어떻게 정의할 수 있을까?

공감의 역사는 의외로 길지 않다. 수천 년 동안 공감이라는 단어는 인류의 역사에 등장하지 않았다. 그러다 19세기에 독일의 피셔 Vischer, R가 아인퓔룽 Einfühlung이라는 용어를 발표했다. 미학자였던 피셔는 조각이나 회화 같은 예술 작품에 관심이 많았다. 그는 작품을 어떻게 하면 더 깊게, 본질적으로 이해하고 감상할 수 있을지 고민했고, 그 결과 예술은 객관적 존재라기보다는 그것을 감상하는 사람의 감정을 이입해서 주관적으로 느끼는 것이 더욱 본질에 가깝다고 생각했는데, 이렇게 감정을 이입하는 방법을 Einfühlung이라는 신조어로 표현했다. 그 후 테오도르 립스 Theodor Lipps 등을 거쳐 Einfühlung은 사물 뿐 아니라 사람에게 감정을 이입한다는 개념으로 확장되었고, 이것을 미국의 심리학자인 티치너 Titchener, E.B.가 empathy(공감)라는 단어로 번역하면서 본격적으로 공감이 심리학 분야의 수면 위로 떠올랐다. empathy가 다른 사람의 마음을 이해한다는 의미로 사용되면서, 여러 분야에서 공감에 대한 연구가 이어져 오고 있다.

몇몇 학자들은 원시적인 형태의 정서 전염 Emotion Contagion이 공감의 핵심이라고 주장한다. 정서 전염이란 다른 사람의 표정, 말투, 자세 등을 무의식적으로 흉내 내어 그 사람과 정서적으로 융합되는 현상이다. 다른 사람이 눈물을 흘리면 나도 따라서 우는 것처럼 말이다. 사람은 자신과 비슷한 표정을 짓고, 비슷한 감정을 표현하는 상대와 연결된다는 느낌을 받는다. 이는 뇌과학에서 미러링mirroring이라고 부르는 과정과 유사하다.

마음 이론Theory of Mind, 정신화Mentalizing 역시 공감의 중요 부분으로 간주되거나 동일시된다. 타인의 마음 상태를 이해하고 예측하는 능력을 뜻하는데, 감정 투영(내가 상대의 입장이라면 어떨지 상상하는 것)을 넘어 그 사람에 대한 상상(상대의 가치관, 생각, 욕구 등을 고려해 상대의 입장을 이해하는 것)을 가능하게 하는 정신 능력이다. 그렇기에 많은 노력과 연습이 요구된다.

사회신경과학자인 드세티Decety, J.와 잭슨Jackson, P.L.은 인간의 공감을 '다른 사람의 감정이나 상황을 이해하고 그것에 대해 적절한 반응을 보이는 것'으로 정의했으며, 타인의 느낌을 공유할 수 있는 능력, 타인의 느낌을 직관할 수 있는 인지적 능력, 타인의 고통에 연민 어린 마음으로 반응하기 위한 사회적으로 유익한 의도를 공감의 3요소로 꼽았다.

여러 정의에서 알 수 있는 사실이 있다. 우선 공감에 대한 정의 방식이 일원적인 것에서 다원화되고 있으며, 분절적인 것에서 통합적인 개념으로 발전하고 있다는 점이다. 또 하나는 점차 공감이라는 행위가 이루어진 근거를 중요시한다는 것이다. 단순히 내적으로 상대에게 공감하는 것보다는 공감했음을 나타내는 관찰 가능한 반응과 행위에 주목하며, fMRI 등의 기술 발전을 통한 신경과학 분야의 증거가 근거로 제시

되고 있다. 어쩌면 머지않은 훗날 공감을 받으면 관련 뇌 영역의 색깔이 변하는 것을 실시간 VR 기계로 관찰할 수 있을지도 모를 일이다. 그렇게 되면 과연 우리는 공감이 무엇인지, 어떤 역할을 하는지 명백하게 알 수 있을까?

## 공감은 하나의 유기체*

비트겐슈타인은 그의 명저 《논고》에서 개념이 명확하지 않다면 그 개념은 의미가 없다고 강조했다. 실제로도 그러하다. 영화 〈황산벌〉에는 신라군이 백제군의 '거시기'라는 단어를 해독하지 못해 애먹는 장면이 나온다. 우리말의 다채로움과 전라도 방언의 구성짐이 어우러진 해학적 장면이다. 하지만 '거시기 해야지'라는 말처럼 우리가 저마다의 다른 공감을 가지고 있다면, '공감해야지'라는 말은 아무 힘도 없을 것이고, 당연히 교실에서도 공감이 꽃피기는 어렵다. 그래서 '공감'의 개념을 이쯤에서 정의해 보려 한다. 지금까지 이루어진 공감에 대한 학문적 연구를 집대성하겠다거나, 사과를 맞은 뉴턴처럼 탁월한 깨달음을 얻었다는 주제 넘는 이야기를 하려는 것이 아니다. 교실 속 경험을 통해 쌓인 생각과 아이들이 자라서 가졌으면 하는 공감의 다양한 측면을 학문적 근거를 토대로 정리해 보려는 것이다.

어느 날 친구가 울먹이며 다가왔다. 무슨 일이냐고 묻자 친구는 자신이 키우던 강아지가 자동차 사고로 하늘나라로 떠났다고 했다. 나는 "아이고, 어떡해!"라고 외치며 친구와 같이 펑펑 울기 시작했다. 이 상황에서 나는 친구에게 공감하고 있는 것일까? 학생들에게 질문하면 대부분이 '나'를 공감 능력이 좋다고 말한다. 친구의 슬픔에 같이 눈물 흘리기 때문이다. 그러나 꼭 그렇지만은 않을 수도 있다.

공감은 단순한 태도가 아니라 정서적, 인지적, 행동적 활동을 포괄하는 과정이다. 그런데 우리는 감수성이 풍부하고 감정적인 사람을 공감 능력이 뛰어나다고 평가하는 경향이 있다. 그 판단 근거는 상대의 행동이다. '친구의 슬픈 이야기를 듣고 같이 운다'는 행동은 충분히 공감하는 태도처럼 보인다. 하지만 꼭 그런 것은 아니다. 어떤 사람은 그냥 이야기가 슬퍼서 울 수도 있고, 어떤 사람은 친구의 슬픔 때문에 내 마음이 힘들어서 눈물이 날 수도 있다. 심지어 어떤 이는 분위기상 슬퍼해야 친구가 자신을 좋게 평가할 것 같다는 생각에 일부러 울 수도 있다. 같이 울어 주는 행동 자체를 공감의 결과로 볼 수만은 없다.

반대의 경우도 있다. 친구의 입장에서 생각해 보니 너무 슬플 것 같고 친구의 목소리, 표정 하나하나에서 슬픔이 묻어나는 게 생생하게 느껴진다. 그런데 쉽사리 어떤 말도 할 수가 없거나 눈물조차 흘리지 못할 수도 있다. 말 몇 마디로 친구의 큰 상실을 어루만진다는 게 가당치 않아 보이기도 하고, 당사자인 친구도 아닌데 눈물까지 흘리면 소위 '오버'하는 것 같을 수도 있다. 그래서 마음의 진동을 꾹 누른 채 친구를 바라보기만 한다. 이때 친구는 '나'의 공감을 느낄 수 있을까? 아니면 이것은 공감이 아닌가?

이처럼 공감은 하나의 반응이나 행동이 아니다. 상대와 소통할 때 일어나는 일련의 메커니즘이 유기체처럼 조화롭게, 거의 동시다발적으로 이루어지는 과정이다. 비유하자면 공감은 태양이라는 단일 항성보다는 태양계라는 하나의 시스템, 네트워크에 가깝다. 그렇다면 어떤 부분들이 공감을 이루고 있을까?

## 정서 공유

앞서 들었던 예를 다시 살펴보자. 친구를 우연히 만났는데 분위기가 심상치 않다. 아무 말도 하지 않았지만 뭔가 평소와 다르게 심각하고 우울해 보인다. 나는 본능적으로 친구의 감정이 슬프거나 우울하다고 느끼는데, 이 과정이 바로 '정서 공유'다. 그렇다면 나는 어떻게 본능적으로 분위기를 느끼고 알아차렸을까? 분위기라는 추상적인 단어로 표현했지만 사실 구체적인 단서를 통해 느낀 것이다. 친구의 가늘게 뜬 눈, 올라간 광대, 미세하게 떨리는 입술, 얕지만 가쁜 호흡, 축 처져서 작게 들썩이는 어깨, 내 이름을 부를 때 한껏 낮고 힘없이 끝을 흐리는 목소리. 비언어적, 반언어적인 모든 것들이 바로 단서가 된다. 이런 것들은 의식적으로 관찰되는 게 아니라 무의식적이고 반사적으로 파악된다. 이 활동을 주도하는 게 그 유명한 '거울뉴런'이다.

통증을 느끼는 사람의 뇌에서는 통증을 경험할 때 활성화되는 신경회로가 활성화된다. 마찬가지로 친구의 표정을 보면 거울뉴런이 그 표정을 따라하게 하는데, 이때 친구가 해당 표정을 지었을 때와 똑같은 뇌의 영역이 활성화된다. 거울뉴런계는 외측 고랑에 있는 '섬insula'이라는 곳을 통해 감정을 다루는 변연계와 이어져 있으므로, 친구의 표정을 모사한 신호가 변연계로 보내져 친구의 감정을 읽게 되는 것이다. 그리고 거울뉴런은 감정을 단순히 해석하는 것을 넘어 비슷한 감정을 만들어 내 그것을 느낄 수 있게 한다. 이것이 바로 친구가 우울하면 나도 우울하고 친구가 슬퍼하면 나도 슬퍼지는 이유다. 심지어 속에 담긴 의도, 방식 등도 알아차릴 수 있다. 이 모든 과정은 인지가 아닌 신경 수준에서 자동적으로 일어난다.

## 관점 공유

친구에게 무슨 일이냐고 물었더니 자기가 키우던 강아지가 자동차 사고로 하늘나라로 떠났다고 한다. 나는 친구가 어떤 마음인지 막연하게 추측되지만 실감 나게 와닿지는 않는다. 강아지 같은 반려동물을 키워 본 적도 없고, 가족이나 가까운 존재를 잃어 본 경험도 없기 때문이다. 하지만 최대한 친구의 입장에서 생각하고 관점을 이해해 보려 한다. 친구는 평소에 강아지를 무척 아끼고 사랑했는데 불의의 사고로 떠나보냈다. 소중한 존재를 하늘로 보내고 다시는 볼 수 없게 된 상황에서 사람들은 어떤 생각을 하고 어떤 감정을 느낄까? 예전에 할머니가 돌아가셨을 때 엄마가 슬퍼하며 울던 장면이 떠오르고, 내가 목숨처럼 아끼던 카드 컬렉션을 잃어버렸을 때의 허망함과 상실감도 기억난다. 애니메이션 〈플랜더스의 개〉에서 죽어 가는 파트라슈를 끌어안으며 삶의 끈을 놓던 네로의 마음도 생각난다. 그제야 '아, 친구가 정말 슬프고 상실감이 크겠구나.' 싶고 친구의 마음이 이해되며, 무의식적으로 파악했던 친구의 분위기도 알게 된다. 이것이 바로 '관점 공유'다.

관점 공유는 흔히 학자들이 '인지적 공감'이라고 부르는 부분이다. 관점이란 사물이나 현상을 관찰할 때 그 사람이 보고 생각하는 태도나 방향, 처지를 뜻하는데, 사람은 모두 다른 관점을 지니고 있다. 따라서 다른 사람의 관점을 공유하는 것은 무척 어렵고 복잡한 과정이다. 정서 공유는 무의식적이고 반사적으로 이루어지기 때문에 본능에 가까우며 빠른 속도로 이뤄지지만, 관점 공유는 철저하게 의식적으로 노력해야 가능한, 느리고 어려우며 본능에 반하는 행위이다. 누구나 내 관점으로 상황을 해석하고 사물을 바라보는 게 편하지 타인의 관점으로 바꾸어 생각하기는 쉽지 않다. 다시 말하면 관점은 정서처럼 저절로 공유되는 것이 아니라 의도적으로 상대방의 것에 들어가야 한다는 뜻이다. 그래서 연습이 필요하다.

### 정서 공유와 관점 공유의 관계

예전에는 정서 공유와 관점 공유를 명확히 구분하고 아예 다른 영역 활동으로 간주하거나, 정서 공유만을 혹은 관점 공유만을 공감이라고 생각했다. 하지만 최근 연구에 따르면 둘은 상호작용하며 동시에 일어나기에 명확히 구분 짓기 어려운 것으로 나타났다. 공감의 대가 자키Zaki, J.는 공감 정확성이 타인의 감정을 이해하는 인지적 과정과 정서적 과정 모두에게 의존한다는 것을 밝혀냈다. 결국 정서 공유와 관점 공유는 상호보완적이며 협력적이다. 공유된 정서를 관점 공유의 방법으로 해석하기도 하고, 관점을 공유하고 나면 상대의 정서를 더 깊이 느끼기도 한다. 만약 상대의 정서를 공유하지 못한 채 관점만 알아차린다면 진심이 담기지 않은 메마른 공감이 될 가능성이 높다. 반대로 관점을 공유하지 못하고 정서만 가져오면 자칫 정서 전염Emotion Contagion이나 과공감 상태에 빠질 수 있다. 그러므로 둘의 균형을 맞춰 조화롭게 활용할 수 있도록 해야 할 것이다.

## 적절한 반응

친구의 정서도 공유했고 관점도 알아차렸다. 가식이 아닌 진심으로 친구의 감정을 느끼기에 나도 속상하고 슬프고 안타깝다. 그러나 여기서 그치면 완전히 공감했다고 하기 어렵다. 흔히 공감이 뭐냐고 물으면 '상대의 감정을 같이 느끼는 것'이라고 많이 답한다. 좋은 표현이지만 공감의 본질을 제대로 나타냈다고 볼 수는 없다. 공감은 사회적 기술이기에 관계 위에서 꽃피어야 하고, 그것이 상대에게 긍정적인 영향을 끼쳐야 관계에 도움이 된다. 너무나 속상하고 힘들었던 순간을 떠올려 보자. 누군가를 만나 그 이야기를 꺼냈을 때에는 마음속에 위로받고 공감받고 싶다는 의도가 깔려 있을 것이다. 감정은 상대의 의도나 반응을 유도하는 사회적인 조작 기능을 가지고 있으니 말이다. 그런데 상대가 내 이야기를 듣고 아무 반응이 없다면 어떨까? 물론 상대의 마음속에는 나에 대한 지지와 공감이 물결치고 있을지도 모르지만 안타깝게도 나는 상대방의 마음을 들여다보지 못한다. 그래서 내가 공감하고 있다는 것, 너의 감정을 알아차리고 진심으로 신경 쓰고 있으며 걱정, 지지하고 있다는 점을 적절한 방법으로 상대에게 알려 줘야 한다. "어쩌다가…… 진짜 슬프겠다." 라고 진심을 담아 말하며 어깨를 토닥이는 식으로 바로 알아차릴 수 있는 말과 행동으로 말이다.

## 사회적 공감

적절한 반응까지만 해도 충분히 효과적인 공감이라고 부를 수 있다. 교실에서 적절한 반응까지 하는 학생을 만나기는 쉽지 않지만, 더러 이런 학생을 만나서 보면 눈에 띄게 대인관계가 좋고 다방면에서 두각을 드러낸다. 정보과학기술의 발전과 더불어 전 세계의 사람들은 서로 가까워졌고, 이미 초연결 사회의 문턱에 들어섰다. 얼마 전 러시아의 우크라이나 침공 때 지구 반대편에 있는 우리나라에서 라면 값이 올랐던 일이 있었다. 한 단위 국가의 문제는 그 나라만의 문제가 아니라 세계적인 파장을 일으킨다는 단적인 증거다. 우리는 오늘날 전 세계와 연결되어 관계를 맺으며 살아가고 있으며, 앞으로 세계를 누빌 학생들은 어른이 되었을 때 초초연결 사회 속에서 생존해야 한다.

다양한 국제적 이슈(기후변화, 난민, 전쟁, 식량 부족, 빈부격차 등)는 다양한 주체와 집단의 협력을 요구한다. 과연 이해관계, 환경, 문화, 경제적 지위, 종교가 다른 집단들이 서로 협력하는 방법은 무엇일까? 이 역시 공감에 답이 있다. 공감이 문제 해결의 충분조건은 아니지만 필요조건임은 확실하다. 토크빌Tocqueville, A.D.은 사람들이 서로 다른 사회적 계층과 문화권에서 온 사람에게 공감할 수 있는 능력을 '사회적 공감'이라고 칭했다. 시걸Sigal, E.A. 역시 그녀의 저서《사회적 공감》에서 세상을 더 나은 곳으로 만들기 위해 사회적 공감이 필요하다고 역설한다. 미래 사회의 주역으로 살아갈 학생들에게 사회적 공감은 정서 공유, 관점 공유,

적절한 반응으로 이어지는 개인적 차원의 공감을 뛰어넘는 필수 자질이다.

문제는 사회적 공감이 무척이나 어렵다는 점이다. 약 20만 년 전부터 집단생활을 하면서 인류는 집단에 소속되기 위해 구성원과 좋은 관계 맺는 것을 중요하게 여겼다. 그렇게 구성원들의 생각, 감정을 살펴 온 것이 공감 능력의 발달로 이어졌다. 수십만 년 동안 공감의 대상은 우리 가족, 우리 마을, 우리 부족 사람이었다. 그런데 공감 신경 반응은 그 사람과 얼마나 정서적으로 연결되어 있는지에 따라 수준이 달라진다는 것이 밝혀졌다. 내가 실제로 만나 보지도 못한, 그래서 생활을 상상하기도 어렵고 그럴 필요도 느껴지지 않는 다른 집단의 사람에게 공감한다는 것은 매우 어려운 것이다. 따라서 사회적 공감 능력을 기르려면 보다 더 인위적이고 교육적인 시도가 필요하다. 공감의 다른 영역들보다 더 품이 들고 쉽지 않지만, 미래 사회의 필수적인 자질임이 분명하기에 더욱 신경 써야 한다.

### 다시, 공감은 하나의 유기체

정리하자면 공감이란 정서 공유, 관점 공유, 적절한 반응, 사회적 공감 모두가 유기적으로 이루어지는 일련의 메커니즘이다. 우리가 생각하는 대다수의 공감 개념은 공감의 일부 영역에 해당한다. 예를 들어 '친구가 슬플 때 나도 슬픈 것'은 정서 공유에 해당하고, '다른 사람 입장에서 생각하는 것'은 관점 공유를 뜻한다. 그러나 앞에서 보았듯이 공감은 하나의 정서 반응이 아니라 네 영역이 조화롭게 이루어져야 완성되는 수준 높은 정신활동이다. 그러므로 네 영역이 균형 있게 발전해야 제대로 된 공감 능력을 갖춘 사람으로 성장할 수 있을 것이다.

누군가 당신에게 '공감이 뭔데?'라고 질문하면 이렇게 답하면 된다.

"우리가 누군가를 만났을 때 그 사람의 말투, 표정, 행동을 보면 어떤 감정인지 느껴지지? 그럼 왜 그런 감정을 느낄지 상대방의 관점에서 생각해 보는 거야. 그러면 '아, 그래서 그렇구나.'라고 깨닫게 되거든. 그리고 내가 알아차렸고 너에게 마음 쓰고 있다는 것을 적절한 말과 행동으로 표현하는 거지. 나아가 이 과정을 내 친구, 내 가족을 넘어서 나와 경제적 지위, 종교, 문화, 성별, 국가 등이 다른 사람들에게까지 적용하는 것. 그게 바로 공감이야."

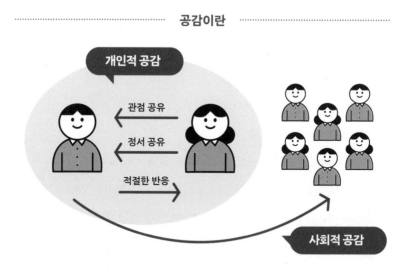

공감이란

070

## 공감<sup>empathy</sup>의 유사품<sup>•</sup>

몇 년 전, TV 프로그램 〈무한도전〉에서 '그랬구나'라는 콩트를 본 적이 있다. 서로를 공감해 주자는 의도였는데 이야기는 장가를 못 간다며 놀림받던 정과장으로부터 시작되었다.

"걱정해 주는 건 좋은데, 내 결혼은 내가 알아서 할게. 제발 간섭은 안 해 줬으면 좋겠어."

그때 마주 보고 있던 박차장은 막말이 나오려는 것을 참으며 말했다.

"장가 못 가고, 매번 밤에 혼자 지내는 게 아쉬워서 내가 안타까워서 이야기했는데, 아, 그랬구나."

출연자들은 물론 TV를 시청하던 시청자들까지 배꼽을 잡으며 포복절도한 명장면의 탄생이었다. 아직도 해당 장면은 수많은 밈을 만들어 내며 레전드로 꼽히고 있다.

이 장면이 재미있는 이유는 상황과 어울리지 않는 말 때문이다. 이런 부조화는 코미디의 정석인데 자세히 들여다보면 이상한 점이 있다. 박차장이 형식(상대의 말을 다시 말하고, '그랬구나'라고 하기)을 지키지 못한 것은 둘째 치고, 의도와 활동이 정확히 매칭되지 않는다. 상대의 말을 다시 반복하는 것은 상담에서 말하는 '재진술'에 해당하며 '그랬구나'는 상대에 대해 인정, 이해를 표시하는 마법 같은 단어다. 효과적이고 필요한 대화 방법일 수도 있지만 공감과는 직접적인 관련이 없는 활동이다.(심지어 판단의 말을 사용해서 재진술조차 제대로 되지 않았지만 그건 차치하기로 한다.) 정확히 말하자면 박차장은 공감하려고 한 게 아니라 반영을 하려 한 것이다.

이처럼 많은 사람들이 공감과 유사하거나 아예 다른 개념을 공감이라고 착각하며 사용한다. 심지어 '이해와 공감', '소통과 공감'처럼 별도의 두 개념을 마치 하나의 관용구처럼 묶어 사용하는 경우가 허다하다. 과연 우리는 무엇을 공감이라고 착각하고 있을까?

### 동감 sympathy

공감과 가장 많이 혼동하는 개념이다. 동감을 뜻하는 sympathy는 그리스어 sym(함께)+pathos(감정, 느낌)에서 유래된 단어로 상대의 감정을 함께 느끼는 것이다. 특히 상대의 곤경이나 슬픔을 안타깝게 여기거나 함께 느끼는 것을 뜻하는데, 그래서 연민pity과 같은 개념으로 보기도 한다. 이에 반해 공감을 뜻하는 empathy는 그리스어 empatheia를 어원으로 하는 em(안으로)+pathos(감정, 느낌)에서 유래한 말이다. 즉, 상대의 감정을 내 안에서 받아들인다는 의미이다. 동감은 상대의 어려움을 측은하게 여기고 안타까워하지만, 공감은 상대의 입장에서 감정과 생각을 받아들이는 것을 뜻한다. 그래서 동감은 부정적인 상황에서 작동하는 반면, 공감은 부정적 상황뿐 아니라 긍정적 상황에서도 가능하다.

예를 들어 친구가 취업에 실패해서 힘들어 하고 있다고 가정해 보자. 친구에게 술을 한잔 사면서 "야, 힘들지? 다 잘될 거야. 나도 예전에 회사 면접에서 몇 번 떨어졌잖아. 나도 해 봐서 알아. 그래도 시간 지나고 보면 별거 아니니까 힘내."라고 말한 뒤 5만원을 건네준다면 이건 동감에 가깝다. 취업에 실패한 청년이라는 상황에 '내가 저 상황이라면 어땠을까?'라고 생각하면서 그 상황에 나를 대입한 것이다. 반면 공감을 하려면 먼저 친구의 입장에서 생각해 봐야 한다. 친구는 나와 다르게 결혼해서 생계를 책임질 식구가 있고, 취업을 위한 자격증도 유효기간이 있어 빨리 취업을 해야 한다. 더구나 현실적이고 자존심이 강한 성격이라 실패를 견디기 힘들어 한다. 즉, 면접에서 떨어진 청년이라는 조건은 같을지 몰라도 나와는 다른 친구의 주변 환경, 상황, 성격 등을 고려해 친구의 입장에서 생각하고 감정을 느낀다. 그리고 진심을 담아 "너 진짜 막막하고 답답하겠다. 내가 문제를 해결해 줄 수는 없지만 이야기는 들어 줄 수 있어."라고 말했다면 그것은 공감이다.

### 개인적 고통 personal distress

개인적 고통은 다른 사람의 슬픔이나 고통을 느끼다 보니 그로 인해 오히려 더 고통스럽고 힘들어지는 현상이다. 타인의 슬픔에 힘들어 한다는 점은 비슷하지만 동감과 차이점이 있다. 동감은 상대를 안타깝게 여기지만 나의 고통이나 슬픔으로 크게 이어지지 않는 반면, 개인적 고통은 내 안의 슬픔과 고통이 걷잡을 수 없이 커지는 것이다. 예를 들어 옆 반 선생님이 학부모의 악성 민원 때문에 힘들다고 하소연을 할 때 '아, 예전에 나를 괴롭히던 학부모가 떠올라서 너무 힘들다.'는 마음이 들어 옆 반 선생님의 이야기를 듣는 것이 불편하거나 피하고 싶다면 개인적 고통에 해당한다. 개인적 고통은 공감이나 동감과 달리 고통의 원인이 되는 상황을 회피하고 싶게 만든다.

073

## 동의 agreement

가끔 아내와 생각이 달라서 말다툼을 할 때가 있다. 그러다 내가 아내 이야기를 듣고, "그래, 당신 입장에서 그럴 수 있겠다."라고 공감하면 아내가 이렇게 맞받아친다.

"아니, 오빠는 나한테 진짜로 공감한 게 아냐. 공감한다면 그렇게 말할 리가 없어. 지금도 내 생각이 잘못됐다고 생각하잖아."

순간 나는 이걸 어떻게 설명해야 하나, 설명하면 오히려 말싸움으로 번지는 건 아닌가 싶어 어지러워진다. 정말 부부 간의 말다툼은 남북 실무자 회담만큼이나 어려운 일이다.

의외로 동의를 공감으로 착각하는 사람들이 많다. 동의란 말 그대로 상대방의 생각이 옳다고 믿어서 상대방과 똑같은, 혹은 비슷한 의견을 가지는 것이다. 우리 마음은 단순하게 표현하면 생각과 감정으로 이루어져 있는데, 동의는 '생각'에 대해 하는 것이다. 애당초 감정에 동의한다는 말 자체가 성립될 수 없다. 왜냐하면 동의는 옳고 그름에 대한 가치판단을 전제로 하는데, 감정에는 옳고 그름이 없기 때문이다. 감정에 대해 동의한다고 이야기하려면 '네가 지금 화가 나는 건 옳지 않아.', '어떻게 이 상황에서 속상해 할 수 있어?'라는 식의 판단이 들어가야 하는데, 이는 어불성설이다. 그러므로 동의는 공감이 아니다. 그런데 왜 사람들은 공감하면 당연히 생각에도 동의해야 한다고 믿을까? 감정과 생각, 혹은 감정과 행동을 구분하지 못하기 때문이다. 슬프다고 누구나 울어야 하는 것은 아니며, 친구가 부럽다고 그 친구가 가진 비싼 휴대폰을 사야 하는 것은 아니다. 마찬가지로 '너의 입장에서 생각해 보니 화가 날 수 있겠다'고 공감했다고 해서 화나게 한 상대방에게 복수하겠다는 의견에까지 동의해야 하는 것은 아니다. 내 감정에 공감한다면 내 생각에도 무조건 동의해야 한다는 것은 상대의 관점에서 생각하지 못하는 것이다. 이런 동의에 대한 요구가 강해지면 동조 압박으로 변질되기도 한다.

### 재진술 restatement

어느 날 TV에서 다둥이 아빠인 남자 연예인이 남편으로서 아내에게 공감을 잘하는 비법을 알려 준다고 하는 장면을 봤다. 그가 보여 준 방법은 이랬다.

"아내가 분리수거를 제대로 안 해서 이웃에게 지적받았다고 치자. 그럼 이렇게 말해야 해. '아니, 그 여자가 분리수거를 제대로 안 했다고 뭐라고 했다고? 뭐! 미친 거 아냐? 그 여자는 왜 여보한테 그러는 건데! 어이가 없네, 내가 가서 따져야겠어!'"

이 말을 들은 다른 남자 연예인은 감탄을 하며 박수를 쳤다. 이런 내용은 공감 능력이 부족한 남자들을 위한 비법처럼 은밀하게 전수된다. '그러길래 왜 분리수거를 제대로 안 해서 그래. 그 여자 말이 틀린 건 아니네 뭐.' 같은 해결책만 제시하기 일쑤인 남편들에게 일침까지 가하는 것은 덤이다. 하지만 이것은 공감이 아니라 재진술이다. 재진술은 상담 기법 중 하나로 상대가 말한 것을 한 번 더 말해 주는 것이다. 내용을 명료화하는 동시에 상대의 말을 경청하고 있음을 나타내기 위한 것이기도 하다. 그런데 여기서 포인트는 재진술 내용보다는 그것을 표현하는 방식이다. 과장된 표정과 감정이입을 통해 상대의 생각과 감정을 짚어 준다. 마치 상대의 편을 들어 주는 것과 유사한데 실제로 남편이 이렇게 반응하면 아내는 속이 시원해지면서 기분이 풀린다고 한다. 분명히 효과는 있지만 공감과는 좀 다르다. 특히 위의 사례처럼 기술로만 받아들이게 되면 진심으로 상대의 관점과 감정을 고려하기보다는 기계적으로 반응하며 사용하기 쉽다.

## 공감에 대한 오해

### 공감 능력은 타고난다?[*]

미술 능력, 언어 능력, 운동 능력처럼 공감 능력도 유전적 영향을 받는다. 정확히 말하면 공감 능력도 '어느 정도' 타고나는데, 한 연구 결과에 의하면 인지적, 정서적 공감 능력의 10~35%가 유전자에 의해 결정되며 나머지는 후천적으로 생긴다고 한다. 유전자를 공유하는 쌍둥이조차도 60% 정도만 결정된다는 결론이 나왔다.

노력으로 공감 능력을 기를 수 있다는 연구 결과는 무척 많다. 공감은 다른 사람을 오래 관찰하고, 문학, 영화, 예술 및 삶의 전반에서 높은 수준의 공감이 관련된 순간을 경험하는 동시에 역할을 수행하면서 개발된다고 한다. 또 다른 연구 결과에서는 공감의 근간이 되는 관점 취하기 기술이 아동기 중기와 청소년기 후기에 걸쳐 계속 발달하는 것으로 나타났다. 정서 공유의 핵심인 타인의 얼굴과 목소리를 통해 감정을 인식하는 능력 또한 체계적이고 꾸준한 연습으로 향상될 수 있다.

　이는 이론적으로 조금만 생각해 보면 당연한 이야기다. 과거에는 공감 능력이 결정된 채 태어나며 바꿀 수 없다는 의견이 지배적이었다. 마치 O형으로 태어나면 평생 O형으로 살아야 한다는 것과 같다. 그러나 과학의 발전에 힘입어 공감 능력을 뇌에서 관장한다는 사실과 공감을 작동하게 하는 특정 뇌 영역이 밝혀지고 있다. 뇌는 기본적으로 1000억 개 이상의 뉴런으로 이루어져 있으며, 끝단에 있는 시냅스의 연결을 매개로 한 하나의 거대한 네트워크다. 그런데 이 연결은 태어난 순간부터 죽을 때까지 똑같은 모습이 아니다. 마치 생물처럼 새로운 연결이 만들어지고 강화되며, 사용하지 않는 부분은 약화되거나 가지치기하듯 없어지기도 한다. 경험과 학습에 의해 뇌가 변하는 것인데 이것을 '뇌의 가소성plastic'이라고 부른다. 공감 능력과 직결된 뇌 영역도 마찬가지다. 공감의 원리와 과정, 결과에 집중하고 수행할수록 강화되고 발달할 수밖에 없다. 한 연구에서 참가자들을 두 그룹으로 나눈 뒤 사람들이 상호작용하는 영상을 보면서 영상 속 사람들의 생각과 감정을 추론하게 했다. 그러면서 한 그룹에는 지속적으로 피드백을 해 주고 나머지 한 그룹에는 피드백을 해 주지 않았다. 그 결과 피드백을 해 준 그룹의 공감적 추론 능력이 훨씬 상승한 것으로 나타났다.


　나는 다른 사람들에 비해 공감 능력이 부족한 채로 태어났다고 생각한다. 공감이 상대의 감정에 휘둘리는 어리석고 가식적인 행동이라고 생각해서 친구, 가족과의 대화에서도 항상 "징징대지 말고 그래서 어떻게 할 거야? 해결책을 찾아야지."라는 식의 생각과 말을 자주 했다.

그런 내가 공감을 연습하기 시작한 것은 교사가 되고, 결혼을 하고 나서였다. 아내나 우리 반 학생과 관계를 맺을 때 내 입장에서 정당하거나 옳은 이야기는 도움이 되지 않는다는 것을 깨달았다. 분명히 내 말이 맞고 내 판단이 정확한데, 상대방은 입으로는 알았다고 하지만 표정으로 분위기로 화를 내고 있었다. 도저히 이유를 알 수 없었다. 그러다 공감의 필요성을 느끼고 하나하나 연습하기 시작했다. 처음에는 기계적으로라도 억지로 공감하는 말하기를 하고, 어떻게든 상대의 감정을 알아내려 노력했다. 노력이 관찰이 되고, 관찰은 관심이 되더니 점차 공감 능력이 늘기 시작했다. 지금도 내가 공감 능력이 뛰어난 사람이라고 생각하지 않는다. 그저 평균 정도에 도달한, 아직은 더 많이 노력해야 할 부진아일 뿐이다.

앞서 말한 것처럼 사람은 서로 다른 공감 능력을 가지고 태어난다. 처음부터 다른 능력을 가지고 태어난 것은 어쩔 수 없다. 그러나 공감 능력은 성별이나 혈액형처럼 고정된 것이 아니다. 원래부터 공감 능력이 없다는 말은 핑계일 뿐이다. 동기를 가지고 차근차근 연습하면 누구나 기를 수 있는 것이 공감 능력이다.

## 여자가 남자보다 공감 능력이 뛰어나다?[*]

최근 공감 분야의 세계적 권위자인 배런-코언Baren-Cohen, S. 교수가 이끄는 연구 팀이 성별에 따른 공감 능력에 대한 연구 결과를 발표했다. 수십 년 동안 많은 연구가 이루어진 익숙한 주제지만, 이 연구는 총 57개국, 30만 5천 726명이라는 대상자를 통해 실시한 방대한 연구라는 점에서 특별했다. 결과는 우리가 경험적으로 가지고 있던 인식과 크게 다르지 않았는데, 여자가 남자보다 공감을 더 잘하는 것으로 나타났다. 공감 능력이 부족하다며 직장에서, 여자 친구에게, 아내에게 타박 받는 나 같은 남자들에게는 절망적인 소식이 아닐 수 없다. 공감 능력은 노력으로 기를 수 있다지만 이미 출발선부터가 다르다니 김빠지는 일이다.

여성이 남성보다 공감을 더 잘한다는 것은 아주 오랫동안 사실로 받아들여져 왔다. 수천 년을 지배한 성역할에 대한 인식을 살펴봐도 따뜻한 공감은 언제나 여성의 몫이지 남성의 몫이 아니었다. 최근 수십 년 동안 이루어진 관련 연구 결과도 대부분 여성의 손을 들어 주고 있다. 그 원인에 대해서는 다양한 견해가 있다. 여성은 공감에 유리한 옥시토신 호르몬이 많고 남성은 공감을 방해하는 테스토스테론 호르몬이 많기 때문이라는 설부터 여러 생리적, 사회적 가설들이 제시되었지만 아직 이렇다 할 정확한 원인이 밝혀진 바는 없다. 그렇다면 어쨌든 남성은 공감 부진아의 숙명을 짊어진 채 살아야 한다는 뜻일까? 다행히 그렇지 않을 수도 있다.

남성 20명, 여성 20명을 대상으로 연구한 결과, 여성이 남성보다 공감 능력을 제어하는 뇌 영역의 연결 및 처리 과정이 더 발달한 것으로 나타났다. 그러나 동시에 성별의 차이가 공감 능력에 미치는 영향이 유의미할 정도로 크지 않으며, 개인차 정도의 의미만 지닌다는 결론이 나왔다. 대학생을 대상으로 한 또 다른 실험에서 참가자들은 다른 사람의 얼굴 표현을 보고 감정을 맞히는 과제를 수행했다. 실험 결과 여성이 남성보다 더 높은 수치를 기록했으나, 분석 결과 이러한 차이는 감정 인식 능력의 차이보다는 과제 수행에 임하는 태도 차이라는 결론이 나왔다.

쉽게 말하면 여성이 조금 더 공감 능력이 뛰어난 것 같기는 한데 엄청나게 유의미한 차이는 아니라는 것이다. 앞서 소개한 사이먼 배런-코언 교수도 '남녀 간 평균적 차이에 관한 연구 결과는 각 개인의 성별에 따른 특성과 일치할 수도 있고 그렇지 않을 수도 있기 때문에 개인의 마음이나 태도에 관해 말할 수 있는 것이 아무것도 없다.'라고 언급했다. 그렇다면 왜 우리는 여성의 공감 능력이 압도적 우위라고 확대해석할까?

클라인Klein, K.J.K.과 호지스Hodges, S.D.는 동기가 공감에 미치는 영향에 관한 실험을 했다. 첫 번째 실험에서 공감 능력을 측정하는데 한 번은 이 실험이 공감 능력과 관련된 실험이라는 것을 숨겼고, 다른 한 번은 목적을 눈치 채도록 한 뒤 실험했다. 그 결과 목적을 알고 한 실험에서는 여성의 공감 능력이 남성보다 유의미하게 높은 것으로 나타났으나, 목적을 모른 채 참여한 실험에서는 차이가 거의 없었다. 또 다른 실험에서는 대상자를 세 그룹으로 나누었다. 한 그룹은 아무 조건이 없었고, 두 번째 그룹은 피드백을 제공하기로 했다. 마지막 그룹에게는 공감을 정확하게 할 때마다 2달러의 돈을 준다는 조건을 걸었다. 그렇게 공감 실험을 한 결과 남녀 모두 돈을 받는 그룹에서 가장 높은 성과를 보여 주었으며, 특히 남성은 조건이 없는 비교 집단에 비해 돈을 받을 때 세 배 정도의 높은 공감 능력을 보여 주었다.

이 실험이 시사하는 바는 공감이 성별 차이보다 동기에 더 확실한 영향을 받는다는 사실이다. 특히 두 번째 실험에서 남성은 '조건 없음→피드백→돈' 순으로 공감 능력이 급격하게 상승하는 모습을 보여 주었다.(여성은 조건 없음 그룹보다 피드백 그룹에서 오히려 결과가 떨어졌다.) 이는 동기만 있다면 남성 역시 얼마든지 공감을 잘할 수 있다는 반증이다. 실제로 공감을 잘하는 남성이 이성에게 매력적이라는 내용의 기사를 읽은 뒤 공감 실험을 하자 남성의 공감 능력이 유의미하게 상승하기도 했다. 첫 번째 실험에서 여성이 실험의 의도를 눈치 챘을 때 남성보다 더 높은 공감 능력을 보여 준 것도 같은 맥락이다. 여성은 공감을 수행해야 한다는 동기가 남성보다 크다. 전통적으로 여성에게는 공감 능력이 하나의 자질로 요구되어 왔으며, 여성이 남성보다 공감 능력을 자기상의 중요한 요소로 평가한다는 연구 결과도 있다. 따라서 공감 능력을 측정하는 과제를 여성은 본능적으로 열심히 하게 되고, 남성은 그다지 열심히 하지 않았던 것이다.

정리하자면 여성이 남성보다 더 공감을 잘하는 경향은 분명히 있다. 그런데 이것은 능력의 차이라기보다는 공감하고자 하는 동기의 차이가 더 크다. 남성은 공감을 할 수 있는 능력이 충분하지만, 여성에 비해 기본적으로 공감해야 한다는, 혹은 하고 싶다는 생각이 적기 때문에 덜 공감하는 것이다. 그렇다면 방법은 간단하다. 남성에게도 공감에 대한 동기를 부여하면 된다. 물론 공감할 때마다 보상을 주어야 한다는 뜻은 아니다. 남성의 분석적이고 문제 해결을 지향하는 점을 활용하면 된다는 것이다.

생각해 보면 나 역시 그랬다. 공감의 필요성도 느끼지 못하며 잘하지도 못했던 내가 공감을 배우고, 연습하고, 가치 있게 여기게 된 것은 아내, 아이들, 학생들과 관계를 맺는 과정에서 어려움을 겪으면서 필요성을 느꼈기 때문이다. 만약 내가 결혼도 하지 않고 다른 직업을 가졌더라면 굳이 공감하려 하지 않았을지도 모른다. 그러므로 공감의 뇌가 꾸준히 만들어지고 있는 학생들에게 공감의 필요성과 효과를 느끼게 하고 공감하는 법을 가르치는 일은 충분히 가치 있고 능률적인 일이다.

## 상대의 말에 동의하는 것이 공감이다?*

앞서 '공감의 유사품' 부분에서 사람들이 공감과 동의를 혼동한다고 했다. 그 이유는 기본적으로 생각과 감정을 분리하지 못하고, 나와 상대의 마음 작동 방식이 다르다는 것을 인정하지 않기 때문이다. 이런 동의에 대한 압력이 점차 강해지면 동조가 되고, 나아가 동조 압박이 된다.

교실에서 여학생의 관계는 남학생의 관계보다 복잡하고 어렵다. 남학생은 대개 커다란 단일 그룹을 이루는 편인데 명확한 리더를 중심으로 피라미드처럼 위계질서를 갖춘 하나의 그룹을 만든다. 물론 그 그룹의 경계선에 걸쳐 있거나 외부에 머무는 아웃사이더가 있기는 하지만 메인 그룹과 비교하기 어려울 정도로 소수에 가깝다. 그래서 집단 내에서 공통적으로 유행하는 문화나 놀잇감이 있으며, 한번 유행하면 모두가 그것을 한다. 포켓몬 띠부띠부실이 유행일 때는 모두 띠부띠부실을 모으고, 점심 시간에 축구를 해도 다 같이 어울려서 게임을 한다.

반면 여학생은 철저하게 소그룹을 지향한다. 여학생들에게는 '모두 두루두루 친하게 지내는 것'보다 나의 절친이 누구인지, 몇 명인지가 훨씬 중요하다. 그룹의 크기는 대부분 4명 이내이고 가끔 6명 정도까지도 있지만 오래가지 못하고 나뉜다. 또 하나의 특징은 짝수가 훨씬 안정적이라는 점이다. 아까 말했듯 '나의 절친'이 중요하기 때문에 홀수면 그룹 내에서도 소외되는 한 명이 발생해 곧 그룹이 와해되는 경우가 허다하다.

이렇게 성별에 따른 그룹 만들기의 차이를 비교한 것은 공감 이야기를 하기 위해서다. 공감은 사회적 기술이기에 관계를 맺기 위한 전략적 수단이 된다. 그런데 공감을 활용하는 양상도 남학생과 여학생이 좀 다르다. 남학생 그룹에서 공감은 개인이 지닌 능력 중 하나에 불과하다. 공감 능력이 있으면 상대와 말이 잘 통하고 마음을 잘 알아주는 편한 친구라는 인식을 주어 관계를 맺는 데 유리해진다. 그렇다고 공감 능력이 매력을 결정하는 절대적 기준이나 핵심 전략이 되는 것은 아니다. 하지만 여학생에게 공감은 그 이상이다. 그룹을 소수로 만들고 그 속에서의 친밀함을 중요시하는 여학생은 네 편과 내 편을 구분하는 것이 중요하다. 그리고 이런 피아식별의 수단으로 공감을 활용한다. 대표적인 방법이 뒷담화다.

"너 그거 알아? 영지가 예솔이 뒷담화한다더라?"

"그래?"

"수현이가 들었대. 영지 진짜 어이없지 않냐? 그치?"

이 상황에서 '영지 진짜 어이없지 않냐? 그치?'는 눈치 챘겠지만 질문이 아니다. '너 내 말에 공감하냐?'라는 피아식별 시도다. 이때 정말 신중하게 대답해야 한다. 만약 '이상한데? 영지가 그럴 친구가 아닌데? 사실관계를 확인해야겠다.'는 생각이 들었다고 하자. 그런데 이 생각을 그대로 말하는 순간 분위기가 싸해지거나 오히려 그룹에서 배제될 수도 있다. 네가 내 말에 공감하지 않는다는 것은 우리 그룹의 가치를 함께 공유하지 않는다는 뜻이고, 이곳에 속할 수 없다는 뜻이기 때문이다. 그래서 이때 본능적인 생존 전략으로 공감을 표시한다. 무리에서 살아남기 위한 전략이다. 그럼 남학생은 왜 이런 경향이 적을까? 다시 말하지만 남학생들은 하나의 큰 그룹을 만드는 경향이 있다. 개개인의 관계에서 피아식별을 해 봤자 어차피 그룹의 형태나 구성은 크게 바뀌지 않는다. 배제라는 관계 공격도 리더가 주도하고 구성원 전체의 암묵적인 동의를 구해야 가능하다. 그래서 피아식별이 중요하지 않은 것이다.

그런데 여학생은 좀 다르다. 여학생 그룹에서 공감한다는 것은 감정뿐 아니라 생각에 동의하는 것을 뜻하며, 이후 취할 조치나 행동을 함께 하겠다는 약속의 표시다. 생각과 감정을 구분해서 감정에 공감하고 생각은 다르다고 말한다면, 상대가 인정할지는 몰라도 떨떠름한 표정을 지으면서 관계에서는 한발 물러서거나 심지어 선을 그을 수도 있다. 그리고 자기 편이라고 믿는 친구들과 함께 뒤에서 수군댈 수도 있다. 이들은 공감이 아니라 동조를 원하는 것이다. 동조conformity란 집단의 압력에 굴복해 자발적으로 개인의 신념이나 개인적인 의지에 따른 행동을 버리고 집단을 따르는 현상을 칭하는 사회심리학 용어다. 한때 온라인을 뜨겁게 달구었던 '이거 나만 불편해?'라는 유행어가 있다. 몇몇 폐쇄적인 커뮤니티에서 유래한 말인데, 한 시청자가 다수의 사람들이 불편함 없이 즐기던 콘텐츠에 대해 성적 비하라고 딴지를 걸면서 시작되었다. 이 사람은 여러 사람이 자신의 말에 동의하지 않자, 타당함을 인정받고자 본인이 속한 커뮤니티에 '이거 나만 불편해?'라고 글을 올리며 동조를 구했다. 그러자 해당 커뮤니티 안에서 동조하는 반응들이 올라오기 시작했고 이 사람은 자신이 옳고 다른 사람들이 틀렸다고 확신하게 되었다. 이것을 '반향실 효과echo chamber'라고 한다. 반향실 효과란 비슷한 의견을 가진 사람끼리만 소통을 함으로써 획일적 견해로 수렴하는 현상이다. 이렇게 생각이 비슷한 사람들이 모인 폐쇄적인 커뮤니티에서 다른 생각을 거부한 채 운운하는 공감은 공감이 아니라 전형적인 동조다. 더구나 여기에서 그치지 않고 다른 사람에게 동조를 강요하는 '동조 압력'을 행사하기 시작한다. 커뮤니티 내에서 이견을 표시하는 사람은 유다 취급을 받고, 다른 견해를 가진 커뮤니티 밖의 사람에게는 공감 능력이 없다는 식으로 선동하고 비난하며 공격한다. 채식을 강요하는 일부 극단주의자들이 그러하며, 반도체 수출 규제 사건으로 일본과의 관계가 최악으로 치달았을 때 일제 자동차에 테러를 가하던 사람들이 그러했고, 교사를 무차별적으로 조리돌리는 일부 맘카페 학부모들이 그러하다.

## 공감은 많이 할수록 좋다?*

교사에게 공감이란 의무이자, 숙명이자, 무기이자, 사명이다. 문제는 공감에 막대한 에너지가 든다는 것이다. 공감은 매우 복잡다단한 과정이다. 상대의 감정을 파악하고, 상대의 관점을 상상해서 파악한 감정을 해석한다. 이렇게 조율된 정보를 해석, 조절한 뒤 상대가 받아들이고 좋아할 만한 적절한 말과 행동으로 반응까지 해야 개인적 공감이 완성된다. 이것이 어느 정도 익숙해져야 개인을 넘어 사회의 여러 구성원에게까지 관심을 가지고 공감할 수 있게 된다. 이런 공감의 과정에서 우리는 뇌의 다양한 영역을 종합적으로 활용하는데, 이는 관찰, 상상, 해석, 판단, 결정, 피드백 등 수준 높은 활동을 포함한다. 한마디로 공감은 정신적 종합 예술이라고 할 수 있다.

'노동'이라고 하면 힘들게 무언가를 옮기거나 만들거나 작업을 수행하는 육체노동을 쉽게 떠올린다. 그러나 산업이 고도화되고 3차 산업이 완숙하면서 감정노동이 육체노동 이상으로 주목받기 시작했다. 감정노동은 타인의 감정을 위해 일상적으로 자신의 감정을 억누르고 통제하는 일을 수행하는 것이다. 미국의 사회학자 혹실드Hochschild, A.R.가 감정노동이라는 표현을 만들어 낸 사람인데, 그녀는 조직이 효과적인 서비스를 위해 특정 상황에서 특정 감정을 표현하도록 하는 대인관계 프로세스를 지시하는 것이 감정노동의 판단 기준이라고 했다. 그녀가 든 예는 바로 항공기 승무원이었는데, 모든 승객에게 환대를 베풀어야 하고, 비현실적인 요청에도 화를 내지 않도록 하라는 지시를 받기 때문이라고 했다.

교사 또한 대표적인 감정노동 직군이다. 과거에는 권위적인 교사상이나 사회적 인정으로 인해 교사의 감정노동이 주목받지 못했다. 그러나 최근에 사회적 압력, 교사의 전문성 향상, 학부모의 요구, 교권 실추 등이 맞물려 교사의 감정노동이 주목받고 있으며, 그 수준은 스트레스와 탈진, 탈교직화를 유발하는 지경이 되었다. 기본적으로 교사는 수많은 관계 속에 놓여 있으며, 심지어 학급이라는 공동체의 다양한 관계를 지원하고 조정해야 하는 책무를 가지고 있다. 학생은 물론이고 학부모와의 관계, 동료 교원 및 관리자와의 관계, 요즘은 지역사회와도 관계를 맺어야 한다. 심지어 학생이 학교 밖(학원, 마을 등)에서 겪은 관계의 어려움조차 교사의 책임으로 추궁당하기도 한다. 체벌이나 꾸지람 등 힘을 활용한 훈육이 비교적 자유로웠던 과거의 교사에 비해, 오늘날의 교사는 다양한 관계의 난제를 '생활교육'이라는 평화적이고 수평적이며 공감 능력이 필수적으로 요구되는 관계 맺기로 해결해야 한다. 물론 이것이 교육적으로는 바람직한 방향이다. 문제는 공감을 하는 과정에서 감정 억제를 자주 하다 보니 엄청난 정신적 스트레스는 물론 신체적 스트레스, 에너지 소모가 수반된다는 점이다. 이는 비담임 선호 현상만 봐도 알 수 있다. 한 기사에 따르면 중고등학교 담임교사의 1/4이 계약직 교원이라고 한다. 초등도 사정은 다르지 않다. 대다수의 학교에서 업무 희망서를 제출할 때면 서로 전담 교사를 하고자 눈치 싸움이 이어진다. 담임 수당과 승진 점수의 혜택이 있음에도 담임을 맡기 싫어하는 이유는 감정노동의 스트레스 때문이다.

지나친 감정노동에는 자연스레 과도한 공감이 요구된다. 그리고 이는 교사의 몸에 무리가 된다. 부모의 공감 능력이 자녀의 공감 능력 및 건강에 주는 도움에 대한 연구가 있는데, 부모가 공감해 줄수록 자녀의 공감 능력이나 건강이 향상되는 것으로 나타났다. 그런데 충격적인 점은 공감을 열심히 한 부모의 염증 수치가 높았다는 점이다. 이는 다른 사람을 더 잘 돕기 위해 생리적 자원을 소비하면 몸에 부담이 생긴다는 뜻이다. 그 외에도 공감이 사람에게 생리적 부담을 준다는 연구 결과는 무척 많다. 다른 사람을 돌보고 높은 수준으로 공감할수록 만성 스트레스 상승으로 인해 생리학적인 피해를 입을 수 있다. 어려운 환경에 처한 청소년들에게 자기조절능력을 연습하게 하자 문제 행동이나 소비 문제가 급격히 줄어들었지만, 몇 년 후 확인했더니 그들의 신체 시스템이 꽤 많이 손상된 것으로 밝혀진 연구 결과도 있다.

무리하게 지속적인 공감으로 소진이 심해지면 공감 피로가 생기고, 이는 결국 번아웃으로 이어진다. 공감이 많이 필요한 직업군의 경우, 직업적 번아웃 비율이 높은데 교사도 예외가 아니다. 최근 한 포털 사이트에 의하면 '교사 이직'이라는 키워드 검색이 일 년 전에 비해 500% 이상 증가했으며(2023년 4월 기준), 초등교사 커뮤니티인 '인디스쿨'이나 직장인 앱인 '블라인드'에는 교사의 이직에 대한 문의나 논의가 급격히 많아지고 있다. 다양한 원인이 있겠지만 번아웃으로 지친 교사의 세태를 단적으로 보여 주는 예라고 할 수 있다.

공감 피로 상태에서는 어려움을 겪는 다른 사람에 대한 관심이 줄어들 수밖에 없다. 하지만 교사는 의무감이나 책임감 때문에 번아웃된 상태에서도 학생에게 공감한다. 이를 '거짓 공감'이라고 부르는데 거짓 공감은 부작용을 낳기 마련이다. 우선 기계적인 공감이 될 가능성이 크다.

악성 민원으로 인해 너무나 지쳤던 어느 날, 우리 반 영욱이가 나에게 다가와 몇 번의 고자질과 하소연을 했다. 나는 가까스로 훈계를 참고 "친구가 네 물건을 빼앗아 가서 속상했겠구나."라고 말했다. 그리고는 넋이 나간 표정으로 한숨을 쉬며 모니터로 고개를 돌렸다. 그때 영욱이가 돌아가며 중얼거리듯 내뱉은 혼잣말이 내 귀를 때렸다.

"뭐야, 맨날 구나구나야."

뜨끔했다. 사실 나는 영욱이의 감정을 자세히 들여다보고 인정할 여유가 전혀 없었다. 그저 이 상황을 빨리 해결하고 싶었을 뿐이었는데 아이는 나의 마음을 꿰뚫어 본 것이었다. 거짓 공감은 상대에게 들킨다는 것을 깨달은 순간이었다.

거짓 공감은 근본적인 신뢰 관계를 망치기도 한다. 입으로는 공감해 놓고, 후에 잘못을 지적하거나 다그치는 경우가 많기 때문이다. 교사의 이런 일관성 없는 태도는 학생이 교사를 불신하게 만들며, 학생과 멀어지는 신호탄이 되기도 한다.

그렇다면 우리에게는 어떤 선택지가 있을까? 나는 '선택'이 답이라고 생각한다. 본래 공감은 의무나 자동적 반응이 아니라 인지적 비용이 드는 선택이다. 자기조절을 많이 한 사람은 상대의 감정에 덜 공감하고 싶어 한다. 아픈 아이의 사진과 함께 기부를 요청하는 곳이 있거나, 길거리에 도움이 필요한 노숙자가 있으면 사람들은 공감을 회피하기 위해 멀리 돌아가는 경향이 있다고 한다. 공감하는 순간 감정적 부담과 죄책감이 생겨 내 신체에 많은 것이 요구되기 때문이다. 이것은 나쁘거나 잘못된 것이 아니며 번아웃된 교사에게 꼭 필요한 선택이라고 생각한다.

당장 우리 집에 빚이 2억이나 있는데 어려운 친구에게 1억을 빌려줄 수는 없는 일이다. 그러므로 에너지가 고갈되어 공감이 어려울 때는 과감하게 공감을 멈추는 것이 좋다. 대신 그냥 회피하면 상대와의 관계에 문제가 생길 수 있으니 솔직하게 인정하고 양해를 구하는 편이 현명할 것이다. 실제로 나는 학생에게 이렇게 말하고는 한다.

"선생님이 지금 에너지가 너무 떨어져서 네 이야기를 들어 주기가 좀 어려워. 미안하지만 나중에 찾아와 줄래? 선생님이 에너지 충전하고 들을게."

이 말을 듣고도 교사가 당장 공감해 주지 않는다고 비난하거나 싫어하는 학생은 없다. 그리고 에너지가 충전되고 나면 꼭 그 학생을 찾아가서 아까 듣지 못한 이야기를 들으러 왔다고 해야 한다. 이런 경험이 쌓이면 신뢰가 두터워지고, 학생은 '선생님이 지금은 내 이야기를 못 들어 주시지만 나중에 반드시 들어 주실 거야.'라는 믿음을 가지게 된다. 그러면 교사가 공감을 선택적으로 한다고 해도 아무런 문제가 생기지 않는다.

또 하나의 방법은 학생 개개인의 공감 능력을 향상시키고, 공감하는 분위기의 공동체를 조성하는 것이다. 공감 능력의 필요성을 알고 공감해 줄 수 있는 친구들이 주변에 있다면 교사가 일일이 학생 모두에게 공감해 주지 않아도 친구로부터 공감을 받을 수 있다. 그러면 교사의 에너지 고갈도 막을 수 있고, 공동체의 안정감도 더 커질 것이다.

# 공감이 필요한 이유

―――

～～～～～～～ **공감하면 손해 본다?** ～～～～～～～

학생들을 대상으로 한 공감 관련 설문조사 문항 중에 '사람이 살아가는 데 공감 능력이 얼마나 중요할까요?(5점 만점) 그 이유는 무엇인가요?'라는 문항이 있었다. 비교적 높은 점수와 답들이 많았는데 유독 눈에 띄는 답이 있었다.

'2점, 공감만 해 주다간 호구가 되거나, 자신의 의견을 표출하지 못할 수 있음.'

궁금해진 나는 쉬는 시간에 은근슬쩍 그 학생에게 그렇게 적은 이유를 물었다.

"아, 우리 아빠가 남들 말만 계속 들어 주면 호구 된다고 했거든요. 그러니까 친구 말이 옳다고 듣지만 말고 내 생각대로 해야 한대요."

새삼스레 가정교육의 힘을 느꼈던 말이다. 이 아이의 아버지는 공감에 대해 잘못 알고 있었다. 그런데 의외로 이 아버지와 비슷한 생각을 하는 사람들이 많다. 특히 기성세대를 중심으로 많은 사람들은 공감 능력이 뛰어난 사람과 감정적인 사람을 동일시하는 경향이 있다. 흔히들 '공감 능력이 뛰어난 사람' 하면 '고개를 끄덕이며 상대보다 더 감정적인 표정과 말투로 호응하는 사람'의 이미지를 떠올리기 때문이다. 또한 많은 사람들이 감정적인 사람은 유약하다는 편견도 가지고 있다. 그러나 결론부터 말하자면 학생의 답변은 오해에 가까우며 시대착오적인 생각이다. 우선 자신의 주장을 스스로 봉인한 채 상대에게 휘둘리는 것을 공감으로 착각하고 있다. 앞서 보았듯이 상대의 의견에 무조건 고개를 끄덕이는 것은 공감이 아니며, 특히 정서 공유의 필수 요소인 경계 세우기나 자기조절 등을 간과한 판단이다. 그리고 이제 시대는 변했다. 우리나라가 선진국의 반열에 오른 지도 수십 년이 흘렀다. 선진국이란 결국 정치, 경제, 사회적으로 발전된 시스템을 갖추어 국가가 큰 틀에서 균일하게 국민의 행복을 보장하는 나라다. 7, 80년대처럼 개인이 가진 불굴의 리더십으로 고난과 역경을 헤쳐 나가던 시절이 아니다. 말하자면 못사는 다수를 이끌어 줄 슈퍼 영웅보다는 적당한 풍요를 누리는 다수 속에서 조화와 안정적인 관계를 만들어 낼 서번트 리더십이 필요한 시대라는 뜻이다. 그런 시절을 사는 우리에게는 차가운 리더십보다는 따뜻한 마음이 더 필요하다.

조금 더 냉정하게 보자면 공감의 도덕적 가치나 당위적 측면은 차치하고 실리적인 부분에 주목해 볼 필요가 있다. 앞에서 이야기했듯이 나는 감성보다 이성이 강한 사람이다. 그럼에도 공감이라는 감성적이고 다소 끈적끈적한 사회적 기술에 주목하고 이를 기르고자 노력하게 된데는 이유가 있다. 왜냐하면 공감하는 것이 나에게 훨씬 이롭기 때문이다. 교실에는 나처럼 머리가 차갑고 이성이 강한 학생들이 있다. 정후가 그런 대표적인 아이였다.

"네가 그렇게 말하면 상대방의 마음이 어떨 것 같니?"

"잘못했습니다."

"아니, 잘못했다는 말 말고, 어떤 마음일지 상상해 보라는 뜻이야."

"제가 잘못했다고 말씀하시는 거잖아요. 그냥 사과할게요."

정후는 갈등을 중재할 때 공감의 과정을 한사코 거부했다. 자신의 잘못을 논리적으로, 상황에서 이해하고 있으니 상대의 감정과 생각을 살피는 과정을 경험하고 싶지 않다는 것이다. 여러 방식으로 공감의 가치를 느끼도록 시도했으나 요지부동이었다. 그래서 전략을 바꾸었다.

"정후야, 왜 공감 능력이 필요한지 아니?"

"솔직히 모르겠어요. 알고 싶지 않고요. 그냥 사고 안 치고, 피해 안 주면 되는 거 아닌가요? 공감한다면서 착한 척하기 싫어요."

"그렇구나. 근데 정후야, 공감은 착하게 살기 위해 필요한 게 아니야."

"그럼요?"

"공감 능력이 있으면 너한테 훨씬 이득이거든. 연산 능력이나 축구 실력을 가진 것과는 비교도 안 될 만큼 말이야. 남들이 아니라 너를 위해서 꼭 필요한 능력이야."

다른 사람이 아닌 자신에게 이득이 된다는 말에 정후는 처음으로 공감에 대한 관심을 보였다. 그리고 나는 정후에게 공감을 느끼게 하는 것이 아니라 공감의 가치를 납득시키기 시작했다.

## 〜〜〜〜〜 공감의 개인적 필요성 〜〜〜〜〜

### 사회성의 중심적 역할[*]

조은이의 별명은 부녀 회장이다. 수다스럽고 사람과 대화하는 것을 좋아해 가지게 된 별명인데 특히 리액션을 매우 잘해서 마치 방송국의 전문 방청객을 방불케 한다. 조은이가 낀 자리는 언제나 왁자지껄하고 웃음이 넘쳐난다. 교실에 들어오기 전 멀리 복도에서부터 조은이의 명랑한 목소리가 들릴 정도다. 그러다 보니 친구들에게 인기가 무척 많았다. 사실 조은이가 공부를 잘하는 것도 아니고, 유별나게 배려심이 좋은 것도 아니다. 그럼에도 누구나 조은이와 대화하는 것을 즐기고, 조은이와 같은 팀이 되면 기뻐했다. 매력이 넘치는 아이였다.

단정 지을 수는 없지만 나는 조은이의 강점이 공감 능력, 그중에서도 특히 공감적 반응 능력이라고 생각한다. 내 감정을 읽고 내가 원하는 반응을 해 주니 조은이와 이야기를 나누면 기분이 좋아지고, 더 오래 이야기하고 싶어진다. 물론 다른 사회적 기술도 뛰어나지만 조은이는 분명 공감 능력이 독보적인 장점이었다.

초등학생을 대상으로 한 설문에서 '우리 반에서 공감 능력이 가장 뛰어난 것 같은 학생 5명은 누구인가?'라는 질문을 한 적이 있다. 그리고 그다음 문항은 '우리 반에서 친구들과 잘 지내는 능력이 가장 좋다고 생각하는 친구 5명은 누구인가?'였다. 한마디로 사회성이 좋은 친구가 누구인지 묻는 질문이었다. 설문 결과를 가지고 학생마다 공감 능력이 뛰어나다고 적은 5명의 이름과 사회성이 좋다고 적은 5명의 이름을 비교해 보았다. 그 결과 5명의 이름 중 평균 3.39명의 이름이 겹쳤다. 약 67.8%의 일치율이었다. 쉽게 말하자면 공감 능력 Best 5 안에 든 5명 중 3~4명은 사회성 Best 5로 인정받는다는 뜻이다. 공동체에서 생존과 직결된 관계 맺기를 하는 학생들은 다른 친구의 사회성을 민감하게 판단한다. 잘못 판단했다가는 관계가 파탄나거나 심할 경우 공동체에서 배제될 수도 있기 때문이다. 그런 학생들이 본능적으로 공감 능력을 높은 사회성의 조건으로 간주하는 것이다.

공감은 사회성의 중심적인 역할을 한다. 사회성이란 타인과의 관계를 맺는 성격, 사회를 구성하려는 인간의 특징, 타인과 잘 사귀는 성질을 뜻한다. 결국 관계 맺기가 핵심이며 우리가 교실에서 흔히 사용하는 사회성이란 단어는 친사회적 기술, 사회적 행동과 같은 의미이다. 아무리 봐도 공감 능력이 빛을 발하는 주 무대와 겹친다.

우선 공감 능력이 높으면 의사소통을 잘한다. 내 관점을 벗어나 타인의 관점에서 상황을 볼 줄 알기 때문에 상대의 입장을 잘 이해한다. 1993년 발표되어 공전의 히트를 기록한 가수 김건모의 노래 〈핑계〉에는 이런 유명한 가사가 나온다.

"내게 그런 핑계 대지 마. 입장 바꿔 생각을 해 봐. 니가 지금 나라면 넌 웃을 수 있니?"

한 사람이 여러 이유를 대며 자신의 입장을 '설명'하지만 상대의 관점에서 그건 전부 '핑계'에 불과하다. 역지사지라는 말이 정치권에서도, 사회 뉴스에서도, 하다못해 가족관계에서도 사라지지 않는 이유는 그만큼 그것이 어렵기 때문이다. 반대로 말하면 사람은 누구나 내 입장을 이해해 주는 사람에게 쉽게 호감을 가지며, 그런 사람과의 대화는 끊기지 않는다. 종종 대화법 강의를 하는데 공감하는 대화의 힘을 느껴 보는 롤플레잉을 한다. 우선 두 명이 짝이 되는데, 한 사람이 주제에 대해 자신의 생각을 이야기하면 듣는 사람이 전혀 공감하지 않으며 듣는다. 반대 의견을 말하거나, 생각에 대해 비난하거나, 아예 반응을 보이지 않고 다른 행동을 하기도 한다. 두 번째는 열심히 공감하며 들어 준다. 활동 후에 소감을 물으면 대부분 대화를 할 때 공감받으면 어떤 좋은 느낌을 받는지 깨달았다고들 한다. 그런데 한 가지 더 재미있는 사실이 있다. 처음과 두 번째 모두 똑같은 시간(예 : 5분) 동안 대화하게 한다고 안내하지만, 실제로는 두 번째 공감하는 대화를 할 때 몰래 시간을 더 준다. 그런 뒤 소감 나누기까지 끝난 뒤에 사실 두 번째 대화의 시간이 더 길었음을 밝히면 참여자들은 오히려 더 짧게 느껴졌다며 깜짝 놀란다.

공감 능력 중 정서 공유도 큰 힘을 발휘한다. 내가 힘들거나 지칠 때 말을 하지 않아도 누군가 내 감정을 눈치 채고 읽어 주면 얼마나 큰 위로와 지지가 되는지 겪어 본 사람은 안다. 나도 개인적으로 여러 사정들이 겹쳐 너무나 힘들었던 시절이 있었다. 하루하루를 가까스로 살아 내던 때였다. 그 무렵 회식 자리에서 2년 간 함께했던 학년 부장 선생님이 나에게 말을 거셨다.

"너 요새 무슨 일 있냐?"

"네? 아뇨. 뭐, 괜찮아요."

"아닌 게 아닌데? 너 요즘 많이 무거워 보여. 힘들면 힘들다고 해도 돼, 인마."

툭 던진 그 한마디에 갑자기 가슴이 찡했다. 장난기 가득하고, 세심함이나 다정함과는 거리가 먼 부장님이기에 더 뭉클했다. 힘들다는 말이나 힘든 티를 겉으로 드러내지 않는 것이 어릴 때부터 습관이 된 나에게 힘듦은 당연히 나의 몫이며 그것을 다른 사람과 나눈다는 것은 나약한 일이라 여겼다. 하지만 내가 의지하지 않더라도 누군가 내 감정을 먼저 알아차리고 읽어 주기만 해도 이렇게 감정이 파장을 일으킨다는 것을 느꼈다. 공감을 통해 스트레스 받고 있는 친한 사람의 욕구를 쉽게 파악할 수도 있다. 이처럼 공감은 다른 사람이 나를 신뢰하고 친밀감을 느끼게 한다. 지금 교실 속 아이들이 커서 살아갈 사회가 요구하는 자질이 협업 능력과 관계 능력임을 감안한다면 공감은 미래 사회 인재의 필수 자질일 수밖에 없다.

## 소속감을 높이는 핵심 키워드*

인간은 혼자 살아갈 수 없는 사회적 동물이다. 무리에서 배제된 동물은 야생에서 힘든 삶을 살아가야 하며, 공동체에서 소속감을 느끼지 못하는 사람은 그저 겉돌다 튕겨 나가기도 한다. 인간은 본능적으로 소속감을 추구한다. 그래서 아들러는 공동체 감각<sup>Gemeinschaft</sup>을 강조했다. 공동체 감각이란 인간관계의 목표로, 타인을 친구로 여기고 내가 있을 곳이 여기라는 것을 깨닫는 것이다. 그 관계 속에서 자신의 존재를 더욱 확실하게 인식하면서 소속감이 발생한다. 아들러는 공동체 감각을 영어로 사회적 관심을 의미하는 Social Interest로 표현했다. 소속감은 자연적으로 생기는 것이 아니라 획득해야 하는 것인데, 그에 필요한 공동체 감각을 기르려면 타인에 대한 관심이 필수적이기 때문이다. 결국 인간은 다른 사람을 친구로 여기고 그들에게 따뜻한 관심을 가지며, 공동체에 기여하는 방식으로 소속감을 얻을 수 있다.

6학년 담임 때 만난 성욱이는 100kg에 가까운 거구였는데 가정에서 제대로 돌봄이 이루어지지 않아 청결하지 못한 데다 자주 폭발하는 성격 때문에 친구들과 관계 맺기를 어려워했다. 그런 성욱이가 학급 직업 중 힘든 일에 해당하는 칠판 담당을 지원했는데, 지원한 이유를 묻자 이렇게 말했다.

"너네는 손 안 닿아서 힘들잖아. 나는 다 닿거든. 또 힘이 세서 깨끗하게 닦을 수도 있고."

이어진 수행 능력 평가에서 성욱이는 놀라운 모습을 보였다. 구석구석 깨끗하게 닦는 세심함은 물론 신체 능력을 활용해 압도적인 걸레질 실력을 보였다. 당연히 성욱이가 뽑혔고 성욱이 덕분에 나는 매일 새것 같은 칠판에 판서할 수 있었다. 게다가 성욱이는 쉬는 시간에 친구들이 칠판에 그림 그리는 것을 허용해 주었다. 그림 그리고 싶어 하는 친구들 마음에 공감을 보인 것이다. 성욱이는 어느새 친구들에게 인정받기 시작했으며 점차 연결되어 가면서 더 이상 겉돌지 않았고 친구들과 함께 있었다. 무뚝뚝한 성격이지만 친구들의 어려움에 공감한 성욱이가 이룬 성과였다.

인간에게는 이타적이며 타자지향적인 본능이 있다고 믿는다. 우리는 다양한 방식으로 공동체에 기여할 수 있다. 한 실험에서 68명의 참가자는 10달러짜리 스타벅스 기프트 카드를 받은 뒤 4그룹으로 나뉘었다. A 그룹은 혼자 있을 때 카드를 사용해서 자신의 음료를 구입하고(개인적 / 사회적 연결 낮음), B그룹은 친구와 함께 스타벅스를 방문해서 자신을 위해 사용했다(개인적 / 사회적 연결 높음). C그룹은 카드를 다른 사람에게 선물했고(친사회적 / 사회적 연결 낮음), 마지막 D그룹은 친구와 함께 스타벅스에 방문한 뒤 자신과 친구 모두를 위해 카드를 사용했다(친사회적 / 사회적 연결 높음). 그 후 참가자들의 행복도를 비교한 결과 함께 방문해서 자신과 친구 모두를 위해 카드를 사용한 D그룹이 가장 높은 행복을 느꼈다고 한다. 또 다른 연구에서는 자선단체에 기부할 때 뇌의 보상 영역이 활성화된다는 것이 확인되었다. 이는 모두 인간이 친사회적이고 사회적 연결이 높을 때 가장 큰 행복을 느낀다는 것을 반증하는 결과다. 사회적 연결을 강화시키고 외로움을 없애는 것이 바로 긍정적 공감이다. 사람은 결국 자신의 행동이 다른 사람에게 긍정적인 영향을 미치는지, 서로 도울 가능성이 있는지, 파트너로서의 가치가 있는지를 판단해서 긍정적인 피드백이 올 거라고 예상되면 상대를 더 많이 돕는다. 결국 공감 능력이 소속감을 높이는 핵심 키워드이며, 소속된 집단에서 연결되어 있다는 확신이 생활의 안정감과 행복을 보장한다.

## 건강과 행복을 주는 공감 *

앞서 공감이 유발하는 생리적 데미지와 그로 인한 공감 피로, 번아웃에 대해 언급했다. 가만히 생각해 보면 가뜩이나 어려운 일인데 힘까지 든다니 교사로서 의무감과 도덕적 본능만 아니라면 공감하고 싶지 않을 때도 있다. 그런데 공감이 건강과 행복을 준다고 하니 의아할 수도 있겠다. 여기에는 사실 한 단어가 빠져 있다. '(나에게) 건강과 행복을 주는 공감'이 더 정확한 표현이다. 공감은 인지적 비용이 들고 에너지를 소모시키는 일이라더니 나에게 건강을 준다는 것은 무슨 말인가? 행복이란 숭고한 희생정신을 대가로 한 보람이라는 뜻인가?

인간관계는 거래가 아니다. 거래는 내가 준 금전적 가치와 상대에게서 받은 보상을 비교해서 손해 혹은 이득을 따지는 제로섬게임이다. 하지만 관계에서는 내가 사용한 시간, 에너지가 무조건 마이너스이고, 상대에게서 받은 호의와 감정이 플러스가 되는 것이 아니다. 어떤 상황에서는 상대를 위해 내 에너지를 쏟았는데 상대뿐만 아니라 나에게도 플러스가 된다. 노희경 작가는 그녀의 에세이 《지금 사랑하지 않는 자 모두 유죄》에서 사랑을 위해 몸도 마음도 시간도 다 바치는 한 친구의 어리석음을 걱정하다 문득 깨달음을 얻고 다음과 같이 썼다.

'(그녀가) 내게 하는 말, '나를 버리니 그가 오더라.' 그녀는 자신을 버리고 사랑을 얻었는데 나는 나를 지키느라 나이만 먹었다.'

줬더니 받았다는 역설적인 말이 어울릴 법한 깨달음. 그렇다면 공감을 해 줘서 내가 받는 것은 무엇일까? 우선 생리적 건강을 얻을 수 있다. 공감과 가장 직결되는 호르몬은 옥시토신이다. '사랑의 호르몬'이라는 별명을 지닌 옥시토신은 신뢰와 사랑을 증진시키는 대표적인 행복 호르몬이다. 옥시토신은 상대에게 애착을 느끼게 하며, 신체적인 긴장을 완화시켜 주는 역할을 한다. 옥시토신은 상대와 친밀한 관계를 맺거나, 사교 생활을 하거나, 애정 어린 스킨십 등을 할 때 발생하는데, 공감은 이 모두와 직결되어 있다. 즉 다른 사람에게 공감해 주면 옥시토신이 분비되어 나의 건강을 증진시킨다는 뜻이다. 더구나 옥시토신 자체가 공감 능력, 특히 공감 정확도와 정서 공유 능력을 향상시킨다는 연구 결과가 있으니, 공감을 하면 옥시토신이 생기고, 옥시토신이 생기면 더 공감을 잘하게 되는 선순환이 발생한다. 다른 사람을 사회적으로 지원할수록 상대뿐 아니라 본인의 우울 증상이 감소하고 심리적으로 건강해진다는 연구 결과도 있다.

오랜 시간 의학계에서는 의사에게 환자의 고통과 일정 수준 이상 거리를 유지하라고 요구해 왔다. 환자의 감정 변화에 따라 의사가 동요하거나 정서적으로 지나치게 연결되어 공감하는 것이 전문성과 신뢰를 무너뜨릴 수 있다고 믿기 때문이다. 그러나 환자를 기계적으로 대하는 의사가 늘어나고 의사의 직업 효능감, 환자의 만족도, 의학적 효율성이 떨어지는 것으로 나타나자 의사와 환자 사이의 거리에 대한 재고가 이

슈로 떠올랐다. 여러 고민과 논의가 거듭되다가 결국 의료 행위에서 공감의 효과가 나타나고, 의사에게 환자의 고통에 공감하는 훈련을 시키자 의사와 환자 모두 만족도가 높아지는 결과가 나왔다. 교직도 다르지 않다. 한 연구에 따르면 교사의 공감 능력이 직무 만족도에 영향을 끼치는 것으로 나타났다. 이러한 연구 결과가 아니더라도 공감 능력이 뛰어난 교사가 학생, 동료 교사, 학부모들과 더욱 효율적이고 건강한 관계를 맺을 수 있다는 것은 자명한 사실이다. 그 과정에서 인정과 존경, 신뢰를 얻으며 교사 스스로에 대한 자부심도 높아진다.

공감 능력은 정서적인 선물도 주는데, 바로 삶의 만족도와 행복이다. 인간은 대부분 관계에서 고통과 스트레스를 받는다. 친구가 나를 싫어하거나 선생님이 나를 냉랭하게 대하거나 부모형제와 싸울 때 스트레스는 극도로 상승한다. 반 친구와 싸웠거나 무리에서 배제 당한 학생들은 흔히 '학교 가기 싫다.'고 한다. 추가적인 피해나 폭력을 겪지 않아도 같은 공간에 있는 것 자체가 너무 힘들기 때문이다. 그런데 공감 능력이 높은 학생은 그럴 일이 적다. 공감 능력은 사회성의 핵심 전략이자 관계 맺기의 탁월한 무기다. 공감을 잘하면 사람들과 관계를 맺을 때 부담스럽거나 스트레스를 받을 가능성이 적다. 더구나 수업 시간에 학생들은 프로젝트 수업, 협동학습 등 팀 단위 활동에서 높은 성과를 만들어 내니 인정과 지지를 받기 마련이다. 자연스레 자존감 또한 높아진다.

공감 능력은 삶의 목적의식과도 밀접하다. 공감 능력이 높은 사람은 타인뿐 아니라 자신의 감정, 생각, 욕구를 객관적으로 살피는 일에 능숙하다. 자신이 무엇을 느끼며 왜 그렇게 느끼는지 무엇을 원하는지 정확히 알기에 어디로 나아가야 할지도 명확히 설정할 수 있다. 또한 목적을 향해 나아가다 지치고 힘들 때에는 스스로에게 공감하는 자기 공감 능력도 발휘한다. 다음과 같은 질문을 했을 때 공감 능력이 높은 학생들을 알아볼 수 있다.

"네 마음은 지금 어때?"

"지금 그 일이 너에게 어떤 도움이 되니?"

"네가 지금 바라는 게 뭐야?"

자기 내면의 감정과 욕구를 들여다보기 위한 도움 질문인데, 공감 능력이 낮은 학생은 이렇게 답한다.

"쟤가 저한테 막 시비를 걸잖아요! 패 버릴까 봐요!"

감정이 아닌 생각을 말한다. 혹은 '그냥요.', '모르겠는데요.' 같은 회피형 대답을 한다. 반면 공감 능력이 높은 학생 대답은 이렇다.

"저 억울해요. 쟤가 제가 싫어하는 별명을 불러서요."

"저는 친구에게 사과받고 싶어요."

어느 쪽이 자기 삶의 목적을 분명하게 설정할 수 있을지 금방 알 수 있을 것이다. 결국 공감 능력이 높으면 삶의 목적의식이 높아지고, 이는 높은 자존감과 행복으로 이어진다.

공감 능력은 회복탄력성과도 연관이 있다. 회복탄력성은 고통, 슬픔 같은 고난과 역경을 이겨 내게 하는 내적인 힘이다. 회복탄력성을 기르는 방법은 여러 가지가 있는데 긍정적인 스토리텔링 습관을 기르는 것도 좋은 방법이다. 삶의 곳곳에서 긍정을 발견하고 감사하는 것이 회복탄력성으로 이어진다. 실제로 이런 긍정적 감정을 공유하면 회복탄력성

같은 정서적 능력이 강화되어 보다 도전적이고 기회에 잘 대응하는 삶을 살 수 있다.

## 학업 성취를 높이는 공감*

공감에 대한 이야기의 포문을 열 때 내가 자주 쓰는 방법은 공감 ○/× 퀴즈를 내는 것이다. 퀴즈를 통해 공감에 대한 일반적인 인식, 오해, 공감 유사품 등을 다루며 공감 개념을 잡아 간다. 이 퀴즈에서 가장 많이 틀리고, 가장 많이 놀라는 문항은 바로 '공감은 학업 성취를 높일까?'이다. 이 질문에 대한 정답은 놀랍게도 ○이다. 한 연구 결과에 따르면 교사가 공감을 잘해 주고, 학생의 공감 능력이 높을수록 학업 성취도가 높아질 가능성이 큰 것으로 나타났다. 또 초등학생을 대상으로 한 연구에서도 공감하기와 학업 성취도는 정적 관계가 있는 것으로 나타났다. 공감을 잘하면 이차방정식을 쉽게 이해할 수 있다거나, 서울대 간다는 말처럼 납득하기 어렵고 허무맹랑한 이야기가 아니다. 공감 능력의 구성 요소들은 학업 성취와 직결되는 것들이 많다.

《푸른 사자 와니니》로 한창 온작품 수업을 할 무렵이었다. 이야기는 마디바 할머니가 와니니와 재회한 뒤 무리로 돌아오라고 말하는 장면에 이르렀다. 여기서 와니니는 당당히 거부하면서 완전한 독립을 이루고, 정신적 해방과 성장을 얻는다. 이 장면에 대해 이야기를 할 때면 많은 학생들이 와니니의 당당함에 박수를 보내고, 와니니를 내쳤던 마디

바가 당한 인과응보에 내심 통쾌해 한다. 그런데 연호는 달랐다.

"저는 마디바가 담담했을 것 같아요. 마디바는 아주 강한 리더 중의 리더였잖아요. 마디바의 말이 곧 법이고요. 그런데 자기 무리에서 떨어져 나간, 그것도 어린 와니니가 자신의 제안을 거절했잖아요? 거기서 아마 '아, 세월이 흘러 내 영향력이 이렇게 줄고, 새로운 리더가 탄생하는구나. 이제 나는 물러설 때가 다가오네.'라고 생각할 것 같아요. 마디바는 현명하니까 그걸 느끼고 있지 않았을까요?"

충격적이지만 신선한 대답이었다. 연호는 단순한 상황 대입을 넘어 마디바라는 인물 자체가 되어 있었다. 탁월한 관점 공유였다. 이처럼 상대의 관점으로 바꾸어 보는 능력은 문학 이해에 큰 힘을 발휘한다. 문학은 결국 인물들이 펼쳐 가는 삶의 이야기인데, 각 인물을 입체적으로 이해하는 것은 관점 공유를 통해서 가능하다. 그러다 보니 공감을 잘하는 학생은 인물의 감정, 생각, 욕구를 세밀하게 파악하고 이해한다. 대표적인 영역이 국어의 문학, 사회의 역사(특히 역사적 인물을 다룰 때), 도덕 교과, 미술 교과나 음악 교과의 감상 등이다. 생각해 보면 국어 문학 영역의 질문은 인물의 입장, 감정, 생각을 묻는 것이 다수이므로 관점 공유 능력이 필수적이다.

또 하나는 협업 능력을 높인다는 점이다. 이미 지식을 암기하던 시대는 지나갔으며, 팀을 이루어 문제를 찾고 해결하는 PBL<sup>Problem Based Learning</sup>이나 교육과정 재구성을 바탕으로 하는 팀 단위 프로젝트 학습의 가치가 교실에서 빛나고 있다. 특히 코로나 19 이후 가속화된 디지털 역량 강화, 블렌디드 러닝의 대세화 등으로 교육은 '무엇을 아느냐?'를 넘어 '무엇을 만들어 내느냐?'에 정착해 버린 느낌이다. 그러다 보니 자원 활용 능력이 필수가 되었고, 그중에서도 인적 자원을 잘 활용하는 학생이 높은 성취를 보이고 있다. 팀에서 협업하려면 여러 가지 능력이 필요하다. 팀원과 소통도 잘해야 하고, 문제가 발생하면 해결할 수 있어야 한다. 목표를 향해 팀을 이끄는 리더십도 필요하고, 과업을 구조화하며 적절하게 배분할 줄도 알아야 한다. 이 전체를 아우르는 것이 바로 공감 능력이다. 다른 사람의 감정을 살펴 욕구를 시각화하면 문제를 해결할 수 있다. 과업을 구조화하고 배분할 때 팀원의 관점을 공유해야 모두가 만족하거나 합의할 수 있는 결과를 도출할 수 있다. 무엇보다 관점의 다양성을 인정하고 갈등 없이 소통하려면 공감 능력이 필수다. 따라서 공감 능력이 있는 학생은 이런 팀 단위 활동에서 높은 성취를 이룬다.

마지막으로 공감은 다른 가치를 이해하고 실천하는 디딤돌 역할을 한다. 예를 들어 배려에 대해 공부한다면 왜 배려를 해야 하는지, 배려를 받지 못할 때 어떤 감정을 느끼는지 공감하는 과정을 먼저 거쳐야 한다. 안전한 학교생활을 위한 규칙이나 가이드라인을 공부할 때도 그것들을 지키지 않았을 때의 상황에 대한 상상, 지키지 않는 사람 때문에 피해를 입는 친구들에 대한 공감이 필요하다.

앞서 말한 학업 성취를 가속화하는 가장 효과적인 방법은 읽기, 즉 독서다. 다양한 연구에서 이미 증명되었듯이 읽기와 공감 능력은 서로를 향상시키는 역할을 한다. 핑커Pinker, S.A.는 '독서는 관점 수용의 테크놀로지'라고 말하며 근대시민들의 관점 전환과 공감 능력이 커진 주요 원인을 '책의 보급과 그에 따른 독서량의 증가'라고 설명했다. 글을 읽고 내용을 이해하기 위해서는 커다란 상상력과 등장인물에 대한 이해, 감정이입이 필요하다. 예를 들어 소설을 읽을 경우, 우리는 등장인물의 관점을 이해하려 하기 때문에 '관점 전환 훈련'을 할 수 있고, 그들의 감정에 공감하기 때문에 '공감 능력'이 향상되는 것이다.

## 공감의 공동체적 필요성

### 공동체의 결속력 강화*

"선생님, 반 발표 나고 ○○이 아빠랑 저랑 소리 질렀어요. ○○이가 선생님 반이 되다니, 완전 로또 된 기분이었거든요!"

3월 학부모 상담 때 종종 듣는 이야기인데 민망하면서도 솔직히 기분은 좋다. 한 학교에서 2~4년 차가 되면 학부모 사이에서 교사에 대한 소문과 평가가 돌기 마련인데, 적어도 긍정적인 평가를 받는다는 뜻이기 때문이다. 담임으로 선호하는 이유로 가장 많이 꼽히고 동료 교사들도 자주 하는 말이 바로 이것이다.

"선생님 반은 왜 그렇게 애들이 똘똘 잘 뭉쳐요?"

조금은 유난스러운 우리 반의 결속력과 소속감을 말하는 것이다. 내가 경험한 공동체의 특별함, 결속력을 계기로 교사가 되었고, 교직 시작부터 가장 중요하게 여긴 가치 중 하나가 소속감이었다. 모든 학급에 적용할 끈끈한 공동체를 만드는 비법 같은 건 없지만, 결속력을 높이는 방법은 분명 있다. 우선 학생들과 함께 학급의 비전을 설정하고, 학급의 한 부분씩 조각해 간다. 그리고 교육과정 재구성을 통해 특별하고 재미있는 수업을 한다. 이렇게 시스템의 체계가 잡히면 시스템 속 구성원 간의 관계를 위한 접착제가 필요한데, 그것이 바로 공감이다.

만약 모든 구성원의 공감 능력이 뛰어나다면 당연히 공감이 가득한 공동체일 것이다. 그러나 처음부터 그런 학급을 만난 적은 없다. 정도의 차이는 있지만 공감 수준을 수직선에 표시해 보면 대부분 중간 위치에서 시작한다. 수직선의 오른쪽으로 이동하려면 학급 문화의 바탕에 공감이 깔려 있어야 한다. 그러려면 눈금을 움직이게 하는 티핑 포인트tipping point가 필요하다. 마치 손으로 차를 밀 때 꿈쩍도 하지 않다가 어느 순간 한 번 움직이기 시작하면 계속 밀리는 것처럼 말이다. 그것은 리더의 공감으로 시작하는 경우가 많다.

조직 문화와 리더십 연구로 유명한 고피Goffee, R.와 존스Jones, G.는 조직에서 성공적인 리더십의 자질로 '사람을 이해하는 능력', 즉 공감 능력을 꼽았다. 영향력이 큰 리더가 공감 능력을 갖추면 주변의 친구들도 자연스럽게 모델링을 한다. 공감 같은 도덕적 가치를 실행에 옮기려면 주변의 인정과 안정적인 환경이 필요하다. 공감을 했을 때 '뭐야? 왜 저래?', '너 왜 착한 척하냐?'라고 누군가가 면박을 주거나 빈정거리면 더 이상 공감하지 않기 때문이다. 학년 초에도 보면 아이들은 먼저 공감하기를 망설인다. 그런데 리더 역할을 하는 학생이 공감하는 모습을 보이면서 주변의 인정을 받으면 다른 학생들도 공감을 당연하게 받아들이고 공감이 공동체의 상위 가치가 된다.

다른 유형도 있다. 뛰어난 공감 능력을 발휘하는 학생은 친구가 안 좋은 소식을 털어놓거나 힘들어 할 때 공감하고, 신뢰를 기반으로 하는 학급 네트워크의 중심 역할을 한다. 이 학생이 구심점이 되어 방사형의 단단한 관계 네트워크를 형성할 때, 이런 학생이 몇 등장하거나 레벨 업 하면 공감이 공동체에 스며든다.

공감이 학급에서 자연스러운 문화가 되면 긍정적 공감이 나설 차례다. 학생들은 부정적 공감(슬픔, 분노, 좌절 등 소위 부정적이라고 평가받는 감정을 느끼고 힘들어 할 때 받는 공감)에서는 안전함을, 긍정적 공감(행복, 기쁨, 만족 등의 소위 긍정적이라고 평가받는 감정을 느낄 때 받는 공감)에서는 결속과 연결을 느낀다. 의외로 동일 집단 내에서는 힘든 일에 쉽게 공감해 주지만, 사촌이 땅을 사면 배가 아프다는 말처럼 기쁜 일에는 공감하지 못하는 경우가 많다. 그러나 긍정적 공감은 생각보다 훨씬 중요하다.

학년 학예회를 하게 되었을 때 학예회 MC는 누구나 탐내는 자리였기에 오디션으로 뽑기로 했다. 각 반에서 많은 팀이 참여했고 우리 반에서도 두 팀이 오디션에 응했다. 공교롭게도 남학생 팀과 여학생 팀이었는데, 모두의 예상을 깨고 똑똑하고 말 잘하는 여학생 팀이 아닌 남학생 팀이 뽑혔다. 뽑히지 못한 여학생들은 크게 실망해 나에게 와서 한참을 하소연했다. 그리고 다음 날, 여학생 팀과 남학생 팀이 교실 뒤에 모여서 무언가를 하고 있는 것이 보여 뭘 하는지 물었다.

"저희요? 남자 애들 연습하는 거 도와주고 있어요. 어휴, 저희가 안 도와주면 애들이 어떻게 하겠어요?"

"그래? 너희 떨어져서 속상한 거 아냐?"

"맞아요, 속상하죠. 그래도 우리 반 친구가 되어서 좋아요. 애들은 얼마나 기쁘고 잘하고 싶겠어요? 그러니까 마음씨 착한 우리가 도와줘야죠, 뭐!"

너스레를 떨며 아무렇지 않게 말하는 소현이에게 나는 감동받았다. 그 후 합심해서 준비한 남학생 팀은 학예회 MC 역할을 멋지게 해냈고, 그 이후에도 학급에서 남녀 사이라고 서로 반목하거나 공감하지 않는 모습은 볼 수 없었다.

이처럼 긍정적 공감은 친밀감, 신뢰, 만족스러운 관계 등을 포함하는 사회적 연결과 정적인 관계가 있다. 긍정적 공감의 궁극적 목표는 다른 사람의 긍정적인 감정을 증가시키는 것이기 때문이다. 그리고 긍정적 감정은 사회의 결속을 촉진시키면서, 다른 사람과 더 개방적으로 연결되고 참여하게 한다. 자주 감정을 긍정적으로 느끼는 사람은 자신의 감정이나 긍정적인 일을 잘 드러내며, 상대에게서도 긍정적인 감정을 이끌어 낸다. 말하자면 긍정적 공감이 긍정적 감정을 만들어 내고, 이는 구성원의 결속과 연결을 강화하며, 결국 상대로부터 긍정적 감정을 이끌어 낸다. 그럼 상대는 다시 누군가에게 긍정적 공감을 하고 이 과정이 반복된다. 이런 공감의 선순환이 지속되면 공감이 체화되어 자연스러운 문화가 되고, 비공감이 낄 자리가 점차 사라진다. 중요한 점은 이런 경험을 다른 공동체에서는 쉽게 할 수 없고, 오직 우리 반에서 할 수 있다는 것이다. 우리 반을 사랑하게 되고 우리 반 친구를 연결된 존재로 느끼는 경험 말이다.

## 안전한 공동체 형성*

"내 몸을 이미 다 망가뜨렸고, 내 영혼도 부서뜨렸고, 네가 뭘 더 할수 있는데?"

넷플릭스 화제작 〈더 글로리〉에서 학교폭력 때문에 피해를 입은 동은이 어른이 된 뒤 가해자인 연진을 마주하며 내뱉는 한 맺힌 대사다. 많은 시청자가 이 드라마에 공감한 이유는 현실의 수많은 동은이가 오늘도 두려움에 떨고 있기 때문이다.

학교폭력은 학생 개인에게 씻을 수 없는 상처를 남길 뿐 아니라 학교 시스템에도 커다란 부담이 된다. 엄청난 업무량, 현실과 동떨어진 매뉴얼, 심하면 교사 개인에 대한 송사로 이어지는 학부모의 항의 때문에 학교폭력 담당 업무는 초중고를 막론하고 기피 업무 1순위다. 물론 이런 업무적인 부담이 학교폭력을 막아야 하는 1순위 이유는 아니다. 본질적으로 인간을 비롯한 모든 동물은 안전하지 못한 집단에서 생활할 때 막대한 스트레스에 시달린다. 생존과 안전에 대한 욕구는 인간의 가장 기본적인 욕구이기 때문이다. 더구나 교실이라는 공간은 아침부터 오후 늦게까지 모든 순간을 함께하는 폐쇄적이고 제한된 공간이다. 이런 교실에서 관계적, 신체적 폭력 위험에 노출된다면 버티기 힘든 고통을 겪는다. 이 문제를 해결하기 위해 여러 전문가들과 교사, 학생, 학부모들이 오랜 시간 머리를 맞대고 있다. 법규를 정비하고, 다양한 예방 교육을 하고, 생활 지도 프로그램을 운영하고, 실태 조사를 한다. 하지만 근본적이고 효과적으로 학교폭력을 예방하려면 그 대책이 위(교사, 학교 등)에서부터 시작하는 Top-down 방식이 아니라, 아래(학생)에서 만들어 가는 Bottom-up 방식이어야 한다. 그리고 그 중심에 공감이 있어야 한다.

공감은 폭력 자체를 감소시킨다. 스티븐 핑커는 명저《우리 본성의 선한 천사들》에서 '우리는 다른 이의 입장을 이해할 수 있는 공감 능력을 가지고 태어난다. 우리는 이것을 발휘하는 것만으로도 평화로운 세상을 만들 수 있다.'고 했다. 공감력이 커지면 타인의 입장과 감정을 이해하고 공감하며 대화하고, 그들과 연결고리를 형성하면서 결국 싸움이나 충돌을 해결하게 된다는 뜻이다. 학교폭력 실태 조사 결과를 보면 가해 학생은 주로 '장난이나 특별한 이유 없이'(34.5%) 친구에게 폭력을 행사한다. 이는 두 가지를 뜻한다. 하나는 특별한 잘못이나 이유를 제공하지 않아도 폭력을 당할 수 있다는 것이며, 다른 하나는 폭력이 발동하려면 상대가 나를 폭력을 행사할 수 있는 대상으로 인식해야 한다는 것이다. 그렇다면 사람은 누구를 폭력의 대상으로 인식할까? 정답은 비인간화된 사람이다.

비인간화dehumanization란 쉽게 말하면 상대를 나와 똑같은 사람이 아닌 사물이나 단순한 행위의 대상처럼 여기는 것이다. 인류는 오랜 세월 비인간화를 통해 대량 학살이나 전쟁, 괴롭힘을 정당화해 온 역사가 있다. 나치는 수많은 유대인을 학살하기 위해 유대인에 대한 비인간화 작업을 가장 먼저 했다. 유대인을 경제 약탈의 주범, 각종 전염병의 매개로 몰아 독일인과 같은 '인간'이 아닌 짐승의 지위로 떨어뜨렸고, 그 결과 수백만의 유대인이 나치의 손에 목숨을 잃었다. 그런 나치의 행위는 독일인 절대 다수의 지지를 받았다. 사람을 죽이는 행위도 마찬가지다.

인류 역사가 전쟁의 역사라고는 하지만, 사람을 죽인다는 것은 엄청난 죄책감을 동반한 부담스러운 행위이다. 그래서 전쟁을 이끄는 사람들은 어떻게 하면 병사들이 죄책감 없이 적을 죽일지 연구했다. 그 과정에서 과학기술의 발전과 더불어 무기 기술이 급속도로 발달했고, 총이 발명되었다. 총을 사용하면 칼이나 창처럼 상대와 근접한 거리에서 상대의 고통을 보면서 살인할 필요 없이 그저 멀리서 방아쇠만 당기면 적을 죽일 수 있다. 전쟁에서 총을 사용하자 망설임이나 죄책감은 낮아졌고 명중률과 살상률이 치솟았다. 이후 대포 등 중거리 무기를 넘어 이제 버튼 하나로 수많은 사람을 죽일 수 있는 지경에 이르렀다. 이처럼 폭력의 역사는 대상의 비인간화 역사라고 해도 과언이 아니다.

공감은 이런 비인간화를 막아 준다. 공감은 기본적으로 상대의 감정과 생각을 살피는 과정이며, 수평적 관계의 꽃이다. 비인간화를 막는 방법으로는 상대가 나와 같이 감정을 느끼고 생각을 하는 존재라고 인식하며, 상대의 관점에서 상황을 들여다보는 것만큼 좋은 것이 없다. 실제로 극악한 폭력성으로 유명한 콜롬비아 서부 교도소 100명의 죄수를 대상으로 공감 능력과 괴롭힘 경향에 대한 연구를 했다. 연구 결과 공감 능력이 높을수록 따돌림이 적은 것으로 드러났다. 공감 능력이 높을수록 공격성이 낮아진다는 것은 많은 연구 결과로 확인되었으며, 특히 어린 아이보다 초등학생 및 청소년, 남성에게서 두드러진 결과가 나왔다.

친구에게 종종 폭력을 행사하는 영민이와 이야기를 하다 보면 이런 대답을 자주 듣는다.

"제가 때리려고 한 게 아니라, 걔가 맞을 짓을 하잖아요!"

이럴 때 '맞을 짓'이 아니라는 논리적인 설득은 별로 효과가 없다. 왜냐하면 결국 영민이의 가치관으로는 친구의 행동이 맞을 짓이기 때문이다. 가치관을 논리적으로 바꾸는 일은 불가능에 가깝다. 그래서 나는 공감을 통해 접근한다. 먼저 친구의 오늘 이야기를 듣는다. 무엇을 먹고 왔으며, 쉬는 시간에는 뭘 했는지, 어떤 생각을 하고 감정을 느꼈는지 편안하게 이야기하게 한다. 그런 다음 영민이에게 친구의 감정과 관점을 들여다볼 수 있는 질문을 한다. 간단한 것부터 생각을 요하는 깊은 질문까지 차근차근 해 본다. 친구가 쉬는 시간에 술래잡기를 했다는데 어떤 생각을 했을 것 같은지, 수학 시간에 숙제를 안 해서 혼났다는데 어떤 감정이 들었을 것 같은지 등을 묻는다. 그리고 마지막에 묻는다.

"친구가 어떤 생각으로 그런 행동을 했을 것 같니?"

"너에게 맞았을 때 친구의 마음은 어땠을까? 어떤 생각을 했을까?"

"이 문제를 어떻게 해결하고 싶니?"

'영민이 네가 친구라면 어떨 것 같아? 맞아도 괜찮아?'라는 역지사지 질문도 효과가 있지만 조심해야 한다. 공감은 '그 사람 입장이 되었다고 생각해 보는 것'이 아니라 '그 사람이 되어 보는 것'이기 때문이다. 자칫 '저는 제가 잘못하면 맞아도 상관없는데요?'라고 뻔뻔하게 나올 수도 있다.

공감은 안정적인 관계를 보장한다. 수희는 전년도까지 학급 친구들과 갈등의 골이 깊었다. 친구들에게 욕을 하고서는 안 했다고 거짓말하기도 하고, 친구들이 잘못을 지적하면 '응, 안 물었어.', '뭐라는 거야?', '어쩌라고?'라며 적반하장으로 대응하기도 했다. 친구들과 말다툼도 잦았고 교사에게 자주 고자질했다. 수희가 우리 반이 되었을 때 나는 준비된 과정에 따라 공감하는 교실을 만들어 갔다. 한 달쯤 지나 수학 시간에 게임 활동을 할 때였다. 개개인이 나와 수학 문제를 선택적으로 풀고, 푼 문제의 난이도에 따라 팀 점수를 받는 활동이었는데, 수희는 열심히 풀었지만 문제 푸는 데 실패했다. 평소대로라면 친구들의 비난과 거친 대응이 이어질 차례였다.

"수희야, 괜찮아. 고생했어."

"그럴 수 있어. 괜찮아. 다음에 잘하면 돼."

"우리가 풀게."

같은 모둠 친구들의 위로와 격려가 이어진 것이다. 그 이후 수희는 달라졌다.

"저 요즘 학교 오는 게 재미있어요. 친구들이 뭐라고 안 하잖아요."

수희 자신은 몰랐겠지만 친구들에게 뭐라고 하지 않는 아이는 수희 자신이었다.

쉽게 말하는 '실수해도 괜찮아', '틀려도 괜찮아', '실수는 배움의 기회'라는 말이 실제가 되는 순간 교실에는 그 어떤 것보다 튼튼한 관계의 안전망이 생긴다. 물론 그 안전망은 공감으로 엮어 가는 것이다.

공감을 통해 개인의 폭력성 및 관계 능력도 조절할 수 있다. 공감을 연습하면 정서 공유 능력이 향상되는데, 이런 감정 민감성은 공격성 조절에 큰 역할을 한다. 상대의 감정을 민감하게 살피면 공격에 고통스러워하는 상대의 감정을 쉽게 인지하기 때문이다. 실제로 공감 정확도가 낮은 아이들은 따돌림의 희생양이 될 가능성이 높으며 불행감, 우울증 등 내면의 문제를 겪을 가능성이 높은 것으로 나타났다. 또한 공감의 필수 요소 중 하나인 자기조절능력을 기르면 관계에서 공격적인 성향을 줄일 수 있고, 경계 세우기로 종속적이지 않은 동등하고 건강한 관계를 맺을 수 있기 때문이다. 공감은 학교폭력을 예방하는 최고의 백신이다.

## 다른 집단에 대한 연대감 향상●

"3반 애들 완전 치사해요!"

학년 피구 대회가 끝난 다음이었다. 경쟁은 언제나 피를 끓게 한다. 어른도 그런데 하물며 아이들은 말할 것도 없다. 그래서 가급적 교육에서 경쟁을 지양하는 편이며, 반 대항 시합은 어느 순간부터 하지 않고 있다. 하지만 학년 피구 대회가 열리고야 말았고, 예상대로 아이들은 수많은 선배들이 그랬던 것처럼 기쁨-열중-흥분-분노의 단계를 밟았다.

공공의 적은 학급을 똘똘 뭉치게 만든다. 내적 결속이 강해지고, 그에너지는 적을 향해 무자비하게 뻗어 간다. 비판적 사고, 객관적 사실관계 파악은 찾아보기 어렵고, 비인간화와 대상화는 급속도로 진행된다. 앞에서 언급한 공감의 적이라고 할 만한 현상들이 종합선물세트처

럼 펼쳐진다. 교실에서만 그런 것은 아니다. 미국에서 재미있는 실험을
했다. 야구팬에게 자신이 좋아하는 팀, 싫어하는 라이벌 팀, 중립적인 팀
의 경기 장면을 보여 준 뒤, 각 조건에서 자신이 느끼는 감정(기쁨, 분노,
고통)을 표현하도록 했다. 그 결과 참가자들은 좋아하는 팀의 성공 장면
이 아닌 라이벌 팀의 실패 장면에서 가장 큰 기쁨을 표현했다. 마찬가지
로 좋아하는 팀이 실패할 때보다 라이벌 팀이 성공할 때 더 큰 분노와
고통을 나타냈다. 독일어에 존재하는 감정인 샤덴 프로이데Schadenfreude
의 전형이라고 할 수 있다. 이런 현상을 '부족주의Tribalism'라고 한다. 같
은 혈통, 종교, 인종, 언어, 문화, 종교 등을 가진 집단(내집단)을 극도로
추구하며 외집단을 배척하는 현상이다.

부족주의는 매우 강력하다. 한 실험에서 흑인 또는 백인 남성이 총 또
는 해롭지 않은 물건을 들고 장애물 뒤에서 튀어나오는 사진을 컴퓨터
모니터로 보여 주었다. 참가자들은 총을 들고 있을 경우 사격하고, 무해
한 물건을 들고 있으면 쏘지 말라는 지시를 받았는데, 백인보다 흑인 사
진이 나타날 때 무해한 물건을 들고 있음에도 오사격 하는 비율이 더 높
았다. 이처럼 부족주의로 인한 타 집단에 대한 비합리적인 편견은 집단
간의 연대를 가로막으며, 개방적인 인류 통합이나 세계시민 의식과 멀
어지게 만든다.

부족주의를 저지하고 다른 집단에 대한 연대감을 키우는 것 역시 공
감에 해법이 있다. 특히 인종, 민족과 관련된 편견은 공감의 영향을 받
으며, 공감의 구성 요소인 역할 수행role-taking을 많이 할수록 타 집단에
대한 사회적 편견이 감소하는 것으로 나타났다. 공감 능력과 비인간화

경향은 반비례한다. 부족주의는 상대를 나와 다른 객체로 설정해야 힘을 발휘하는데, 공감은 상대를 나와 같은 사람으로 인식하는 데에서 시작하고, 그것이 전부이기 때문이다.

나는 격분한 아이들에게 이렇게 말했다.

"억울한 판정을 당했다는 생각이 들어서 화가 나는 것 같네. 잘잘못을 따지기 전에 먼저 3반을 들여다볼까 해요. 역지사지라는 말 아니요? 억울함을 말하거나 따지려고 해도 상대가 왜 그랬으며, 어떤 감정이고, 무엇을 원하는지 생각해야 제대로 할 수 있을 테니까요."

그리고 공감 키우기를 이어 갔다. 3반의 생각, 감정을 들여다볼 때마다 '아니, 그래도!', '그러면 안 되는 거죠!' 등의 부족주의가 올라왔지만 단호하게 막으며 철저하게 상대 안으로 들어가도록 했다. 작업이 끝났을 때 우리는 다음과 같은 결론에 도달할 수 있었다.

'3반 입장에서는 우리가 반칙을 했다고 판단할 수 있을 것 같다. 그렇게 믿어서 억울한 마음을 느꼈을 테고 더 거칠게 대응하고 싶었을 수 있다. 반칙한 건 분명히 잘못한 행동이니 아마 개들도 지금쯤 미안해 할 가능성이 있다. 우리 때문에 속상한 면도 있을 거다. 결국 3반도 우리처럼 이기고 싶었던 똑같은 학생들이다. 이야기를 나눠 볼 필요가 있다.'

공감은 상대에게 양보하고 맞춰 주는 것이 아니다. 관계의 고리를 연결하기 전에 내가 아닌 상대를 인정하고 살피라는 뜻이다. 우리가 다른 집단에 냉담할 수 있는 이유는 그들의 생각과 감정을 외면하기 때문이다. 외면하면 편하고, 편하면 마음대로 규정하고 공격한다. 이런 과정에 익숙해지면 점차 대상을 확장할 수 있다. 옆 반이 아니라 나와 직접적인 연관성이 없는 사람들, 그들의 이야기에 귀를 기울이고 내 삶의 연결고리를 만들기 위해서는 공감하는 것 외에는 답이 없다. 마르틴 뉘밀러 목사의 다음 글이 가슴을 울린다.

나치가 공산주의자들을 덮쳤을 때,
나는 침묵했다.
나는 공산주의자가 아니었기 때문이다.

그 다음에 그들이 사민당원들을 가두었을 때,
나는 침묵했다.
나는 사민당원이 아니었기 때문이다.

그 다음에 그들이 노동조합원을 덮쳤을 때,
나는 침묵했다.
나는 노동조합원이 아니었기 때문이다.

그들이 나에게 닥쳤을 때는,
나를 위해 말해 줄 이들이
아무도 남아 있지 않았다.

# 02

## 진짜 공감 능력
### 키우기

# 공감교육, 하고 있나요?

사람은 태어나면서부터 공감 능력을 기르기 시작한다. 부모의 끊임없는 눈 맞춤과 어루만짐, 보살핌 등을 통해 옥시토신을 얻는다. 생후 1년 정도 된 아이는 다른 사람도 자기처럼 감정을 느낀다는 사실을 깨닫는다. 이것을 '마음 이론Theory of Mind'이라고 한다. 생후 2년 6개월 정도가 되면 다른 사람의 고통이 나오는 별개의 것이라는 것을 깨닫고, 8세 무렵부터 다른 사람의 입장에서 생각, 욕구, 태도 등을 추론하는 조망 수용 능력이 발달하면서 공감 능력이 폭발적으로 성장한다. 이 무렵의 아이들은 친구가 지금은 나와 웃으며 놀고 있지만, 내일 함께 체험학습을 못 가는 상황이라 속으로는 슬플 것이라고 예측할 수 있게 된다. 공감 능력은 성장을 거듭하다 청소년기 무렵에는 평생 동안 사용할 공감 수준과 패턴이 어느 정도 형성된다. 한 연구에 따르면 10대 이후의 청소년에게는 SEL(사회정서학습)이 잘 통하지 않는다고 한다. 성인이 되어서도 꾸준히 노력한다면 가능하겠지만, 초중고 학창 시절은 분명 공감 능력을 키울 수 있는 최적의 시기이다. 그렇다면 학교에서는 학생들의 공감 능력을 길러 주기 위해 어떤 노력을 하고 있을까? 과연 공감교육은 제대로 이루어지고 있을까?《2015 개정 교육과정 총론과 해설》을 보면 교육과정이 추구하는 인간상은 다음과 같다.

가. 전인적 성장을 바탕으로 자아정체성을 확립하고 자신의 진로와 삶을 개척하는 자주적인 사람
나. 기초 능력의 바탕 위에 다양한 발상과 도전으로 새로운 것을 창출하는 창의적인 사람
다. 문화적 소양과 다원적 가치에 대한 이해를 바탕으로 인류 문화를 향유하고 발전시키는 교양 있는 사람
라. 공동체 의식을 가지고 세계와 자주 소통하는 민주 시민으로서 배려와 나눔을 실천하는 더불어 사는 사람

여기에서는 공감 능력을 갖춘 인재에 대해 직접적으로 언급하고 있지는 않다. 굳이 연결해 보자면 '다'항의 다원적 가치에 대한 이해 부분이나 '라'항의 세계와 소통하는 부분에서 공감 능력의 연관성을 추측할 수 있다. 382쪽에 달하는 총론과 해설에서 '공감'이라는 단어는 총 12번 등장하는데, 대부분 '공감적 이해'로 표현되어 있으며 주로 세계, 문화에 대해 공감적으로 이해하라는 내용이다. 즉, 2015 개정 교육과정에서 '공

감'은 목적이라기보다는 도구로서의 가치를 지닌 셈이다. 초등학교 성취 기준을 분석해 봐도 결과는 비슷하다. 공감이라는 단어가 들어간 성취 기준은 다음과 같다.

[2바07-02] 다른 나라의 문화를 존중하고 공감하는 태도를 기른다.
[6국01-07] 상대가 처한 상황을 이해하고 공감하며 듣는 태도를 지닌다.
[6도02-03] 봉사의 의미와 중요성을 알고, 주변 사람의 처지를 공감하여 도와주려는 실천 의지를 기른다.
[6체03-08] 네트형 경쟁 활동에 참여하면서 다른 사람들의 입장을 이해하고 공감하며 게임을 수행한다.

해당 성취 기준의 교과서에 나오는 학습 주제 등을 살펴보면 대부분 도구적 사용이며, 실질적인 공감 능력 향상을 위한 연습이나 교육은 [6국01-07], [6도02-03] 두 개에서만 다루고 있는 셈이다.

그렇다면 교사는 공감 능력을 기르거나 공감교육 방법에 대해 어떤 도움을 받고 있을까? 교육부 중앙교육연수원의 수많은 강의 중 '공감'이라는 단어가 들어가는 강의는 딱 2개였다. 하나는 공감과 연관이 없는 우리말 사용법 강의, 하나는 '공감활동중심 인성교육'이라고 제목을 붙였지만 내용은 회복적 생활교육, 배려, 절제, 예의 등 종합적인 인성교육에 불과하다.(공감적 대화에 대해 15차시 중 2차시를 다룬다.) 사설 원격연수원 중 1위의 점유율을 자랑하는 A연수원의 사정도 별반 다르지 않다. '공감'이라는 키워드로 검색했더니 통합교육, 인권교육, 장애이해교육,

상담 연수 소개에 '공감'이라는 단어를 차용할 뿐이다.

교사 40명, 학부모 30명을 대상으로 한 설문에서 '학창 시절 공감 능력을 키워 주는 공감교육을 어느 정도 받아 봤나요?'라고 질문한 적이 있다. 그 결과 5점 만점에 교사는 1.87점, 학부모는 1.8점으로 응답했다. 공감교육을 거의 받지 못하고 자란 셈이다. 현재 학교에서 공감교육이 이루어지고 있는지에 대한 질문에는 교사가 3.2점을 매긴 반면, 학부모는 2.6점이라고 답했다. 공감교육이 제대로 안 이루어진다고 생각하는 이유에 대한 질문에는 '교육으로 생각하는 교사가 거의 없어서', '다른 교과에 붙어 있는 내용이지 전문 교과가 아니라서' 등의 답이 나왔고, 교사는 '교육 방법이나 관련 자료'가 가장 필요하다는 답이 많았다. 만약 교사에게 '공감교육'을 주제로 강의나 연수가 열린다면 참여할 의사가 있냐는 질문에는 4점 정도의 참석 의사를 보였다.

사실 교육 현장에서 공감교육은 불모지에 가깝다. 물론 다른 도덕적 가치와 관련된 수업이나, 다양한 교육활동을 하는 과정에서 자연스럽게 공감교육이 이루어진다고 생각할 수 있다. 그러나 그것은 결과로서의 공감에 불과하다. 맛있는 파스타 만드는 법을 배우려는 사람에게 레시피와 식재료를 알려 주는 게 아니라, '이탈리아 요리를 즐기고 3년 간 살았더니 파스타가 맛있더라고요.'라고 말하는 것은 곤란하다. 교사가 직접 실천할 수 있는 체계적인 공감 능력 향상 프로그램이 요구되는 이유다. 그래서 다음과 같은 구상을 해 봤다.

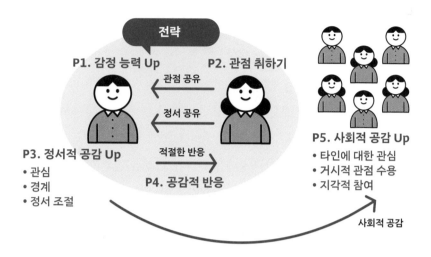

1장에서 다루었던 공감의 요소들을 바탕으로 각 요소들을 집중적으로 키워 줄 수 있는 방법을 프로그램화해 본 것이다. 각 프로그램은 해당 공감 요소 능력 향상을 목표로 구성되어 있다. 물론 공감이라는 현상은 기계적이거나 분절적으로 일어나지 않는다. 실제로 정서 공유와 관점 공유는 거의 구분이 힘들 만큼 동시에 일어나는 경우가 많다고 밝혀졌다. Program 2. 관점 취하기 활동들이 꼭 관점 공유에만 관여하는 것은 아니라는 뜻이다. 그럼에도 이렇게 분류한 이유는 교사가 활동의 방향성을 설정하기 편하도록 한 것이다. 우리 반 학생들이 관점 공유가 잘 안되는 것 같다면, 관점 공유 능력만 향상시키는 것은 아니지만, 적어도 다른 공감 요소와 함께 '관점 공유 능력도 중점적으로' 향상시킬 수 있는 수업을 해야 한다. 다음에 소개하는 프로그램들은 방향성을 고려해 선생님들의 상황에 맞게 선택적으로 활용하시기를 추천한다.

# Program 1 : 감정 능력 Up

사람들은 당신이 말한 것을 잊어버리고 당신이 한 것을 잊어버리겠지만,
그들이 느낀 것은 결코 잊지 않는다.

– 마야 앤젤루


"내가 그런 거 아니라고!"

점심시간이 끝날 무렵 교실에서 수아가 눈을 부라리며 재현이를 향해 소리치고 있었다. 자초지종을 물으니 자기가 한 게 아닌데 재현이가 자기 작품을 망가뜨렸다고 수아에게 소리쳤다는 것이다. 그때 옆을 지나던 승철이가 말했다.

"재현아, 미안. 네가 만든 오각기둥 작품 실수로 내가 망가뜨렸어. 일부러 그런 건 아냐. 진짜진짜 미안."

나는 차분하게 재현이에게 물었다.

"수아가 아니었네. 재현아, 지금 수아 감정이 어떨까?"

재현이는 말이 없었다. 본인도 민망했을 터였다.

"사과할게요."

"사과해야 한다고 생각했구나. 수아가 어떨 것 같아서 사과해야 한다고 생각했어?"

"저한테 막 소리 지르고 싶을 것 같아요."

"선생님이 말하는 건 수아의 감정을 알아주라는 거야. 그게 공감의 시작이니까. 지금 이 순간 수아 마음속에 어떤 감정이 있을까?"

재현이는 다시 입을 다물었다. 나는 뻔히 보이는 답을 말하지 않는 재현이가 슬슬 답답해지기 시작했다. 한참 시간이 또 지났다.

"음, 소리 지르고 싶다……?"

교실에서는 이런 경우를 수도 없이 겪는다. 이럴 때 학생들은 왜 상대의 감정을 제대로 말하지 못할까? 가끔은 '잘못을 인정하기 싫어서 반항하고 싶어서 일부러 말하지 않나?' 하는 의구심이 들기도 한다. 하지만 대부분은 정말 몰라서 말을 못한다. '사과할게요'라는 첫 번째 답은 교사의 질문을 훈계로 해석한 것이고, '소리 지르고 싶다'는 두 번째 답은 생각과 감정을 혼동한 것이다. 어렵사리 감정 단어로 답한다 하더라도 '빡쳤다', '열받았다', '기분이 안 좋다', '안 좋은 감정' 등 부정확한 감정을 말하는 경우가 많다. 감정을 잘 모르기 때문이다. 감정 수업 시작 무렵에 항상 학생들이 알고 있는 감정 단어의 수를 확인한다. 빈 종이에 3분 동안 자신이 아는 감정 단어를 모두 적는 것인데, 감정이 아닌 생각을 빼고 비속어를 제외하면 평균 15개 정도가 나온다. 그중 자신이 대화할 때 자주 사용하는 단어로 제한하면 평균 8개 정도의 결과가 나온다. 학생들만 감정에 대해 잘 모를까? 아마 성인을 대상으로 해도 결과는 크게 차이나지 않을 것이다. 우리는 수많은 감정 속에서 살아가지만 그것에 대해 알고, 공부하고, 연습하며 능력을 키운 경험이 거의 없기 때문이다. 우리는 감정을 잘 모른다.

공감이란 결국 감정을 다루는 작업이므로 감정에 대해 많이 알고 잘 활용할수록 공감도 잘할 수밖에 없다. 그래서 감정에 대해 공부하고 활용 능력을 키워야 한다. 다양한 전문가들이 감정을 다루는 능력에 대해 나름대로 연구 중이다. 특히 골먼Goleman, D.의 감성 지능Emotional Intelligence 이후 감정 능력에 대한 열풍이 불었고, 감정에 대한 관심이 고조되어 있다. 최근 몇 년 사이에 우리나라 교육 현장에서도 교실 속 수업, 학급살이에서 감정이 중요하다는 것을 깨닫고 적용하는 사례들이 속속 등장하고 있다. 그런데 현재 소위 '감정교육'이라고 칭하는 교육 콘텐츠들은 대부분 '감정 단어에 많이 노출시켜 알게 하기'에 그치고 있다. 물론 감정 단어를 많이 아는 것은 감정교육에서 필수 활동이며, 감정 단어를 모르면 공감의 시작조차 어렵다. 그러나 열심히 감정 단어를 외웠다고 해도 그 감정이 어떤 역할을 하는지 모르고 특정 상황에서 어떤 감정을 사용해야 할지, 유사한 감정을 어떻게 구분할지 모른다면 감정을 제대로 활용한다고 할 수 없다. 그래서 배럿Barrett, L.F.은 '감정 입자도Emotional Granularity'라는 개념을 사용한다. 감정 입자도란 자신의 감정을 구별하는 방식으로, 내면의 감정을 얼마나 정확하게 판독하는지의 정도를 나타내는 용어다. 감정 입자도가 높을수록 신체적, 정서적, 사회적으로 유리하다고 한다. 여기서 소개하는 Program 1은 단순히 학생에게 감정 단어를 노출시키는 것을 넘어 감정 입자도를 키울 수 있는 방향으로 구성하였다.

## 감정 체크인

　우리는 모든 순간을 감정과 함께하지만 감정의 존재를 알아차리지 못한다. 감정 능력을 키우는 첫 단계는 외부로 향한 시선을 자신의 내면으로 돌려 감정을 들여다보는 것이다.《감정의 발견》저자이자 예일 감성 지능 센터 창립자인 브래킷Brackett, M.은 모든 강연을 이 질문으로 시작한다.

　"지금 기분이 어떠세요?"

　학교에서 하루를 시작하는 학생들에게도 자신의 감정을 살피도록 질문하는 것은 무척 중요하다. 자기 감정을 들여다보는 순간 감정을 마주할 수 있고, 이 만남이 계속되면 점차 감정 능력이 향상된다. 또한 교사는 관찰만으로 알아차리기 힘든 학생들의 심리 상태와 마음을 한 번에 파악할 수 있다. 매일 아침마다 교실에서 아이들의 감정을 체크하며 하루를 열어 보자.

### 진행 순서

**준비물 : 감정 판, 보드 마커 등**

**1. 활동의 시작**

"여러분, 사람은 감정의 영향을 크게 받는다는 것을 알고 있나요? 평소에 좋아하던 게임도 내가 너무 슬플 때는 재미가 없는 것처럼 말이에요. 그래서 자신의 감정을 알아차리는 것이 매우 중요합니다. 그리고 친구의 감정을 알게 되면 친구를 더 이해하고 위로하거나 도울 수 있어요. 그러면 자연스럽게 관계가 좋아지고, 우리 반은 서로 연결될 수 있죠. 그래서 그 연결 작업을 하루의 시작인 아침에 해 볼까 합니다."

**2. 매일 등교하면 바로 감정 판에 자신의 감정 적기**

- 감정 판은 다양한 감정 단어와 이름을 기록하고 표현할 수 있는 커다란 판
- 이름을 적어도 되고, 이름 자석이 있다면 부착해도 됨.

**3. 감정 체크인 활동**

1) 학생 한 명 한 명의 감정을 확인하고 까닭 묻기
   - "OO이는 오늘 속상하구나. 까닭이 뭐니?"
2) 학생의 감정에 공감해 주기
   - "정말 속상할 만하네."
3) 우리가 그 친구를 위해 해 줄 수 있는 것 간단하게 나누기
   - "혹시 OO이를 위해 우리가 할 수 있는 건 뭐가 있을까요?"

**4. 소감 나누기**

- "오늘 감정 체크인을 해 보니 어땠나요?"
- "누구의 감정 체크인이 가장 인상적이었나요?"

## Point 1. 매일매일

감정 체크인을 소개하면 '언제, 얼마의 간격으로 진행해야 할까요?' 라는 질문이 늘 따라온다. 답은 '매일매일'이다. 감정 체크인은 여러 장점과 효과가 있지만, 감정 능력 Up 측면에서 보면 자신의 감정을 살피고 감정 낱말을 다양하게 사용하는 활동이며, 켜켜이 쌓이는 연습 시간만큼 능숙해진다. 최근 연구에 의하면 사람이 새로운 습관을 기르는 데 평균 66일 정도가 걸린다고 한다. 주 5일 등교 기준으로 약 세 달의 시간이다. 창체 등 특정 수업 시간이나 남는 시간에 하는 것은 효과가 적다. 습관이 형성되지도 않을 뿐더러 학생이 이 활동에 큰 의미를 두지 않을 가능성이 높기 때문이다. 어쩌다 하는 활동을 소중히 여길 아이는 없다. 매일, 아침 활동 시간에, 루틴처럼 하는 것이 원칙이다.

## Point 2. 레벨 업

요즘은 많은 학급에서 감정 체크인 활동을 실천하고 있다. 그러나 여러 사례를 들어 보면 단순한 감정 확인과 표현에 머무르고 있어 아쉽다. 감정 체크인 활동은 감정 낱말 익히기를 넘어 감정 입자도 높이기, 감정 재구성까지 나아가는 플랫폼이 될 수 있다. 앞의 진행 순서에 소개한 '감정 낱말에 이름 쓰기'를 레벨 1$^{Lv.1}$이라고 하자.

다음 레벨$^{Lv.2}$은 감정의 세기를 함께 표현하는 것이다. 이때 아직 감정 낱말에 익숙하지 않다면 감정 판에 '이름(감정의 세기)'을 적고(예:도대영(7점)), 감정 판에 없는 다양한 감정 낱말까지 익혔다면 개인 패드에 '감정(감정의 세기)' 형식으로 표기하는 것이 좋다.(예:긴장됨(8점)) 감정의 세기는 막대그래프로 나타내도 되는데, 숫자로 쓰면 객관적으로 인식하기 쉽다.

레벨 3$^{Lv.3}$은 Lv.2와 같은 방법으로 여러 감정을 복합적으로 표기하는 것이다.(예:긴장(6점)+설렘(8점)) 사실 우리는 하나의 사건에서 하나의 감정만 느끼지 않는다. 오히려 복합적으로 발생하는 경우가 더 많은데, 우리는 감정이 서로 연결되어 있다는 사실을 알아차려야 한다. 예를 들어 100m 달리기 시합 출발 직전을 떠올려 보자. 총성이 울리기 몇 초 전, 심장이 미친 듯이 뛰고 심장 소리가 귀에 쿵쾅쿵쾅 울릴 것처럼 긴장되지만, 동시에 멋지게 실력을 뽐내 많은 박수를 받을 것 같은 설렘도 느끼는 것이다. Lv.3은 감정 입자도를 세밀하게 향상시키는 단계이다. 유의할 점은 한 가지 사건에서 동시에 느껴지는 감정들을 표현해야 한다는 것이다. 아침에 엄마에게 혼나서 슬펐지만 등굣길에 만난 친구가 웃긴 이야기를 해 줘서 즐거웠기 때문에 '슬픔(5점)+즐거움(8점)'으로 적으면 안 된다.

마지막 레벨 4[Lv.4]는 새로운 감정을 만들어서 체크인에 활용하는 단계다. 배럿은 감정이 객관적인 존재가 아닌 사회적 실재라고 했다. 사회적실재란 물리적 실재와는 별개로 다수의 사람들이 동의하여 의미와 기능을 부여한다는 것으로, 결국 감정 또한 공동체 구성원들이 공유하는경험과 인식을 바탕으로 만든 문화적 도구라는 뜻이다. 그래서 공동체마다 사용하는 감정에 차이가 있는데, 가장 유명한 예는 독일어 단어인'샤덴프로이데[schadenfreude]'를 들 수 있다. '다른 사람의 불행에 대해 느끼는 기쁨'이라는 뜻으로, 분노, 행복, 기쁨, 명백한 수치심 부족, 시기심, 질투, 환희 등이 섞여 있고, 영어나 한국어 권에는 없는 감정이다. 이와 같이 개념 조합으로 우리 반에 필요한 감정도 만들 수 있다. 한때 우리 반에서 유행하던 감정은 '외찮다'였다. '외롭다'와 '귀찮다'를 합쳐서 만든단어인데, '외롭기는 한데 막상 친구랑 놀려니 귀찮은 양가적인 감정'을말한다. '정현스럽다'도 있었다. 정현(물론 가명이다)이라는 학생을 본떠만든 단어인데 '무언가를 하기 전까지 귀찮고, 싫고, 짜증나는데 막상 하면 최선을 다해 즐기고 싶은 마음'이라는 뜻이다. 정현이가 그런 학생이었고, 모두가(심지어 정현이 본인까지) 인정해서 만든 감정이었다. Lv.4에이르면 감정을 자유롭게 활용하는 수준이라고 봐도 좋다.

## Point 3. 길 잃지 않기

누구나 자기 마음을 말하고 싶은 욕구가 있기 때문에 감정 체크인 활동을 하면 반응이 폭발적이다. 재잘재잘 이야기꽃이 피어나고, 친구들의 반응과 공감, 질문이 이어지다 보면 어느새 아침 활동 시간을 지나 수업 시간으로 넘어오기 일쑤이다. 충분한 감정 체크인은 교실을 활기차고 따뜻하게 만들지만, 안타깝게도 우리는 시간이 모자란다. 그래서 감정 체크인 본래의 목적을 잃지 않도록 교사가 잘 리드하는 것이 중요하다. 우선 한 사람당 하나의 사건만 이야기한다는 약속을 지켜야 한다. 하다 보면 "선생님, 저 하나 더 생각났어요!"라고 하는 학생들이 생기는데, "그건 나중에 개인적으로 선생님에게 말해 줄래? 모두 한 번씩의 기회만 가지기로 했단다."라고 말해 준다. 그리고 친구의 발표에 너무 길게 호응하거나 계속 질문하는 것도 제한한다. 예를 들어 누군가 오늘 아침에 형이 놀려서 화가 났다고 하면 "맞아, 우리 형도 저번에 나 놀렸어. 무슨 일이 있었냐면……", "야, 너네 형 몇 학년이지?" 등의 말들이 나오기 십상이다. 평상시라면 훌륭한 공감적 반응이라 할 수 있지만 감정 체크인 때는 다른 친구들의 시간을 침범할 수 있으므로 "호응해 주는 것은 고맙지만, 자기 이야기나 궁금한 것은 쉬는 시간에 개별적으로 말해 주면 고맙겠어요."라고 제한해 주어야 다음 학생 순서로 넘어갈 수 있다. 소요 시간은 24명 내외를 기준으로 12분에서 15분 정도가 적당하다.

### Point 4. 단순한 체크인을 넘어

교사의 섬세한 진행과 적절한 질문은 감정 체크인의 효과를 높일 수 있다. 우선 감정 단어를 미처 쓰지 못한 학생에게는 "오늘 기분이 어때?"

보다는 "오늘 감정이 어때?" 혹은 "오늘은 어떤 감정이니?"라고 묻는 것이 좋다. 우리는 일상적으로 기분$^{mood}$과 감정$^{emotion}$을 혼동해서 쓰지만 엄밀히 따지면 다른 개념이다. 그리고 기분이 어떠냐고 물으면 학생은 '좋다', '싫다'로 답해 버리는 경우가 많다. 호불호는 감정의 발달 단계에서 원시적이고 지나치게 포괄적이라 감정 입자도를 키우기에 적절하지 않다. 따라서 정확한 감정을 물어 찾아보도록 해야 한다.

학생들은 아직 감정과 생각을 구분하는 데 익숙하지 않다. 감정을 물었는데 "때려 주고 싶어요." 등의 생각으로 대답한다면, 이때는 정교화할 수 있도록 "아, 때려 주고 싶을 정도로 감정이 어떻다는 걸까? 화가 났니? 얄미웠니?" 식으로 되묻는다.

학생들은 흔히 2차 감정이라고 칭하는 화, 짜증 등을 자주 사용한다. 왜냐하면 알아차리기 쉽고, 여러 1차 감정에서 파생되기 때문이다. 그러나 화, 짜증 등은 상대에게도 똑같이 화, 짜증을 불러일으키기 쉽다. 그래서 그 앞의 1차 감정을 찾을 수 있도록 피드백해 주면 효과적이다. "화가 난 까닭이 뭐니? 아, 엄마가 동생만 옷을 사 주셔서 화가 났구나. 그럼 혹시 ○○이 마음에 화 이전에 어떤 감정이 먼저 생겼던 걸까? 생각나는 게 있는 친구는 좀 도와줘요."

그렇게 해 주면 다른 친구들이 부러움, 억울함, 속상함, 얄미움 등의 감정을 말해 주는데, ○○이에게 그중 어떤 감정인지 물어봐서 고르게 하면 된다.

## 성찰 메모

요즘 감정 판이 교실에서 많이 쓰이고 있는데, 활용하기 쉽고 구성도 나쁘지 않아 나도 감정 체크인 Lv.1에서 활용한다. 그러나 새로운 감정을 공부하고, 감정 체크인 레벨이 높아질수록 한계를 느낀다. 우리 반에 필요한 감정으로 구성된 부착형 감정 판을 만들고 싶지만 제작이 쉽지는 않다. 우리 반 맞춤형으로 실용적인 우리 반만의 감정 판을 만들 수 있는 방법은 없을까?

## 공감 체크인

감정에서 중요하면서도 가르치기 어려운 요소가 바로 '뉘앙스'다. 감정 낱말의 뜻을 사전에서 찾아보면 설명 자체가 어렵다. 예를 들어 '안쓰럽다'는 '손아랫사람이나 약자에게 도움을 받거나 폐를 끼쳤을 때 마음에 미안하고 딱하다'라고 풀이되어 있는데, '약자', '폐', '딱하다' 등의 어휘를 이해하려면 또 다른 설명이 필요하다. 또한 설명으로 이해시키기 어려운 감정의 미묘함이 뉘앙스의 특징이기도 하다. 그래서 다양한 사례, 예시, 생활 속 경험을 활용하는게 좋다. 예를 들어 안쓰러움과 안타까움을 설명할 때, "네가 열심히 했는데도 자격증 시험에 떨어진 건 안타까운 거고, 그런 너를 바라보는 부모님의 마음은 안쓰러운 거야." 라는 식으로 설명한다.

공감 체크인은 한 감정에 대해 다양한 경험과 사례를 나누어 보는 활동이다.

## 진행 순서

준비물 : 공감 체크인 판(칸이 나뉜 칠판 혹은 부착형 화이트보드 등), 보드 마커

**1. 활동의 시작**

"우리는 매일 감정에 대해 공부하면서 감정이 중요하다는 것을 알게 되었어요. 그런데 그 감정의 뜻이 정확히 이해되지 않거나, 어떤 뉘앙스인지 헷갈리는 경우가 있을 것 같아요. 그래서 우리의 힘을 모아 볼까 해요. 모두가 그 감정에 해당하는 사례를 하나씩 나눈다면 감정을 좀 더 정확하게 이해할 수 있을 겁니다. 그리고 가장 많은 공감을 얻는 사례도 뽑아 볼게요."

**2. 매일 교사가 공감 체크인 판의 윗부분에 오늘의 감정 단어와 의미를 적어 두기**

   – 공감 체크인 판은 다양한 감정 사례와 이름을 기록·표현할 수 있는 커다란 판

**3. 학생은 등교하면서 공감 체크인 판에 있는 오늘의 감정 단어를 보고 그 감정이 발생한 사례를 자신의 이름과 함께 적기**

**4. 모두 함께 사례들을 공유하면서 투표하기**

   – 사례 하나를 읽을 때마다 공감되는 사람은 손드는 방식으로 투표

   – 중복 투표 가능

   – 가장 많은 표를 얻은 사례를 적은 학생이 오늘의 공감 왕이 되고, 작은 특권(급식 순서 1등, 친구들에게 '공감 왕'이라는 칭호 듣기 등) 제공

**5. 소감 나누기**

## Point 1. 감정 공부가 우선

공감 체크인은 결국 감정에 대한 이해를 높이기 위한 활동이며, 이 활동을 위한 수단으로 사례를 활용하는 것이다. 따라서 감정을 먼저 공부해야 한다. 새로운 영어 단어를 익힐 때 단어의 뜻을 외우고 이해한 다음 활용하는 예문을 공부하는 것처럼, 오늘의 감정을 제시할 때 최소한 감정의 뜻을 적어 주고 간단한 설명 정도는 해야 학생들이 사례를 생각해 낼 수 있다. 전체적인 학습 효과를 높이기 위해서는 감정 제시 순서

도 신경 써야 한다. 익숙하고 쉬운 감정(기쁨, 슬픔, 두려움 등)에서 어려운 감정(뭉클함, 까칠함, 당혹스러움 등)으로 제시하고, 비슷한 결의 단어(부러움&질투, 화&분노 등)를 연속으로 제시하면 학생의 감정 능력을 효율적으로 성장시키는 데 도움이 될 것이다.

### Point 2. 감정은 공식이 아니다

감정의 발생 과정과 역할에 대해서는 다양한 의견이 있지만, 공통적인 사실이 있다. 우리는 상황과 신체적 느낌을 해석하는 존재라서 감정은 상대적이고 주관적이라는 것이다. 공감 체크인 역시 특정한 상황에서 '사람이라면 느껴야 할 보편적인 감정'을 가르치는 게 아니다. 상황과 감정을 연결하면서 감정의 뉘앙스와 역할을 해석해 보는 과정에서 다수의 공감은 해석을 지지하는 근거가 된다. 예를 들어 공감 체크인을 할 때 억울함을 느끼는 사례로 '엄마가 동생에게만 최신 휴대폰을 사 줬을 때'가 나왔고 많은 지지를 받았다. 그때 한 학생이 "왜 억울해요? 동생은 휴대폰이 생겼고, 엄마도 저한테 미안해 할 테니 저는 오히려 좋을 것 같은데요? 저는 '평화로움'인 것 같아요."라고 말했다. 이때 "진심이야? 엄마가 너만 안 사 줬는데?", 혹은 "생각이 특이하네." 등의 다수가 느끼는 감정 쪽으로 유도하여 피드백하면 안 된다. "아, ○○이는 그렇게 느끼는구나. 우리는 또 하나 배웠어요. 같은 상황이지만 사람마다 다른 감정을 느낄 수 있다는 것을요. 그리고 누구의 감정이 옳고, 누구는 그르다는 생각이 잘못되었다는 것도요. 감정은 정답이 없습니다. 다름을 인정해 줘요."라며 감정의 주관성을 배우는 계기로 삼는 게 더 도움된다.

## Point 3. 업그레이드 활동

시간 여유가 있다면 단순한 체크인을 넘어 '전국 공감자랑'이라는 활동으로 업그레이드해 보자. 인기 TV 프로그램 〈전국 노래자랑〉에서 이름을 딴 활동인데 기본적인 진행 방법은 공감 체크인과 유사하다. 우선 원형으로 둘러앉는다. 교사가 감정 낱말을 제시하고 간단하게 설명하면, 해당 감정을 느끼는 사례를 손을 들어 발표한다. 그 사례에 공감하는 학생은 손을 들어 동의를 표시하고, 몇 표를 얻었는지 기록한다.

공감 체크인과의 차이점은 두 가지다. 우선 사례를 깊게 느끼기 위해 롤플레잉을 하는 것이다. 예를 들어 '동생이 잘못했는데 내가 형(누나)이라서 참으라고 할 때'의 사례가 나왔다면 원의 중앙에서 이 장면을 간단하게 연기하는 것이다. 엄마 역할을 맡은 학생이 '동생이 잘못했더라도 네가 형이니까 참아야지! 똑같이 싸우면 그게 형이야?'라고 연기하고 동생 역할을 맡은 학생이 엄마 옆에서 약 올리는 연기를 한다. 연기를 보고 나면 단순히 사례를 듣고 상상하는 것과는 다른 차원의 몰입감이 생겨 투표 결과에도 영향을 미친다.

또 다른 차이점은 득표 누계로 순위를 매긴다는 것이다. 〈전국 노래자랑〉에 대상, 인기상 등 상이 있듯이 전국 공감자랑에서도 간단한 상을 수여한다. 수업 시간을 활용하여 이 활동을 하는데, 보통 한 차시 수업에 4~5개 정도의 감정을 다룬다. 그러면 각 감정마다 1~3위 학생이 얻은 공감 득표수를 누적해 최종 '오늘의 공감 대상, 금상, 은상, 동상'을 선정하여 축하해 준다. 학급 상황에 따라 사진 촬영 후 명예의 전당 게시 등 간단한 혜택을 주어도 좋은 반응을 얻을 수 있다.

## Point 4. 소소한 디테일을 살려서

공감 체크인은 공개적으로 게시된 공감 체크인 판을 활용한다. 자신이 쓴 내용이 공개되는 데다 투표를 하다 보니 학생들은 많은 공감을 얻기 위해 고심한다. 그 과정에서 누구의 사례를 따라 썼다든지, 우연히 같은 사례를 생각했는데 발표 순서에 따라 득표수가 달라지는 등의 사소한 갈등이 발생하기도 한다. 좋은 의도로 하는 활동인 만큼 서로 마음이 상하지 않게 간단한 규칙을 정해 두는 것이 좋다.

먼저 교사 혹은 진행하는 학생이 사례를 읽는 순서는 공감 체크인 판에 쓴 순서대로 한다. 그래야 적극적이고 성실하게 참여한 학생이 손해 보는 일이 없다. 단, 사례와 본인 이름을 쓰고 나면 수정, 보충할 수 없도록 하여 자기보다 나중에 쓴 사례를 참고하여 업그레이드하는 것을 방지한다. 그리고 투표 방식은 모든 의견에 중복 투표를 허용한다.(모든 사례를 다 듣고 몇 개를 고르는 방식이 아니라는 의미다.) 이 활동은 투표 결과로 순위를 가리는 것이 중요한 게 아니라, 얼마나 공감을 받는지가 중요하기 때문이다.

### 성찰 메모

공감 체크인 활동을 하다 보면 "맞아, 맞아!"라는 공감의 물결이 일어나면서 이야기가 계속 이어지는 것이 바람직하지만 교사 입장에서는 정해진 시간을 생각해서 너무 길어질 땐 중간에 끊어야 한다. 하지만 한참 달아오른 공감의 불씨는 잘 꺼지지 않기 때문에 절제와 운영의 묘가 필요한 활동이다.

## 감정 양피지

감정에는 정답이 없다. 어떤 특정 상황에서 많은 사람들이 속상함을 느낀다고 해도, 누군가는 안도감을 또 누군가는 행복을 느낄 수도 있다. 감정은 주관적이기에 다른 사람의 감정을 인정할 수 있어야 감정 능력을 제대로 길러 나갈 수 있다. '감정 양피지'는 감정의 주관성과 다양성을 더 재미있게 경험할 수 있도록 돕는다.

### 진행 순서

준비물 : 감정 판, 보드 마커 등

1. **활동의 시작**
   "오늘은 감정 단어가 적힌 비밀 양피지를 활용한 게임을 하려고 해요. 나의 양피지에 어떤 감정이 적혀 있을지 동료의 힌트를 통해 알아볼까요?"
2. **감정 단어가 적힌 감정 양피지를 하나씩 무작위로 가지기**
   - 이때 자신의 감정 양피지를 보면 안 됨.
3. **자신의 감정 양피지 내용을 보지 않고 이마, 가슴 등 약속된 곳에 스카치테이프로 붙이기**
4. **교사의 시작 신호와 함께 모두 일어나 교실을 걸어 다니기**
5. **두 사람이 만나 가위바위보하기**
6. **이긴 사람이 먼저 상대의 감정 양피지를 보고, 그 감정을 느낄 만한 상황이나 경험, 느꼈을 때의 반응 등을 설명 또는 연기로 표현하기**
   - 이때 상대 감정에 대해 직접 힌트를 주거나, 감정의 의미를 바로 설명하면 안 됨.
7. **끝나면 가위바위보에서 진 사람이 반대로 이긴 사람의 감정 양피지를 보고 6번을 그대로 실시**
8. **서로 "행복한 감정 여행 되세요."라고 말하며 악수한 뒤 헤어지기**
9. **새로운 사람을 만나서 반복**

10. 일정 시간 동안 활동 후 자리로 돌아가기
11. "나의 감정은 무엇이었을까요? 왜 그렇게 생각하나요?"
    – 예) "저는 불안함 같아요. 왜냐하면 아까 찬희가 자기는 휴대폰을 집에 두고 외출
    하면 이 감정을 느낀다고 했거든요."
12. 감정 양피지 판을 보고 추측을 정교화
13. 정답 확인 후 소감 나누기

## Point 1. 설명하지 말고 보여 주기

감정 양피지에서 상대에게 힌트를 주는 방법은 두 가지다. 하나는 그 감정을 느낄 법한 상황 예시를 설명하는 것이고, 또 다른 하나는 장면 또는 반응에 대해 연기하는 것이다. 두 가지 모두 감정을 알아차리는 데 좋은 단서가 된다. 하지만 굳이 하나를 선택한다면 나는 연기를 선택하고 싶다. 설명은 상황을 상상하고 이해하게 하지만, 연기는 그 상황 속으로 상대를 초대한다. 감정이란 일종의 종합예술이다. 연기를 통해 상황의 맥락뿐 아니라 상대의 표정, 어투, 호흡, 주고받는 말의 흐름 하나하나가 어우러져 감정이라는 작품을 완성하기 때문이다. 우리는 실제 생활에서 마음을 설명하기보다는 드러낸다. 그러므로 이 활동을 여러 번 하거나 감정에 익숙해졌다고 판단되면 설명보다는 연기를 안내하는 것이 좋다. 물론 앞서 이야기한 것처럼 감정의 의미를 직접 설명하면 안된다.

## Point 2. 다양성이 표준

이 활동의 묘미는 같은 감정에 대한 사람들의 다양한 표현을 경험한

다는 점이다. 분명히 같은 감정(슬픔, 속상함, 기쁨, 두려움 등)이지만 만나는 사람마다 각자의 방식대로 다르게 보여 준다. '억울함'이라는 감정을 나타낼 때 누군가는 눈을 부릅뜬 채 주먹으로 가슴을 쾅쾅 치며 "우아, 나 진짜 미치겠네! 아니라고!"라고 큰소리치지만, 또 다른 누군가는 입술을 꾹 깨문 채 인상을 찌푸리고 당장이라도 울 것 같은 표정을 지으며 "내가 그런 게 진짜 아니야. 쟤가 한 거야."라고 나지막하게 흐느낀다. '친한 친구 둘이 나만 빼고 주말에 만나서 놀았을 때'라는 상황이 누군가에게는 '화'라는 감정의 예시가 되지만, 누군가에게는 이 상황이 '외로움'의 힌트로 사용된다. 이처럼 다양한 감정 경험들은 감정에 대한 유연성과 입자도를 높이는 데 큰 도움이 된다. 같은 감정에 대한 친구들의 다른 해석을 경험하는 것이 '감정은 주관적이다'라는 설명보다 훨씬 효과적이기 때문이다.

### Point 3. 역시 감정 공부가 먼저

감정 단어를 무작위로 뽑기 때문에 감정 양피지 활동 역시 감정에 대한 기초적인 이해와 공부가 우선되어야 효과적이다. 감정 낱말이란 결국 생활 속에서 한 번쯤 들어 본 것들이라 막연하게라도 뉘앙스나 맥락을 이해할 수 있다. 그러나 이 활동에서는 내가 상대에게 감정을 설명하고 보여 줘야 하기 때문에 어느 정도 명확하게 이해하고 있어야 제대로 설명할 수 있고 잘못된 힌트를 주지 않는다. 잘못하면 상대가 오해할 수도 있다. '서러움'을 보여 줘야 하는데 "너 진짜 왜 그러냐!"라고 무작정 화를 내거나, '음, 이게 무슨 감정이지?'라고 당황하고 있으면 활동을 진

행하기 어려워진다. 그래서 감정 양피지는 감정교육이나 공감교육 초반
보다는 여러 활동을 한 다음에 하는 것이 더 효과적이다.

### Point 4. 융통성 있는 운영

감정 양피지는 기본적으로 무언가를 붙인 채 움직이면서 하는 활동
이다 보니 변수가 많이 생기는데, 이때에도 본질을 잃지 않고 융통성 있
게 진행하면 큰 무리는 없다. 예를 들어 양피지를 프린트할 때 A4 한 장
정도의 크기로 해도 되고, 손바닥만 하게 해도 된다. 크게 하면 가슴에
붙이고, 작게 하면 이마나 손바닥에 테이프로 붙이면 된다. 주의할 것은
감정을 고르거나 붙이는 과정에서 감정 단어가 뒷면에 비치는 경우가
많으므로, 뒤에 종이를 덧대어 붙이거나 학생에게 사전에 일러두는 것
이 좋다. 붙인 양피지가 떨어지면 당황하지 말고 보지 않은 채 다시 붙
이면 된다. 핵심은 '내 감정을 모른 채 활동을 진행하는 것'이다.

만약 평소에 다른 감정 카드로 감정 공부를 한다면 그 카드를 활용하
는 것도 좋다. 시중에 나와 있는 대부분의 감정 카드는 매끈하고 탄력
있는 PP소재로 제작되어 있으므로 테이프를 사용해도 괜찮다. 익숙한
감정 카드를 양피지 삼아 그대로 붙인 채 활동을 진행해도 된다.

게임을 하다 보면 가끔 '정답을 맞히는 것'에 집착하는 학생이 있다.
그럴 때면 "우리가 이 활동을 하는 이유가 뭘까?", "우리는 이 활동에서
무엇을 배울 수 있을까?"라는 질문으로 본질을 잃지 않도록 환기시킨
다. 활동의 깊이를 더하기 위해 "왜 똑같은 감정인데 사람마다 다르게
표현하는 걸까?", "만약 나라면 이 감정에 대해 어떤 힌트를 줬을까?" 등

의 추가 질문을 제시하면 활동의 목적에서 벗어나지 않으면서 큰 효과
를 얻을 수 있을 것이다.

### 비밀 양피지

| | | | | |
|---|---|---|---|---|
| 화 | 기쁨 | 슬픔 | 두려움 | 질투 |
| 부러움 | 부끄러움 | 불안 | 무관심함 | 불만 |
| 행복 | 좌절 | 자신감 | 혼란스러움 | 만족스러움 |
| 공포 | 비통함 | 우울함 | 격려받음 | 분노 |
| 평화로움 | 어색함 | 설렘 | 당혹스러움 | 억울함 |
| 불쾌함 | 서러움 | 고민됨 | 외로움 | 감격스러움 |
| 심술남 | 당황스러움 | 놀람 | 실망 | 허무함 |
| 까칠함 | 경멸스러움 | 고마움 | 긴장됨 | 미안함 |
| 유감스러움 | 의심스러움 | 뭉클함 | | |

### 성찰 메모

이 활동을 진행하다 보면 많은 학생들이 편한 동성 친구들 또는 친한 친구들과 게임을 진행하는 모습을 보인다. 그렇게 해도 되겠지만 활동의 효과를 고려한다면 다양성을 높이기 위해 낯선 환경을 더하는 것이 좋겠다는 생각이 들어서 성별을 번갈아 가며 만나게 하기로 했다.

## 두 줄 감정 일기

어떤 개념이나 어휘를 익히는 가장 효과적인 방법은 '활용'이다. 실제
로 사용하다 보면 맥락적 의미까지 익히는 수준에 이르기 때문이다. 그

래서 외국어를 배울 때에도 무작정 해당 단어를 넣어서 많이 쓰고 말해 보는 연습을 하는 것이다. 감정도 마찬가지다. 개념이나 뉘앙스를 외우는 것보다 실제로 사용하고 표현해 보는 것이 더 효과적이다. 이때 가장 좋은 방법은 역시 '글쓰기'다. 교사가 먼저 감정을 담은 일기를 써서 학생들에게 보여 주면 그것이 아이들에게 전하는 편지가 되고, '감정 일기'로 발전시킬 수 있다.

## 진행 순서

**준비물 : 일기장(노트나 수첩도 상관없음.)**

### 1. 활동의 시작

"여러분은 감정 체크인, 공감 체크인 등의 활동을 꾸준히 하면서 나의 감정을 알아차리고, 감정을 세밀하게 구분하는 능력이 많이 향상되고 있어요. 이제는 감정을 상황 속에서 적절하게 찾아내고, 활용하는 활동을 해 볼까요. 바로 '두 줄 감정 일기'입니다. 일기라고 하니까 왠지 부담스럽고 걱정되나요? 하지만 괜찮아요. 일기라는 이름이 붙었지만 여러분이 알고 있는 일기가 아니거든요."

### 2. 두 줄 감정 일기 쓰기

- 두 줄 이상의 분량으로 쓰기
- 감정 낱말을 하나 이상 사용하기
- 일기처럼 오늘 하루 있었던 일을 중심으로 써도 되고, 그냥 생각나는 글을 써도 상관없음.
- 교사가 읽고 감정 낱말만 확인하되, 피드백이 꼭 필요할 경우 댓글을 달 수 있음.
- 학교에서 매일 쓰기

### 3. 업그레이드하여 감정 글쓰기

- 감정 능력이 많이 향상되고 두 줄 감정 일기에 익숙해질 때쯤 써 보기
- 감정 룰렛 판을 돌려 오늘의 감정 3개를 임의로 선정
- 학생은 오늘의 감정 낱말 3개가 모두 들어간 글쓰기를 하는데, 주제와 형식은 자유
- 상호 평가를 통해 '오늘의 베스트셀러' 선정 후 간단한 혜택 제공

## Point 1. 교사가 먼저

칠판을 소통의 플랫폼으로 적극 활용하는 편이라 매년 3월 첫날 아침이면 빼곡한 글씨로 가득 채우는데, 특히 왼편의 말풍선 모양을 한 '도쌤 편지'가 눈에 띄도록 한다. 편지라고 이름 붙였지만 사실 일기에 가까운데 하루를 보내며 기억에 남는 일, 아이들에게 하고 싶은 말 등을 몇 줄의 글로 쓴다. 그리고 편지의 끝에는 (감정, 감정 점수)가 적혀 있다. 처음 본 아이들은 '도대체 저게 뭐지?'라며 궁금해 하지만 다양한 감정 교육 과정 속에서 차츰 의미를 깨닫게 된다. 나는 이 편지를 3월 첫날부터 일 년이 끝나는 마지막 날까지 매일 칠판에 적는다. 교사역할훈련 T.E.T의 대가 토머스 고든 박사는 '학생은 교사의 말이 아니라 행동에서 배운다.'고 했다. 두 줄 감정 일기를 쓰라는 백 마디 말보다 교사의 일기 한 편이 학생들에게 더 가닿는다는 것을 잊지 말자.

## Point 2. 감정의 재미를 느끼도록

매일 하루를 돌아보고 감정을 인식하는 것은 큰 의미와 효과가 있다. 학생이 정성스럽게 쓴 두 줄 감정 일기를 교사가 매일 확인해 주는 것만으로도 학생의 성장에 도움이 될 뿐만 아니라 한 발 더 나아갈 수도 있다. 두 줄 감정 일기는 학생과 교사의 비밀스러운 일대일 소통 플랫폼이다. 교사가 적절한 피드백과 너지nudge를 제공한다면 학생은 훨씬 더 감정에 흥미를 느끼고, 자신의 삶 속에 살아 숨 쉬는 감정의 주인으로 성장할 수 있을 것이다.

우선 감정 낱말을 빼먹는 학생에게는 감정 낱말을 고민하여 활용하도록 안내한다. 그 후에 감정 낱말을 꾸준히 사용한다면 슬쩍 교사의 유사한 경험을 담은 공감 댓글을 이런 식으로 적는다. '진짜 속상했겠다. 선생님도 예전에 비슷한 경험이 있었어. 중2 때 일이었는데 엄청 속상하더라고.' 그다음 단계는 감정의 정교화다. '민서가 짜증이 났다고 했는데, 혹시 그 앞에 초조했던 마음이 짜증으로 바뀐 건 아닐까?', '속상하다고 적을 만하네. 어쩌면 서운하기도 하고, 외로웠을지도 모르겠다.' 이런 식으로 미처 알아차리지 못한 감정이나 2차 감정의 뿌리가 된 원인 감정을 짚어 준다. 교사가 가려운 곳을 긁어 주듯 너지를 넣어 주면 학생은 점차 감정을 다루는 재미를 깨닫게 된다.

**Point 3. 성실성 테스트가 아니다**

이 활동에 '일기'라는 이름을 붙인 이유는 아이들이 하루를 돌아보는 과정을 통해 삶 속에서 살아 숨 쉬는 감정과 만나기를 바랐기 때문이다. 존경하는 이영근 선생님의 글똥누기가 '똥 누기'라는 가장 자연스러운 삶의 현상을 글쓰기와 접목시켰듯, 감정은 나의 하루와 만날 때 제일 빛나기 마련이다. 그런데 안타깝게도 우리 세대에게, 아니 지금 어린이들에게도 일기는 부담스러운 단어로 남아 있다. 밀리면 안 된다는 압박감, 다른 사람이 몰래 보거나 검사할 수 있다는 부담감, 무언가를 반성해야 할 것 같은 죄책감까지 어우러져 있다. 이런 인식들 때문에 일기를 쓰는 학생도, 보는 교사도 본질에서 벗어나는 함정에 빠지기 쉽다. 앞에서 말했듯 이 활동은 결코 성실성 테스트를 위한 것이 아니다. 글쓰기 지도나 문법교육과는 더욱 거리가 멀다. 매일 쓰는 것을 약속하고 독려하되, 쓰지 않거나 정말 두 줄만 쓰는 학생들을 재촉하지 않아야 한다. 나부터 '두 줄 감정 일기 안 낸 사람은 남아서 쓰고 가라.'고 말하고 싶은 유혹이 자꾸만 드니 어쩌면 이 말은 나 스스로에게 하는 것일지도 모른다.

### Point 4. 모든 마음이 허용되는 공간

두 줄 감정 일기를 하다 보면 재미있는 현상을 볼 수 있다. 시간이 쌓일수록 학생의 감정 능력이 향상되는 것뿐만 아니라, 감정 능력이 향상될수록 글의 내용이 솔직해진다는 것이다. 사람들이 일상생활에서 가장 감추는 것이 자신의 감정인데, 내밀한 감정을 드러내다 보니 감정을 설명하는 이야기가 과감하고 솔직해지는 것이다. 학생들은 스스럼없이 친구의 실명을 적으며 서운함을 표현하고, 부모님에게 짙은 원망을 보이며, 심지어는 글을 읽는 교사인 나에 대한 짜증스러움을 적기도 한다. 그럴수록 교사는 도덕적 판단이나 섣부른 충고, 훈계 등을 하지 말아야 한다. 감정에는 옳고 그름이 없다. 설사 충분한 라포가 형성된 학생에게 조언을 하더라도 행동이나 판단에 대한 조언을 해야지 감정에 대한 조언을 하면 안 된다. 어설픈 꼰대짓을 하는 순간 학생은 '보여 줘도 되는 꾸민 감정'만 쓰게 될 것이다.

### 성찰 메모

두 줄 감정 일기는 학생들과 라포를 형성하는 데 도움이 된다. 그러나 매일 모든 학생의 글을 읽고 피드백한다는 것이 쉬운 일은 아니다. 학교는 너무나 바쁘고, 자칫 잘못하면 내가 피드백해 주지 못하는 바람에 매일 쓴다는 원칙이 흔들리는 경우도 생긴다. 효율적으로 피드백할 수 있는 획기적인 방법이나 충분한 시간을 확보할 방법은 없을까?

## 공감 빙고

감정 능력 키우는 방법을 한 문장으로 요약하면 '정확한 감정을 세밀하고 적절하게, 가급적 많이 사용하기'라고 할 수 있다. 여기에 게임의 형식을 적용하면 활용 빈도를 크게 높일 수 있는데 개인적으로 빙고를 추천한다. 빙고는 남녀노소를 막론하고 누구나 좋아하는 게임인 데다 시간 조절도 쉽고 룰도 간단해 간편하게 즐길 수 있기 때문이다. 빙고를 활용하면 짧은 시간에 감정을 많이 활용할 수 있다.

### 진행 순서

**준비물 : 빙고판, 필기구 등**

**1. 활동의 시작**

"빙고 게임을 다양한 주제로 해 봤을 거예요. 오늘은 우리가 좋아하고 익숙한 공감과 관련된 공감 빙고를 해 볼 거예요. 점차 수준을 높여서 레벨 업할 테니 기대해도 좋아요."

**2. Level 1 : 감정 빙고**

1) 5 X 5 빙고판 만들기

2) 빙고판을 감정 낱말로 채우기

- '슬픔, 기쁨' 같은 체언으로 표기할지, '슬프다, 기쁘다'처럼 용언으로 표기할지 안내
- 각종 감정 카드, 감정 낱말 사전 등 활용 가능

3) 빙고를 시작하면 첫 번째 학생이 지우고 싶은 감정(예: 슬픔)을 말하고, 해당 감정이 있는 학생은 모두 지운다.

4) 해당 감정을 지운 학생은 모두 손을 들고, 첫 번째 학생은 손을 든 학생 중에 이어서 할 학생을 지목한다.

- 가급적 감정을 고르지 못한 학생을 지목하기
- 남학생은 여학생, 여학생은 남학생을 우선적으로 지목하면 다양하게 참여 가능

5) 지목받은 학생은 두 번째 감정을 말하며 똑같은 방법으로 반복한다.

6) 정해진 줄 수(예 : 3줄)를 채운 학생은 빙고. 혹은 정한 시간만큼 게임을 진행하고, 지운 줄 수에 비례하여 점수를 부여한다.

### 3. Level 2 : 업그레이드 감정 빙고

1) Lv.1과 같은 방법으로 진행하되 3)에서 감정을 말하지 않고 해당 감정과 관련된 상황을 설명한다.

  – 예: '친한 친구가 멀리 전학 가게 되었을 때 느끼는 감정은?'

2) 감정 정답을 맞히면 해당 감정이 있는 학생은 모두 지우고, 정답을 맞힌 학생이 다음 감정 퀴즈를 이어 간다.

### 4. Level 3 : 공감 빙고

1) Lv. 2와 같은 방법으로 진행한다. 단 감정 퀴즈의 정답을 맞힐 때 감정 이름을 말하는 것이 아니라 마음 읽기(Program 4. 참고) 방식으로 말한다.

  – 예: "슬픔(X)", "친구가 전학 가서 슬프겠네(O)."

### 5. 소감 나누기


## Point 1. 빙고의 힘

다양한 게임 중에서도 빙고를 공감교육과 접목한 까닭은 빙고 자체의 힘이 크기 때문이다. 우선 빙고는 도구를 적게 사용한다. 연필과 종이만 있으면 언제 어디서든 할 수 있다. 규칙도 간단해서 어려워하는 학생이 없고 시간 조절도 용이하다. 게임을 하다 보면 은근히 시간을 가늠하거나 조절하기가 어렵다. 그에 비해 빙고 게임은 빙고를 외치는 줄의 수를 조절하거나, 공통 단어를 교사가 제시하면 5분 안에 끝낼 수도 있고, 2~30분 동안 할 수도 있다. 다만 빙고 자체에 빠져 공감 연습에 소홀해지면 활동 목적에서 벗어날 수 있다.

Lv. 2, 3에서는 감정 단어를 제시할 때 제대로 상황 설명을 하거나 연기를 하도록 강조해야 한다. 그렇지 않으면 얼른 내가 적은 감정 단어를 지우고 싶어서 혹은 부끄러워서 슬쩍 감정 단어만 말하고 넘어가려는 아이들이 있다. 그럴 때는 게임의 취지를 설명하고 다시 감정 연기를 하도록 안내한다. 조금 더 익숙해지면 교사가 주도하지 않아도 아이들끼리 도란도란 모여 공감 빙고 하는 모습을 볼 수 있다. 이때 연기를 실감 나게 할수록 독려해 주고 교사가 슬쩍 끼어 게임하면 공감 빙고는 학급의 재미있는 놀이 문화로 자리 잡을 것이다.

### Point 2. 감정의 상대성과 다양성

Lv.1은 감정 단어를 많이 접하는 게 목적이다. 그러나 Lv.2부터는 공감의 영역으로 진입한다. 감정 퀴즈 정답을 맞히다 보면 감정의 다양한 측면과, 같은 상황도 사람마다 느끼는 감정이 다르다는 것을 알게 된다.

"엄마 아빠가 주말에 멀리 여행 가자고 했을 때 드는 감정은?"

"정답, 설렘."

"땡! 틀렸어."

"틀렸다고? 왜? 엄마 아빠랑 여행가는데 당연히 설레지. 맛있는 것도 먹고, 재미있는 구경도 할 텐데."

"아닌데? 정답은 귀찮음이야. 주말에는 집에서 휴대폰 게임 좀 실컷 하고 싶은데 엄마 아빠가 놀러 가자고 하면 엄청 귀찮단 말이야."

이렇게 감정의 상대성과 다양성을 깨달을 수 있다. 이런 경험을 통해 다른 이의 감정을 개방적으로 받아들이게 되고 이는 결국 상대에 대한 존중으로 이어진다.

## Point 3. 업그레이드 빙고

다양한 형태의 업그레이드된 빙고 게임들이 있기 때문에 향상된 포맷을 공감 빙고에 적용하거나, 흥미를 높일 수 있는 장치를 추가하면 더 다이내믹하고 재미있는 게임을 할 수 있다.

우선 지뢰 장치가 있다. 옛날에 하던 지뢰 게임처럼 자신의 빙고 판 중에 한 칸을 지뢰 칸으로 정한다.(물론 다른 사람들은 내 지뢰 칸의 위치를 모른다.) 그리고 지뢰 칸의 감정을 지우면 지뢰가 터지면서 인접해 있는 양 옆, 아래, 위의 4칸까지 모두 지워 버리는 것이다. 단 자기 스스로 지뢰 칸의 감정을 호명하면 지뢰는 터지지 않는다.

얼음도 재미있는 장치다. 게임을 진행하면서 5턴마다(5번째, 10번째, 15번째 등) 해당 학생이 특정 감정에 대해 '얼음'을 외친다.(예: 서러움, 얼음!) 그러면 그 감정을 적은 모든 사람은 그 감정이 적힌 칸의 테두리를 진하게 칠하며, 그 칸은 지울 수 없다. 얼음 칸이 포함되는 줄은 나머지를 다 지워도 빙고 줄 수에 포함될 수 없다. 단 얼음은 한 사람당 한 번만 사용 가능하며, 반드시 자기도 있는 감정에만 사용할 수 있다. 그리고 이미 지운 칸은 얼음에 영향을 받지 않는다.

찢기 빙고로 변형해도 재미있다. 8칸으로 이루어진 한 줄 빙고 칸을 만든다. 그리고 해당 칸을 지우는 그냥 빙고와 달리 양쪽 끝 칸의 감정이 나와야 그 칸을 뜯어낼 수 있다. 그렇게 진행해서 모든 칸을 없애는 사람이 이긴다.

공감 빙고는 할 때마다 학생들이 재미있어 하고 자주 하고 싶어 한다. 그런데 수업 시간을 많이 할애하기는 어려워서 틈새 시간이나 쉬는 시간 등을 자주 활용한다. 그러다 보니 짧은 시간에 활동을 끝내야 하는데, 학생들의 "한 턴만 더요!"라는 외침을 이겨 내기가 쉽지 않다. 게임의 진행 속도를 높이면서도 효과를 유지하는 방법을 좀 더 고민해야겠다.

## 감정 저금통

"선생님, 왜 아빠는 버럭이가 대장이에요?"

"같은 문화권의 사람들은 대개 비슷한 종류의 감정을 공통으로 가지고 있어. 하지만 어떤 감정이 더 힘을 발휘하는지는 사람마다 다르거든. 특히 자주 활용되고 다른 감정을 이끌기도 하는 감정을 '주 감정'이라고 불러. 사람마다 주 감정이 다르다는 걸 보여 주는 거란다. 아빠는 버럭이, 라일리는 기쁨이, 엄마는 슬픔이, 이렇게."

영화 〈인사이드 아웃〉을 보고 이야기를 나누던 중이었다. 한참 자신과 친구들의 주 감정을 추측하는 이야기가 오가는 모습을 보며, 문득 자신의 주 감정을 살펴보는 활동을 해 봐야겠다고 생각했다. 자신의 주 감정을 파악하면 자신 안의 마음 시스템, 자신의 행동과 결정을 이해하기 쉬워진다. 타인의 감정에 대해서도 마찬가지다.

## 진행 순서

**준비물 : 저금통**(작은 재활용 통 또는 페이퍼 크래프트로 만든 작은 상자)**, A4용지, 필기구 등**

### 1. 활동의 시작

"자신의 주 감정을 알아보는 것은 큰 의미가 있어요. 우리가 각 감정의 의미와 역할에 대해 공부하고 있는데, 주 감정을 알아차리면 나의 판단, 결심, 생각 등 많은 부분에 대해 이해할 수 있으니까요. 이걸 '자기 이해'라고 하는데, 자기 이해가 높은 사람이 다른 사람도 더 잘 이해할 수 있습니다. 그래서 내가 어떤 감정을 자주 사용하고, 감정 사용 양상이 어떤지 데이터를 쌓아서 알아볼까 해요."

### 2. 자신의 주 감정 추측해 보고 이야기 나누기

- 평소에 자신이 어떤 감정을 많이 느끼는지 되돌아보기
- 친구에게 자신의 주 감정이 무엇일 것 같은지 물어보기

### 3. 감정 자료(감정 낱말 카드, 감정 사전 등) 탐색하기

### 4. 매일 하교 직전에 오늘의 감정 저금하기

- 오늘 하루 동안 인상적이었거나, 많이 느꼈거나, 기억에 남는 나의 감정 3개를 감정 종이 각각에 날짜, 이유와 함께 적기
- 예: 4.14 걱정됨(친구가 실수로 내 강낭콩 화분에 물을 줘서 물이 두 배가 됨) / 4.14 억울함 (내가 안 때렸는데 민지가 나더러 때렸다고 막 뭐라고 함) / 4.14 행복함(오늘 수업이 5교시밖에 없어서)
- 감정 종이는 간단하게 A4 용지를 8등분해서 사용
- 다 적은 감정 종이 3장은 잘 접어서 감정 저금통에 넣기

### 5. 일정 기간이 끝났을 때 감정 저금통을 열어 종이를 펼쳐 읽어 본 뒤 통계 작성

- 짧게는 2주, 길게는 한 달 정도 기간이 적당
- 각 감정별 사용 횟수
- 지금까지 사용한 감정 종류의 수
- 주요 감정의 사용 빈도 변화(예: 초반에는 슬픔이 빠지지 않고 많았으나 후반으로 갈수록 사용 이 줄어듦.)

### 6. 소감 나누고 다시 일정 기간 동안 감정 저금 시작(통계는 누적)

**Point 1. 꾸준함이 핵심**

감정 저금통은 데이터를 축적한 뒤 분석하여 결론을 내는 활동이다. 따라서 우선 신뢰할 수 있는 데이터를 일정한 간격으로 꾸준히 모아야 한다. 하루의 감정을 되돌아보는 시간으로는 잠자리에 들기 전이 가장 좋다. 오롯이 하루를 보낸 다음이기도 하고 외부 자극이 적어 집중하여 감정을 들여다볼 수 있기 때문이다. 하지만 나는 학교에서 마지막 수업 끝나기 조금 전이나 마지막 쉬는 시간에 다 같이 하는 편이다. 각자 집에서 하면 안 하거나 못할 가능성이 있기 때문이다. 이 데이터는 양도 양이지만 변화나 추세를 관찰하는 것도 의미가 있다. 그러려면 규칙적인 시간, 일정한 조건 하에서의 데이터 수집이 필요하다. 감정의 개수는 3개로 유지하기를 추천한다. 내 경험상 5개로 했을 때가 더 만족스러웠지만, 상황에 맞게 적용하면 된다. 인간은 순간순간 수많은 감정을 느낀다. 강도의 차이는 있지만 우리는 하루에 수십 개의 감정과 함께 산다고 해도 과언이 아니다. 대다수의 감정은 인지되거나 기억되지 못하고 잊혀질 뿐이다. 따라서 그날 저금할 감정을 떠올려 보는 것이 나의 하루 감정 생활을 들여다보는 계기가 된다. 물론 많이 생각할수록 어렵다. 처음 1~2개는 인상적이고 임팩트가 큰 감정일 것이다. 그러나 세 번째, 네 번째, 다섯 번째 감정은 마음 깊은 곳을 유심히 들여다봐야 찾을 수 있기 때문에 이런 연습을 꾸준히 하는 것이 꼭 필요하다.

**Point 2. 데이터의 해석과 활용**

감정 저금통으로 '나의 감정 활용 양상'이라는 데이터를 모은다. 표로 그려 보고 그래프로 나타내면 더 그럴싸한 자료가 된다. 하지만 아직 만족할 단계는 아니다. 데이터는 자료일 뿐, 무엇을 해석하고 어떻게 활용하는지에 따라 그 가치는 천차만별이다. 단순히 '기쁨을 가장 많이 적었으니 내 주 감정은 기쁨인가 보다.'로 끝나면 곤란하다.

감정의 빈도를 살펴보는 것이 가장 기본이다. 많이 나온 감정이 주 감정일 가능성도 높다. 하지만 만약 빈도가 가장 높은 감정이 기본 감정(기쁨, 슬픔, 두려움, 화, 놀람)이라면 한층 더 깊이 살펴봐야 한다. 기본 감정은 영향력이 크지만 활용하기 쉬운 1차 감정이다. 따라서 이 감정을 진짜로 느껴서 저금한 것일 수도 있지만 조금 더 세심하게 살펴보면 비슷한 결의 다른 감정이 있는데 깊게 살피지 않고 그냥 기본 감정을 선택한 것일 수도 있다. 진짜 주 감정은 자주 작동되는 다른 감정의 그늘에 숨어 다가오는 경우가 의외로 많다. 그리고 감정 변화의 추세를 살피는 것도 의미가 있다. 두려움이란 감정이 일정하게 나타난다면 그 이유들을 읽어서 내 두려움의 주요 대상을 파악할 수 있다. 비슷한 결의 감정을 같이 많이 느끼는지, 전혀 다른 색깔의 감정을 하루에도 다양하게 느끼는지도 중요한 힌트가 된다. 화가 줄어들고 있다면 이유가 무엇인지, 어떤 노력이 효과가 있었는지도 분석할 수 있다. 현명한 활용이 데이터의 가치를 높일 수 있다는 것을 잊지 말자.


**Point 3. 주 감정을 알고 나면**

주 감정을 파악했다면 이제 활용할 단계다. 일단 자신의 주 감정이 하는 역할과 기능, 작동 방식을 이해하는 것이 중요하다. 예를 들어 나의 주 감정이 '화anger'라고 가정하자. 화는 '명예로운 보호자'라는 별명이 있고, 누군가 나의 경계(가치관, 생각, 기준)를 침범해 오면 막고 물리치는 역할을 한다. 경계를 넘어온 상대는 재빠르게 몰아내야 하는 적이므로 본능적이고 빠른 에너지 행사를 동반하며, 특히 불공평한 상황(공평은 대다수 사람의 기준이므로)에서 자주 작동한다.

가령 돌이켜 보면 나는 평소에 아니라고 생각하는 일에 자주 버럭 하며, 부모님이 동생과 나를 다르게 대할 때 견디기 어렵다. 그렇다면 화의 불꽃에 휩싸이지 않도록 평화적이면서 단호하게 나의 경계를 지키는 연습을 하는 것이 좋다. 같은 방식으로 타인을 들여다보면 효과적인 대처 방법을 떠올릴 수 있다.

하나를 더 추가하자면 같은 주 감정을 지닌 사람들을 묶어 그루핑 활동을 하는 것도 좋다. 예를 들어 기쁨이는 기쁨이끼리 모여서 이야기를 나누는 것이다. 그러다 보면 공통점을 찾아 서로 공감하게 되고, 예상되는 어려움에 대해서는 머리를 맞대어 해결책을 찾을 수도 있다.

### 성찰 메모

감정 저금통 활동을 할 때면 '아이들이 감정을 활용하는 양상에 내가 개입해야 하나?'라는 고민을 하게 된다. 자주 사용하지 않는 감정을 사용해 보도록 권하거나, 주 감정의 활용에 대해 조언해 주면 분명히 건강한 감정 생활에 도움이 될 것이다. 하지만 오롯한 자신의 감정 시스템이 아니라 교사인 나의 영향을 받은 시스템이 될까 걱정되기도 한다.

# Program 2 : 관점 취하기

네 이웃의 모카신을 신고 두 달 동안 걸어 보기 전에는 그를 판단하지 마라

– 북아메리카 원주민 속담

우리는 흔히 아이들 간에 갈등이 생기면 이렇게 말하고는 한다.

"이 친구 입장에서 한 번 생각해 봐."

하지만 이는 결코 말처럼 간단하거나 쉬운 일이 아니다. 한 사람 한 사람이 모두 개별적이고 독립적인 '소우주'다. 사람마다 각자의 체계가 있고, 그에 영향을 주는 상황이나 환경이 모두 다르다. 그렇다면 어떻게 다른 사람의 관점을 공유할 수 있을까? 나는 '제대로 된 관점 취하기 Perspective Taking'에서 답을 찾았다. 교육심리학자이자 사회심리학자인 겔바흐Gehlbach, H.는 '관점 취하기'를 '어떤 상황이 다른 사람에게 어떻게 보이고 그 사람이 그 상황에 대해 인지적, 정서적으로 어떻게 반응하는지 이해하는 능력'이라고 정의했다. 쉽게 말하자면 '다른 사람이 되어 그의 상황을 보는 능력'이 될 것 같다. 그런데 관점 취하기 자체는 새로운 개

넘이 아니다. 앞서 언급한 '상대의 입장에서 생각해 보라'는 상투적인 표현부터 '역지사지易地思之', '남에게 대접받고 싶은 대로 너희도 남을 대하라.'는 황금률Golden Rule까지 동서고금을 막론하고 통용된, 우리의 삶을 윤택하게 도와 온 오랜 지혜다. 하지만 그렇게 오랫동안 지역을 막론하고 강조된다는 것은 그만큼 실천하기 어렵다는 역설적인 방증이기도 하다. 따라서 '제대로 된' 관점 취하기가 중요하다.

나는 관점 취하기 능력 수준을 몇 단계 레벨로 구분한다. 가장 낮은 레벨Lv.0은 '거울mirror'이다. 거울은 어디를 봐도 나만 보이는 것처럼 내 관점만 주목하는 수준이다. 사방이 거울로 둘러싸여 있는 것처럼 내 생각과 감정이 가장 중요하고 옳다고 믿으며, 거울 너머에 다른 사람이나 세상이 있고, 그들은 나와 다른 관점을 가지고 있다는 사실을 모르거나 외면한다. 이 단계의 관점을 취하는 아이들에게 '입장을 바꿔 생각해 보라'고 하면 대부분 침묵하거나, 교사가 원하는 대답을 힘들게 추측하려 한다.

두 번째 레벨Lv.1은 '군인soldier'이다. 여기서 군인은 대한민국 사병처럼 징집된 군인이다. 그들은 교육활동이나 갈등 해결 과정에서 비자발적으로 다른 사람의 관점에 끌려간다. 이 레벨의 관점을 취하는 아이는 교사에 의해 다른 관점으로 보고 느끼지만 그것은 순간적이고 일시적이며, 그 경험이 진짜 자신의 것이라고 여기지 않는다. 마치 강제로 들어온 군대에서 할당된 보직의 임무를 갈고닦아 조국의 수호에 이바지하지만, 복무가 끝나면 결국 자신의 '진짜' 삶으로 돌아가는 군인처럼 말이다. 그래서 이들은 관점 취하기 경험을 일시적으로 받아들이지만 근본적인 관점 변화가 잘 일어나지 않는다.

세 번째 레벨Lv.2은 '관광객tourist'이다. Lv.2 '군인'과 가장 다른 점은 자발적으로 타인의 관점에 관심을 보인다는 것이다. 사람마다 관점이 다르고 그것이 존중받아야 한다는 것을 인정하며 타인의 관점을 취해 보려 한다. 마치 익숙한 고향을 떠나 낯선 도시를 여행하는 관광객처럼 말이다. 하지만 그들은 결국 이방인이며, 낯선 곳의 삶을 체험하고 상상하는 정도에 머무른다.

마지막 레벨Lv.3은 '빙의Possession'다. 내 몸에 다른 이의 영혼이 들어온 것처럼 오롯이 다른 이가 되어 세상을 바라보는 것이다. '카운터 스트라이크'나 '레인보우 식스' 같은 FPSFirst-Person Shooter 1인칭 슈팅 게임을 생각하면 이해가 쉽다. 상대가 가진 고유의 체계로 완전히 들어가 그 사람의 시선으로 보고 느끼는 것이다.

관점 취하기 레벨 업을 위한 '제대로 된' 관점 취하기 프로그램에는 몇 가지 중요한 키워드가 있다. 우선 '상상력'이다. 상상을 통해 우리는 선택에 따른 결과를 예측하고 반영하여 현명한 결정을 내릴 수 있다. 무모하게 교통신호를 어기고 달려갔을 때의 결과, 팀 회의에서 나만 빠지겠다고 선언했을 때 친구의 반응 등을 신체적, 관계적 상처 없이 시뮬레이션할 수 있다. 그것은 결국 나를 사회적으로 안전하게 해 주고, 정확한 예측의 열쇠 역할을 한다.

두 번째 키워드는 '감각'이다. 빅터 프랭클의 명작《죽음의 수용소에서》를 읽을 때 나는 가스실에 들어가는 유대인의 심정에 공감한다고 생각했다. 그러나 군대에서 직접 화생방 훈련을 해 보고 나서야 그것이 얼마나 오만한 생각이었는지 깨달았다. 가스실에 들어가기 전 화생방 훈련이란 견디기 힘들 정도로 맵고 어려운 훈련이라는 피상적인 이미지였다. 하지만 실제로 겪은 화생방 훈련은 단순히 매운 후각이 아니라 시각, 청각, 후각, 촉각이 온 힘을 합쳐 압도적인 공포로 마음을 제압하는 느낌이고, 그야말로 '말로 표현하기 어려운' 경험이었다. 관점 취하기의 경험도 마찬가지다. 효과를 높이려면 말로 표현하기 어려운 그 관점을 최대한 비슷하게 경험해 보는 것이 좋다. 여기서 '비슷하게'란 감각적으로 유사한 것을 말한다. 비슷한 밝기, 비슷한 목소리, 비슷한 신체 상태, 비슷한 장소 등 감각적으로 최대한 흡사한 환경을 경험할수록 관점 취하기의 효과는 커진다.

마지막 키워드는 '그냥 되어 보기just being'다. 가끔 교사나 부모가 다분히 의도를 가지고 관점 취하기나 입장 바꾸기 활동을 진행하는 경우가 있다. 예를 들어 한 학생이 친구에게 잘못했을 때 "네가 얘 입장이 되어 봐."라며 관점 취하기 방법을 시도하고, 이때 교사 본인이 가진 역량을 최대한 동원해 다소 과장된 표정, 행동, 말투로 역할을 바꾼 학생을 몰아친다. 그리고 "입장을 바꿔 보니까 어때?"라고 의기양양하게 소감을 물어본다. 교사는 이미 마음속에 정답을 정한 상태이고, 교사가 한 질문 속에는 '네가 인간이라면 응당 느꼈을 테고, 그에 따른 적절한 정답이 내 머릿속에 있는 거 알지? 그걸 말해 보렴.'이라는 의도가 들어 있다. 하지만 같은 상황, 상대가 느낄 감각을 최대한 정교하고 타당성 있게 상상하더라도 결국 반응은 다를 수 있다. 앞서 말했듯 인간은 개개인이 독립된 소우주로 각자의 체계를 가지고 있기 때문이다. 관점 취하기를 교사가 옳다고 믿는 도덕적 가치관의 주입 수단으로 삼는다면, 오히려 공감 능력 향상에 방해가 될 가능성이 크다. 그냥 상대의 입장이 되어 보고 솔직하게 이야기를 나눈 뒤에 궁금하거나 이해가 되지 않는 것은 질문하도록 하는 것이 좋다.

관점 취하기는 말 그대로 다른 관점이 되어 보는 것이지 옳은 것을 추구하기 위한 활동이 아니다.

## '나. 너. 그' 글쓰기

관점 취하기가 가장 급박하게 필요한 상황은 갈등 해결 때다. 하지만 감정이 몰아쳐 시야가 좁아지는 갈등 상황에서 상대의 관점을 들여다보기는 정말 어렵다. 이미 생존 모드에 진입한 상태이기 때문에 교사의 말도 잘 안 들린다. 흥분해서 자기 이야기만 쏟아내며, 심지어 그 이야기에는 알맹이인 감정 낱말은 쏙 빠진 채로 상대에 대한 비난과 억울함만이 가득하다. 교사는 매우 난감할 수밖에 없는 상황이다.

'나. 너. 그' 글쓰기는 갈등 상황에서 다수가 동시에 차분하게 타인의 관점을 들여다보는 활동이다.

## 진행 순서

준비물 : 필기구, 노트 혹은 종이

**1. (갈등 상황이 발생했을 때) 자기조절하고, 필요하다면 긍정적 타임아웃(Program 4의 자기 조절과 긍정적 타임아웃 참고) 하기**

**2. 활동의 시작**

"같은 상황에 대해서도 사람마다 가지는 감정이나 생각이 다 달라요. 이걸 우리는 관점이라고 하죠. 다르기 때문에 갈등이 생기는 거고, 갈등이 생기면 내 관점이 옳다고 더 강하게 믿게 돼요. 내가 억울하고, 상대방이 나쁜 사람이 되는 겁니다. 하지만 이건 상대방도 마찬가지겠죠. 놀부도 아마 매일 자기한테 뭘 얻어 가려고 찾아오는 흥부 때문에 억울하고 답답했을 거예요. 놀부 입장에서는 흥부가 나쁜 거죠. 그래서 옳고 그름만 따지면 갈등이 해결되지 않아요. 왜냐하면 실제로 대부분의 갈등에서 누군가 일방적으로 잘못하는 경우는 거의 없거든요. 그래서 상대방, 그리고 이 상황을 지켜본 제3자의 관점 속으로 들어가 보는 활동을 해 보려고 해요. '나. 너. 그' 글쓰기인데, 여기서 나는 나 자신, 너는 상대방, 그는 관찰하는 제삼자입니다. 상황을 지켜본 친구도 좋고, 선생님도 좋아요. 각자의 입장이 되어 그 사람의 관점에서 이번 일에 대해 글을 써 주면 됩니다. 다른 사람으로 떠나는 여행을 시작해 볼까요?"

**3. 주인공 3명 고르기**

– 본인은 반드시 포함하기

– 갈등의 당사자 2명 + 관찰자 또는 교사

**4. 주인공 3명 각각의 입장에서 이번 상황에 대해 총 3편의 글쓰기**

– 1인칭으로 쓰기

– 상황에 대한 묘사, 그 당시에 가진 생각, 감정, 결심 위주로 쓰기

– 상세할수록 좋음.

**5. 작성한 글 공유하기**

– 상황에 따라 발표 또는 바꿔 읽기

– 반드시 제삼자(관찰자 또는 교사)의 것도 공유해야 함.

**6. 글을 공유한 뒤 생각, 감정, 결심을 바탕으로 주인공 3명의 관점을 담아 함께 이야기 나누기**

– 상대가 작성한 글에 답글 쓰기 활동으로 바꿔 할 수 있음.

**Point 1. 시점을 이동한 서술 방식**

글을 쓸 때 서술 방식은 중요하다. 학생들은 습관적으로 자신의 관점에서 글을 쓴다. 분명히 상대의 관점에서 쓰는 글인데 자신의 평가가 들어가거나, 자신의 속내를 넣는 경우가 많다. 의도했다기보다는 본능적으로 그러는 경우가 많으므로 처음에는 시작 문장을 지정해 준다.

'나는 ○○○(본인 이름)이다. 오늘 체육 시간에……'

'나는 ×××(갈등을 겪은 상대방 이름)이다. 오늘 체육 시간에……'

'나는 □□□(관찰자)이다.' 혹은 '나는 도대영이다. 4-2 담임교사다. 오늘은 체육 시간에……'

이런 식으로 정해 주면 자연스럽게 시점을 이동시켜 글을 쓸 수 있다.

**Point 2. 반성문이 아니다**

갈등 상황에서 글을 쓰라고 하면 학생들은 자동적으로 반성문을 떠올린다. 자신이 잘못을 인정하고 뉘우치고 있다고 써서 선생님을 감동시키려고 한다. 그러나 이렇게 쓴 반성문은 얼른 갈등을 덮고 불편한 상황을 면피하기 위한 미봉책에 그칠 가능성이 크다. '나. 너. 그' 글쓰기는 반성문이 아니다. 각자의 관점에서 솔직한 생각, 감정, 결심을 쓰는 것이다. 이 글쓰기의 목적은 반성이 아니라 다양한 관점에 대한 이해를 통해 연결 회복을 시작하는 데 있기 때문이다. 그래서 지나친 비방이나 예의에 어긋나는 표현이 아니라면, 그 순간 솔직한 자기 생각이나 감정에 평가, 판단을 담아도 괜찮다. 어디까지나 각자의 관점을 담은 내면세계를 글로 표현하는 것이니 말이다.

동시에 학생이 작성한 글을 교사나 다른 사람이 도덕적으로 평가하고 판단하지 않아야 한다. 글을 쓰는 것은 작성자의 몫, 해석하고 받아들이는 것은 상대의 몫이다. 교사의 조언은 서술하는 방식(시점의 정확성)이나 기술적인 방법에만 국한시킨다. 프로그램 마지막 소감 나누기에서 말을 조금 더 보태면 된다.

### Point 3. 효율적인 시간 활용

'나. 너. 그' 글쓰기가 가지는 가장 큰 장점은 효율적인 시간 활용이다. 교사는 학생들의 등교부터 하교 후까지 여백 없는 일정 때문에 항상 시간에 허덕인다. 그러다 보니 아이들 간에 갈등이 일어나도 충분히 깊게 해결할 시간적 여유가 없다. 쉬는 시간은 10분이고, 다음 수업을 미룰 수 없으니 말이다. 그래서 즉각적이고 빠른 해결을 시도하게 된다. 이는 효과도 있고 교육적인 방법이지만 문제는 학생 개개인의 능력이나 성향이 다르다는 데 있다. 어떤 학생은 자신의 감정을 쉽게 찾고 생각을 조리 있게 말할 수 있지만, 어떤 학생은 감정을 다스리고, 탐색하고, 생각을 정리하는 데 시간이 걸린다. 이런 차이는 '시간을 더 쓰더라도 기다릴 것인가, 교사의 도덕적 훈계와 중재로 덮고 넘어갈 것인가.' 하는 선택의 기로에 서게 한다.

'나. 너. 그' 글쓰기는 이런 딜레마의 단점을 보완할 수 있다. 학생은 충분한 시간을 사용하면서 자연스럽게 감정이 정돈되는 동시에 다양한 인물의 관점을 깊게 상상하고 들여다보게 된다. 글을 쓰려면 생각을 해야 하기 때문이다.

## Point 4. 글쓰기를 힘들어 한다면

가끔 글쓰기 자체를 어려워해서 '나. 너. 그' 글쓰기를 부담스러워 하는 아이들이 있다. 글을 쓰기 위한 사고의 과정이 귀찮거나, 글씨나 표현력에 자신이 없기 때문일 수도 있다. 이런 학생들에게 '글쓰기'라는 방식은 마치 '페널티킥 성공 여부로 잘잘못 가리기'나 '자신의 마음을 회화로 표현하기'처럼 타고난 자질과 경험에 큰 영향을 받는 불공평한 게임처럼 여겨진다.

이런 단점을 보완하고자 여러 방법을 시도해 보았는데, 가장 효과가 좋았던 것은 '쓰기 전 상담'이었다. 어느 정도 감정이 정돈되고 나면 글을 쓰기 전에 교사와 따로 이야기를 나누는 것이다. 적절한 질문으로 자연스러운 관점 취하기를 한 뒤에 글을 쓰게 하면, 확실히 글의 깊이나 양이 달라졌다.

도구의 힘을 빌리는 방법도 괜찮았는데, 글을 쓰기 전에 각 인물의 관점에서 마치 핫 시팅Hot Seating처럼 이야기를 하고, 휴대폰을 활용해 녹음한다. 그리고 녹음한 것을 들으면서 쓰면 글이 더 정교해진다. 글씨에 너무 자신이 없는 아이들에게는 컴퓨터로 타이핑해도 괜찮다고 했더니 자신감 있게 활동하는 모습을 보였다.

**성찰 메모**

글쓰기를 해 보면 글의 양과 수준의 개인차가 크다. 잘못된 것은 아니지만 서로 글을 바꾸어 볼 때 상대방이 쓴 글의 양이 적으면 실망하거나 성의가 없다고 판단하기도 한다. 그렇다고 쓰는 양을 제한하자니 억지로 양을 채우는 데 급급해질까 걱정이 된다. 이 부분을 보완할 좀 더 나은 방안은 없을까?

## 별 그리기

사람은 누구나 자기중심적으로 생각하기 때문에 상대의 관점을 취하는 것이 당연히 어렵다. 자신의 경험, 자신의 생각, 자신의 판단이 대다수 사람에게 통용되는 보편적인 것이라고 판단하기 때문에 상대방의 행동이 자신의 기준과 생각과 다르면, 상대가 부족하거나 불온한 의도를 가진 것으로 치부해 버리기 쉽다. 이 생각은 아주 견고해서 훈계나 설명으로는 깨기 어렵다. 그래서 가끔은 장황한 설명보다 한 번의 충격적인 경험을 해 보는 것이 효과적일 때가 있는데, 별 그리기 활동이 그 길잡이가 될 수 있다.

별 그리기 활동은 최은주 선생님의 강의에서 처음 접한 것으로, 교사를 난처하게 하는 학생의 행동이 의도적인 것이 아니라, 신경 활동에 따른 비자발적인 것일 수 있음을 알려 주는 활동이다. 여기서는 공감교육 활동으로 변형해서 활용한 별 그리기 활동을 소개한다.

## 진행 순서

준비물 : 두 겹으로 그려진 별 그림 프린트물, 손거울, 연필, (시선을 가리기 위한) 책이나
　　　　공책 등

### 1. 활동의 시작

"오늘은 아주 어려운 활동을 하나 해 볼까 해요. 너무 어려워서 여러분이 쉽게 해낼 수
있을지 모르겠어요."

"뭔데요?"

"바로…… '별 그리기'입니다!"

"그게 뭐가 어려워요? 별은 유치원 때부터 그리던 건데요."

"엄청 어려울걸요? 실제로 4학년이 그린 작품을 보여 줄게요."(작품을 보여 줌.)

"이게 4학년이 그린 거라고요? 왜 이렇게 못 그려요?"

"그럼, 여러분은 이것보다 잘 그릴 수 있나요?"

"물론이죠."

"알겠어요. 그럼 별 그리기에 한번 도전해 볼까요? 시간은 5분이면 될까요?"

"충분해요!"

### 2. 2인 1팀으로 나누기

– 별 그리는 사람, 도와주는 사람으로 역할 나누기

– 짝이 맞지 않을 경우 3인 1팀으로 해서 한 명에게 관찰자 역할을 부여해도 됨.

### 3. 활동 규칙 안내하기

– 별을 그리는 사람은 두 겹의 별 사이에 있는 공간을 따라 움직이며 별을 그림.

– 별을 직접 보고 그리는 것이 아니라, 거울에 비친 별을 보고 그려야 함.

– 두 겹의 별에 해당하는 두 선에 연필이 닿으면 안 됨.

– 연필을 떼지 않고 한 번에 그려야 함.

– 도와주는 사람은 공책 등으로 별 그리는 사람이 별을 직접 보지 못하고 거울만 볼 수
있도록 가려 줌.

### 4. 별 그리기

### 5. 도와주는 사람에게 상대가 그린 별을 보며 든 생각, 감정, 결심 묻기

### 6. 역할 바꿔서(별 그리는 사람 ↔ 도와주는 사람) 새로운 별 그리기

### 7. 소감 나누기

## Point 1. 규칙은 철저하게

이 활동은 인지부조화와 실패를 시작으로 펼쳐진다. 그림이 마음처럼 쉽게 그려지지 않는 상황에서 느껴지는 당황스러움과 답답함은 자연스러운 감정이며, 이때부터 학생의 배움이 꽃피기 시작한다. 그러나 실패를 담담하고 즐겁게 받아들이는 학생은 많지 않다. 다수의 학생들에게 실패는 피하고 싶은 것이고, 특히 몇몇 학생은 실패를 죽어라 싫어한다. 그래서 슬쩍 가림 장치 너머의 별을 보거나 연필을 떼었다가 얼른 다시 그리기 시작하는 아이들이 있다.

하지만 활동의 목적을 제대로 구현하기 위해서는 규칙을 철저하게 지키도록 교사가 통제해야 한다. 이 활동의 목적은 깔끔하게 별을 그려내는 것이 아니다. 반드시 거울만 보며 한 번에 별을 그리게 하고, 그 과정 속에서 학생들이 인지부조화를 경험하도록 하는 데 목적이 있음을 잊지 말자.

## Point 2. 타임 어택

가끔 아주 느리게 별을 그리는 학생이 있다. 미술을 잘하거나 성격이 꼼꼼한 경우가 많은데 이유는 간단하다. '선에 닿지 않기 위해서'다. 그래서 활동 의도와 다른 정말 반듯한 별을 그리기도 한다. 하지만 앞서 말했듯이 이 활동은 미술 활동이 아니다. 별을 얼마나 깔끔하게 그렸는지는 전혀 중요하지 않으므로 활동이 목적을 향해 진행되도록 활동 시작부터 시간 제한을 명확히 한다.

활동을 하다 보면 '선생님, 딱 2분만 더 주세요!', '거의 다 그렸어요.

조금만 기다려 주세요. 조금만요.' 같은 반응이 나오는데 여기에 흔들리지 않고 애초에 정한 시간만큼만 기회를 준다.

### Point 3. 가급적 예상을 많이 하도록

별 그리기는 결국 '예상'과 '경험'의 괴리를 통해 관점이 다 다르다는 것을 깨닫게 하는 것이 포인트다. 그러므로 예상이 중요하다. 가끔 이 활동이 선사하는 신선함과 학생들의 역동적인 반응이 즐거워 '경험'에 치중되기도 한다. 당황하는 학생의 반응을 즐긴다든지, 학생이 엉망인 자신의 별을 경험하는 데 높은 비중을 두기도 한다. 그러나 이럴 경우 잘못하면 별 그리기가 그저 신기한 활동으로 끝날 수 있다.

'예상'의 과정도 '경험'만큼 중요하므로 활동에서 비슷한 비중으로 배치하는 것이 좋다. 활동 시작 전 예상은 물론이고 역할을 바꾸기 전에도 상대의 활동 모습을 본 소감으로 예상해 본다면 깊이 있는 경험이 될 것이다.

### Point 4. 지속적인 활용

활동에서 그린 별은 버리거나 작품 모음집에 넣어 두기보다는 쉽게 볼 수 있는 곳에 게시한다. 게시판 한구석이나 사물함 문 안쪽을 활용하면 된다. 이렇게 게시해 두고 그날 느꼈던 '차이의 인정', '다른 사람의 관점에 대한 존중'을 떠올릴 필요가 있을 때 활용한다. 예를 들어 친구의 관점을 인정하지 않고 비난할 경우 자신이 그린 별을 보고 오게 한 뒤에 질문한다.

"무엇이 보이니?"

"제가 그린 별이요."

"완벽한 별이니?"

"아뇨, 삐뚤빼뚤해요."

"그 활동을 할 때 나누었던 이야기가 생각나니?"

"네."

"그럼 선생님이 왜 지금 너에게 별을 보라고 했을까?"

잊고 있었던 소중한 깨달음을 떠올리도록 도와주는 것이다. 타이르면서 잔소리하는 것보다 훨씬 효과적이다.

### Point 5. 한 걸음 더

별 그리기 활동과 궁합이 잘 맞는 아주 간단한 추가 활동이 있다. 바로 '자리에 앉기'다. 평소에 친분이 적거나 이해하기 어려웠던 친구의 자리에 앉아 보는 것이다. 앉아서 칠판 쪽을 바라보며 수업 시간에 이 친구가 어떤 풍경을 보게 되는지, 자리의 위치에 따라 어떻게 선생님과 친구들을 만나고 있는지 상상해 볼 수 있다. 그리고 선생님의 자리에 앉거나 교탁에서 교실을 바라보기도 한다.

'서는 데가 달라지면 풍경도 바뀌는 거야.'라는 웹툰 〈송곳〉의 명대사처럼 낯선 관점에서 바라보는 시야와 풍경은 새로운 느낌을 주고, 상대에 대한 호기심을 자극하기 마련이다.

172

## 성찰 메모

이 활동은 교사도 꼭 직접 해 보기를 추천한다. 아이들에 대한 이해의 확장을 넘어서는 새로운 경험을 할 수 있을 것이다. 교사라서 잊고 있던 학생의 관점, 교실이라는 같은 공간과 시간을 공유하지만 다를 수 있다는 가능성, 그것을 '이해'하는 게 아니라 '느낄' 수 있는 좋은 활동이기 때문이다. 교육실습생 지도를 몇 년째 하고 있는데, 꼭 학생의 책상에 앉아서 앞을 바라보게 한다. 모둠 형태의 책상 배치에서 굳이 몸을 돌려 앞을 보는 게 얼마나 수고스러운 일인지, 뻔히 보이는 옆 친구의 얼굴을 마주하고도 이야기하지 않는 것은 큰 인내심이 필요한 일이라는 것을 깨달을 수 있다.

## 〰〰〰〰〰 다시 쓰는 이야기 〰〰〰〰〰

관점을 바꿔 보는 경험을 현실 관계 속에서만 하는 것은 충분하지 않을 수 있다. 대부분 '나'와 연결되는 관점 취하기이므로 부담을 갖거나 팔이 안으로 굽을 수 있기 때문이다. 이때 문학작품은 좋은 대안이 된다. 문학에서는 다양한 관점을 지닌 다수의 인물들이 맥락에 어울리는 말과 행동을 보여 준다. 학창 시절 읽었던 〈창천항로〉라는 일본 만화는 조조의 관점으로 〈삼국지연의〉를 뒤집은 것이라 충격이었다. 다시 쓰는 이야기 활동도 그러한 맥락에서 만든 활동이다. 친숙한 문학, 영화 등의 작품을 주인공이 아닌 다른 등장인물의 관점에서 다시 해석해 본다. 그 과정에서 문학적 풍요로움을 느끼는 것은 물론, 다양한 관점을 취하는 유연성을 기를 수 있다.

## 진행 순서

준비물 : 〈늑대가 들려주는 아기 돼지 삼형제〉 이야기책, 필기구, 노트(학습지) 등

**1. 활동의 시작**

"여러분, 혹시 '아기 돼지 삼형제' 이야기를 들어 본 적 있나요?"

"네, 어릴 때 읽어 봤어요."

"그 이야기를 듣고 어떤 생각이나 감정이 들었나요?"

"늑대가 당할 때 엄청 고소했어요." "막내 덕분에 아기 돼지들이 모두 살아서 다행이 었어요."

"주인공인 아기 돼지들이 늑대를 물리쳐서 다행이었죠. 그런데 이 작품 속에서 늑대는 어떤 마음이었을까요?"

"늑대요?"

"네, 우리는 주인공인 아기 돼지들의 입장에서 이야기를 들었잖아요. 그런데 늑대는 돼지들과 다른 생각이 있지 않을까요? 늑대가 자기 입장에서 쓴 '아기 돼지 삼형제' 이 야기를 들려줄게요."

**2. 〈늑대가 들려주는 아기 돼지 삼형제 이야기〉 읽어 주기**

**3. 생각, 감정, 결심 나누기**

**4. 관점의 다양성과 관점 취하기에 대해 이야기하기**

**5. 다시 쓸 작품 제시하기**

　– 모든 학생들이 접했고 공유할 수 있는 작품으로 선정

　– 갈등이 뚜렷하고, 입체적이고 다양한 인물이 많이 나오는 작품이 좋음.

**6. 작품 속 각 인물들에 대한 평가 또는 생각 나누기**

　– 호감도를 수치화하거나 키워드로 평가(그 '인물' 하면 떠오르는 단어를 몇 개 쓰는 것. 예를 들어 '흥부 = 착함, 순종적, 무능')

**7. 주인공 외의 인물을 하나 골라 이야기를 다시 쓰기**

　– 그 인물의 관점에서 이야기를 새롭게 해석해서 서술하는 것

　– 이야기의 줄거리가 달라지는 게 아님.

　– 1인칭으로 쓰기

**8. 다시 쓴 이야기 공유하기**

**9. 작품 속 각 인물들에 대해 다시 평가하기**

**10. 생각, 감정, 결심 나누기**

**Point 1. 전체 이야기 다루기**

어떤 작품이든 서사가 있는 작품이라면 다시 쓰는 이야기를 적용할 수 있다. 이야기의 한 장면을 소재로 삼아도 좋고, 한 챕터를 다루어도 좋다. 하지만 이 활동의 묘미를 살리려면 이야기 전체를 다루는 것이 좋다. '흥부가 놀부에게 뺨을 맞는 장면'을 놀부의 관점에서 다시 쓰는 것보다는 흥부전 전체 이야기를 놀부의 입장에서 다시 쓰는 것이 낫다. 서사란 결국 원인과 결과가 이어지는 논리적 흐름이고, 그 속에서 수많은 선택과 결정의 총합이 인물의 가치관으로 나타나기 때문이다. 따라서 특정 인물의 관점을 깊이 있게 취해 보려면 전체 이야기를 다시 써 보는 것이 효과적이다.

**Point 2. 문학적 균형 잡기**

이 활동의 지향점은 '새로운 관점으로 해석'하는 데 있지 창작이 아니다. 문학은 시공간의 제약 없이 무한한 가능성을 품고 있지만, 이야기의 흐름이 독자를 납득시키지 못하면 허무맹랑한 공상에 그친다. 대부분의 명작은 탄탄하고 설득력 있는 서사를 가지고 있다. 그런데 이야기를 다시 쓰다 보면 신선함과 재미에 취해 이야기를 아예 새롭게 창작하는 학생들이 있다. 물론 다시 쓰는 이야기는 공감교육인 동시에 문학 수업이기도 해서 상상과 재미가 보장되어야 한다. 놀부가 흥부에게 야박한 이유가 어린 시절 착한 흥부에게 비교 당하며 부모님의 꾸지람을 많이 들었기 때문이라는 상상은 충분히 설득력이 있다. 하지만 호되게 당한 놀부가 화가 나서 흥부를 해치거나, 갑자기 UFO가 나타나 놀부를 납치한다는 상상은 납득하기 어렵다. 그럼에도 학생들은 친구들의 흥미와 호응을 이끌어 내기 위해 이런 류의 자극적이고 허무맹랑한 이야기를 다시 쓰기도 한다. 따라서 교사가 문학적 상상과 관점 취하기의 균형을 잘 잡을 수 있도록 적절하게 안내하는 것이 중요하다.

### Point 3. 가치 평가를 하는 도덕 수업이 아니다

활동이 깊이 있게 이루어지면 혼란스러운 반응이 나오기 마련이다. '관점을 바꿔 보니 빌런 입장도 이해가 되네. 그럼 이 빌런은 잘못이 없는 건가?' 심지어 어떤 경우에는 무능한 흥부를 비난하고 부유한 놀부에 환호하기도 한다. 이때 우리는 인물의 가치관을 평가하는 도덕 수업이 아니라는 것을 잊지 말아야 한다. 삶 속에서도 그렇지만 특히 작품 속의 인물을 평가할 때는 감정과 행동을 분리해야 한다. 잘 짜여진 인물일수록 충분한 동기를 가지고 행동하기 마련이며, 갈등은 각자의 행동이 부딪힐 때 일어난다. 우리는 그 인물의 감정과 동기까지 공감하고 이해해야 한다. 그에 따른 잘못된 선택이나 행동까지 정당화해서는 안 된다. 애니메이션 〈주토피아〉에서 벨웨더의 차별받고 핍박받은 경험에서 생긴 분노와 복수심에 공감할 수 있지만, 그렇다고 살인까지 인정할 수는 없는 것이다.

### Point 4. 작품 선택은 신중하게

어떤 작품을 고르는지에 따라 이 활동의 효과는 달라진다. 전래동화처럼 서사 구조가 지나치게 단순한 작품은 선택할 수 있는 인물이 제한

적이다. 그렇다고 등장인물이 많은 게 무조건 좋은 것도 아니다. 또한 대중성이 떨어지는 작품은 공감대를 불러일으키기 어렵다. '흑백을 넘어 다채로운 가치관을 지닌 다양한 인물들이 등장하는 작품'이 적절하다. 그래서 다시 쓰는 이야기는 온작품 읽기나 슬로 와칭(Slow-watching : 영화 한 편을 보며 다양한 활동을 하는 수업) 수업과 찰떡궁합이다. 학년 수준에 따라 다르겠지만 초등학교 중, 고학년은 《푸른 사자 와니니》, 《기호 3번 안석뽕》 등 명작으로 꼽히는 아동문학작품, 혹은 〈주토피아〉, 〈세 얼간이〉, 〈원더〉처럼 다양한 관점 취하기를 해 볼 수 있는 영화와 함께 활동하면 많은 감동과 여운을 느낄 수 있다.

## 성찰 메모

다시 쓰는 이야기는 재미와 효과를 동시에 보장하는 활동이며, 학생의 호응도가 매우 높다. 그러나 이는 장점인 동시에 어려운 점이기도 하다. 신선한 해석이 재미있지만 단순히 재미만 있는 활동으로 끝나거나 시간이 부족한 경우가 많기 때문이다. 관점 취하기의 효과를 잊지 않도록 교사가 중심을 잘 잡아야 한다.

---

## 핫 시팅 Hot Seating

앞서 제대로 된 관점 취하기의 키워드로 '그냥 되어 보기Just being'를 꼽았다. 그냥 어떤 인물이 되어 본다는 것은 오감과 이성를 아우르는 총체적이고 직감적인 과정이다. 그 과정에 가장 어울리는 활동이 '롤플레잉'이고, 롤플레잉 중에서도 간단하면서 몰입감이 높은 활동이 바로 '핫 시팅'이다. 핫 시팅은 '핫 싯'이라는 의자에 앉으면 이야기 속 인물로 빙의해 그 인물로서 인터뷰에 응하는 교육연극 활동이다. 타인의 관점을 상상해 글로 표현하는 다시 쓰는 이야기나 '나. 너. 그' 글쓰기와 달리 몸짓, 표정, 말투 등 비언어적 표현까지 모두 사용해서 연기해야 하는 고난이도 정서 공유 활동이다. 어렵긴 해도 생동감과 재미가 있어 학생들의 호응과 몰입은 상상을 초월한다.

## 진행 순서

**준비물 : 의자, 마이크, 변신 도구(요술봉 등) 등**

**1. 활동의 시작**

"혹시 빙의라는 말을 들어 본 적 있나요? 다른 사람의 영혼이 몸에 들어와 마치 그 사람처럼 말하고 행동하는 것을 뜻해요. 오늘 작품을 깊게 이해하고 인물의 관점을 세심하게 알아보기 위해 이 의자를 준비했어요. '핫 싯'이라는 의자입니다. 이 의자에 앉는 순간 여러분은 다른 사람이 됩니다."

**2. 빙의할 작품 속 인물 고르기**

**3. 그 인물의 특징에 대해 브레인스토밍**

- 나이, 사는 곳, 직업, 성별, 취미, 성격, 특징, 최근에 관심 있는 것, 바라는 것 등
- 적지 않고 발표하는 식으로 생각을 나눠 배경지식을 활성화시킴.

**4. 핫 싯을 할 사람을 고르고 해당 학생은 핫 싯에 앉기**

**5. 변신 도구(예 : 요술봉 등)를 사용하며 "하나, 둘, 셋, 레디 액션!"이라고 주문을 외우면 학생은 해당 인물로 빙의하기**

**6. 충분히 몰입해서 빙의하면 해당 인물을 상징할 만한 대사나 말 하나 하기**

**7. 나머지 사람은 기자가 되어 핫 싯의 인물에게 인터뷰 시작**

- 예: "당신은 듀이에 대해 어떻게 생각하나요?", "요즘 가장 관심 있는 것은 뭔가요?", "듀이가 네드를 속인 것을 알았을 때 어떤 감정이 들었나요?" 등

**8. 충분히 인터뷰가 이루어지면 핫 싯 대상 인물, 참여 학생 모두 바꾸어 반복한다.**

**9. 소감 나누기**

## Point 1. 샛길로 빠지는 것을 막아라

가끔 핫 시팅 활동을 시도해 본 선생님이 이렇게 푸념하기도 한다.

"아니, 애들이 쓸데없는 질문을 해서 금세 어이없게 끝나 버리더라고요. 막 안석뽕에게 부먹이 좋냐 찍먹이 좋냐고 물어보지를 않나, 아이폰이랑 갤럭시 중에 뭐 쓰냐고 묻지를 않나. 어휴!"

핫 시팅 활동이 용두사미로 끝나는 전형적인 흐름이다. 일단 친구가 핫 싯에 앉아 다른 인물로 바뀌는 순간 학생들은 흥분하기 시작한다. 그러면 꼭 활동의 목적을 벗어나 친구들을 웃기고 자신의 재치를 뽐내고 싶어 하는 누군가가 등장한다. 물론 질문 자체는 재미있고, 그 질문에 대한 답을 상상해 보는 것도 즐거운 일이다. 하지만 그것은 이야기의 맥락을 벗어난 다른 세계관의 이야기다. 문학이나 영화 같은 예술 작품 속의 인물은 결코 작가가 마음대로 만들어 낸 것이 아니다. 이야기의 전체적인 흐름 속에서 주변 환경, 앞뒤 사건의 인과관계, 각 인물의 욕구가 더해지면 맥락이 되는데, 그 맥락의 파도 위에서 인물은 관점을 가진 채 서핑을 하는 것이다. 맥락 없는 인물은 설득력을 잃고 독자의 외면을 받는다. 따라서 맥락을 무시한 대답들은 교사가 단호하게 제한한다.

## Point 2. 질문이 중요하다

핫 시팅 활동이 샛길로 빠지는 것을 막기 위해서는 질문이 중요하다. 무엇을 묻는지에 따라 인물의 세계와 우주를 펼칠 수 있는가 하면, 흐름의 변두리만 헤맬 수도 있다. 교육연극 기법으로써만 접근한다면 기준은 간단할 것이다. 작품의 맥락에서 벗어나지 않는 질문을 하면 된다. 가령

홍부전이라면 주변 인물인 놀부에 대한 생각, 현재 환경에 대한 고민, 이루고 싶은 욕구 등을 물어야지, 홍부가 아들이 많은지 딸이 많은지, 초가집 색깔이 황토색인지 회색인지를 물어서는 안 된다. 하지만 관점 취하기를 위한 공감교육 프로그램의 관점으로 본다면 질문의 주안점이 이런 식으로 달라져야 한다.

'~한 것이 당신에게 어떤 도움이 되나요?'

'~했을 때 어떤 감정이나 생각이 들었나요? 혹시 결심한 게 있나요?'

'이루고 싶은 것이 있다면 무엇인가요? 왜 그것을 이루고 싶나요?'

'혹시 당신이 ○○가 된다면 어떤 결정을 내릴 것 같나요? 왜 그렇게 생각하나요?'

처음에는 작품 속 설정이나 정보 확인 등 간단하고 닫힌 질문으로 시작하되, 후반에는 관점 취하기에 포커스를 맞춘 질문을 집중적으로 해야 한다. 특히 인물의 생각, 감정, 결심, 욕구에 대해 물어야 하며, 인물의 관점에서 또 다른 인물에 대한 견해를 묻거나 관점 취하기(액자식 공감)를 시도하면 깊이 있는 관점 공유를 할 수 있다.

**Point 3. 초대 인물의 순서**

만약 시간이 짧거나 다른 수업 활동의 하나로 핫 시팅을 넣는다면 1~2명의 인물만 초대할 수 있다. 하지만 국어 교과의 문학 수업이나 온 작품 읽기처럼 오롯이 핫 시팅이 중심이 되는 수업이라면 더 많은 인물을 초대할 수 있다. 이때 활동의 효과를 높이는 인물의 초대 순서가 있다. 가급적 시작을 주인공으로 하지 않는다. 주인공은 이야기의 기승전

결 대부분을 책임지기 때문에 대부분 복합적이고 입체적인 캐릭터이다. 그러다 보니 특정한 시점이 아닌 작품 전체에 걸친 관점을 유추하기가 쉽지 않다. 차라리 시작은 빌런이나 상대 역이 좋다. 캐릭터가 명확하고 시각화하기 좋기 때문이다. 〈흥부전〉이라면 놀부, 〈레미제라블〉이라면 자베르로 시작하자.

다음은 첫 캐릭터와 갈등 관계로 얽힌 캐릭터가 좋다. 왜냐하면 이미 첫 캐릭터의 인터뷰 과정에서 언급되었을 가능성이 크며 시각화된 갈등 관계에 주목해서 맥락을 해석하기 쉽기 때문이다. 〈흥부전〉이라면 흥부나 제비, 〈레미제라블〉이면 장발장일 것이다. 그 다음은 관찰자 역할, 혹은 제3의 캐릭터로 넘어간다. 이처럼 관계의 선을 그리며 순서를 정하면 훨씬 더 쉽게 몰입할 수 있다.

**Point 4. 활동에 MSG를 첨가하라**

핫 시팅은 단독 활동으로도 훌륭하지만 여러 수업에서 부분적으로 활용하거나 다른 활동과 결합하기에도 좋다. 마치 어느 음식에나 살짝 뿌려 주면 감칠맛을 더해 주는 MSG처럼 말이다. '나. 너. 그' 글쓰기나 다시 쓰는 이야기 같은 글쓰기 바탕의 관점 취하기 전에 해 주면 글의 완성도를 높일 수 있다. 그리고 공감적 반응을 키워 주는 Program 4 활동들과도 합이 잘 맞는다. 실제로 반응하기 전에 어떻게 받아들여질지 관점을 바꿔 상상해 볼 수 있기 때문이다.

그 외에도 미술 교과의 감상 수업에서 해당 작품의 작가가 되어 보면 감상에 깊이를 더할 수 있다.

**성찰 메모**

핫 시팅은 재미와 효과를 동시에 보장하는 활동이며, 학생의 호응도가 매우 높다. 그러나 이는 장점인 동시에 어려운 점이기도 하다. 신선한 해석이 재미있지만 단순히 재미만 있는 활동으로 끝나거나 시간이 부족한 경우가 많기 때문이다. 관점 취하기의 효과를 잊지 않도록 교사가 중심을 잡아야 한다.

~~~~~~~~ **한 걸음 더** ~~~~~~~~

이 활동은 'Privilege Walk(특권 걷기)'를 변형한 것이다.(더 자세한 내용은 Privilege Walk Stemmed from Peggy McIntosh's concept of White Privilege/https://www.youtube.com/watch?v=hD5f8GuNuGQ 참고)

역할 수행Role-taking은 타인의 관점 속으로 들어가는 효과적인 장치 중 하나이다. 역할 수행이란 다른 사람의 생각과 행동을 이해하기 위해 다른 사람의 관점에서 상황을 바라보는 것이다.(출처:APA Dictionary of Psychology) 셀먼Selman, R.L.의 '역할 수행 이론'에서 관점 취하기와 거의 같은 개념으로 사용되는데, 동시에 타인의 관점을 이해하기 위해 그 사람의 관점에서 주어지는 활동에 참여하는 교육적 장치를 뜻한다. 특권 걷기는 역할 수행 활동 중에서 간편하면서도 울림이 크다. SBS의 소셜 실험 〈너라면〉이라는 영상으로 처음 접한 이후, 활동의 기원과 다양한 해외 사례를 찾으며 공감교육에 적합하게 바꾸었다. 학급에서 함께 생활하는 학생들을 가정했고, 가정환경, 출신, 성격, 학습 능력, 건강 상태, 사회성, 인종, 성별 등 다양한 요소의 단위를 혼합하여 역할을 부여했다.

## 진행 순서

준비물 : 역할 쪽지, 균등한 다수의 선이 그려진 넓은 공간, 동기유발 영상

### 1. 활동의 시작

"여러분, 특권이 뭔지 아나요? 특권은 특별한 권리라는 뜻이에요. 특별하다는 건 누군 가는 가지지 못한 것이라는 의미겠죠. 여러분도 많은 특권을 누리고 있어요."

"저희가요? 연예인이나 정치인도 아닌데 무슨 특권이요?"

"예를 들어 볼까요? 혹시 최근 며칠 사이에 누군가로부터 욕설 문자나 전화 등 사이버 폭력을 당한 사람 있나요? 당하지 않았다면 여러분은 특권을 누리는 겁니다."

"그게 무슨 특권이에요? 당연한 거죠."

"과연 그럴까요? 다음 영상을 같이 보죠."

– 동기유발 영상 〈실제 피해자의 경험을 바탕으로 한 사이버폭력 체험 앱, 직접 실행해 본다면?〉 함께 보기

"우리 주변의 누군가는 지금도 이렇게 사이버폭력을 당하고 있어요. 여러분은 이런 고 통을 겪지 않으니 특권을 누리는 거죠. 하지만 이 친구의 입장을 들여다보기 전까지는 자신이 특권을 누리고 있다는 걸 알지 못했어요. 이번에는 여러분의 특권이나 당연한 권리를 가지지 못하는 친구의 입장이 되어 볼 거예요."

### 2. 무작위로 역할 쪽지를 고르고, 쪽지에 설명된 인물에 몰입하기

– 다른 사람과 내용 공유하지 않기

– 설명에 없는 부분은 설명을 바탕으로 상상하여 설정하기

### 3. 같은 출발선에 한 줄로 서기

### 4. 교사의 질문을 듣고 질문 내용에 해당하면 한 칸 앞으로 걸어가고, 해당하지 않으면 제자리에 가만히 있기

### 5. 4번을 반복하며, 중간중간에 특정 인물에게 질문하기

– 방금 한 칸 앞으로 나아갔는데, 어떻게 나아갈 수 있었나?

– 방금 앞으로 나아가지 못했는데, 왜 나아가지 못했나?

– 그때 기분이 어땠나?

– 내가 이런 입장의 친구라면 어떨까?

### 6. 질문이 모두 끝난 후 각자의 위치에서 주위 둘러보기

7. 몇몇 인물을 인터뷰하기
- 당신은 어떤 학생인가?
- 최종적으로 여기 서게 된 까닭은 무엇인가?
- 다른 친구들보다 앞에 / 뒤에 서게 되었는데 기분이 어떤가?
- 앞에 / 뒤에 있는 많은 친구들을 보면 어떤 생각이나 감정이 드나?
- 선생님의 질문 중 가장 기억에 남는 것과 그 이유는?
8. 소감 나누기
- 이야기로 나누거나 감상문 작성하기

## Point 1. 상상력 제대로 활용하기

공감 능력에 '상상력'은 필수 요소인데, 이 활동에서는 특히 성공 여부를 좌우하는 중요한 장치가 된다. 역할 쪽지에는 2~3가지 상황적 서술만 있기 때문에 나머지 부분은 역할을 맡은 학생이 상상으로 만들어 내야 한다. 이때 학생이 쪽지의 서술과 경험을 활용해 근거 있는 상상을 할 수 있도록 교사가 적절하게 안내해야 한다. 어디까지나 쪽지 속 인물의 입장에서 상상해야 하는데, 가끔 학생 본인의 입장에서 상상하거나 재미를 위해 뜬금없는 공상을 하는 경우가 있다. 그러면 전체 학생의 몰입에 방해가 되고, 자신에게도 깊은 배움이 일어나지 않는다.

## Point 2. 섬세한 연출과 배려

한 재단의 특권 걷기 워크샵 활동 안내에는 이런 문구가 적혀 있다.

"특권 걷기는 참여자의 신뢰와 안전을 요구하는 매우 '고위험' 활동입니다. 훈련 초기 또는 신뢰를 구축하기 전에 이 활동을 도입하면, 자칫 마음의 상처를 입어 구성원들이 집단 내에서 자신을 개방적으로 드러내지 않을 수 있습니다."

문구처럼 특권 걷기는 누군가의 마음에 상처를 줄 수 있다. 따라서 교사의 섬세한 진행이 중요하다. 예를 들어 자신의 상황과 흡사한 내용의 쪽지를 고른 학생이라면 과몰입할 수 있으므로 인터뷰 대상에서 제외하는 것이 좋다. 진행 중간에는 자신과 역할은 별개의 정체성이고, 우리는 활동을 하는 것임을 환기시켜 학생이 지나친 감정 소모를 하지 않도록 도와야 한다. 질문의 선택과 배분을 세밀하게 해서 학생이 자만에 빠지지 않도록, 혹은 자괴감을 느끼거나 위축되지 않도록 한다.

## Point 3. 교실 속 이야기 나누기

사회적이고 상대적인 특권을 다룰 때 시선을 전 세계로 돌리면 더 많은 소재를 찾을 수 있다. 지구 반대편에서 굶어 죽는 아이들, 증오 범죄의 대상이 되어 공포에 떠는 사람의 모습은 학생들이 지닌 특권을 더 쉽게 조명할 수 있는 대상이 된다. 그러나 이 활동에서는 '우리 교실'에 초점을 맞추어 진행하기를 추천한다. 역할 쪽지와 질문지 내용을 보면 알겠지만, '한 걸음 더'는 교실 속 친구의 관점을 경험하는 데 초점이 맞추어져 있다. Program 5의 '사회적 공감' 능력을 향상시키고자 할 때 다른 설계로 활동하더라도 여기서는 나의 공동체 구성원 관점에 대한 이해를 높이는 것이 좋다. 따라서 동기유발 영상은 더 유용한 다른 것으로 바꿔도 좋지만, 이 역시 '내 교실'이라는 범위를 벗어나지 않는 맥락을 지녀야 한다.

**Point 4. 활동 공간 확보**

'한 걸음 더'는 집단 내의 사회적 위치와 연결, 관계를 시각화하는 일종의 소시오그램Sociogram 활동이다. 그러므로 '시각화'는 참여자의 유의미한 경험을 증폭시키는 결정적 장치이며, 그중에서도 신체의 움직임을 통한 시각화가 가장 파급력이 크다. 따라서 가급적 몸을 움직일 수 있는 공간을 마련하는 것이 좋다.

책상, 의자 등 방해가 되는 물건을 치우면 대부분의 교실은 바닥에 격자 혹은 선무늬가 있기에 훌륭한 활동의 장이 된다. 선이 없으면 마스킹 테이프 등을 활용하거나 의자를 일정한 간격으로 배치해 가상의 기준선을 만들어도 좋다. 하지만 피치 못할 사정으로 바닥에 활동의 장을 만들 수 없다면 칠판에 선을 긋고 자선을 활용한다든지, 사다리나 일정한 간격의 칸이 프린트된 학습지를 활용한다.

**Point 5. 지향점은 연대와 존중을 함께 모색하는 것**

'한 걸음 더'는 기본적으로 특권에 관한 이야기다. 타인의 관점에서 사회적 특권을 가지거나 가지지 못한 상황에 대해 이해하고, 함께 행복을 추구하는 방법을 모색하는 것이 목적이다. 그런데 몇몇 학생은 자신이 가진 특권을 부끄러워하거나 죄의식을 느끼기도 한다.

다음은 다문화 친구와 팀 프로젝트를 하다 갈등을 겪은 학생이 적은 활동 후기다.

> **Q. 이 활동을 마치고 가지게 된 생각, 감정, 결심은 무엇인가요?**
>
> -1학기 프로젝트 활동을 할 때 키키(이집트에서 온 이주민 가정의 친구)에게 화를 낸 게 떠올라서 미안해졌다. 아파트 게시판에 포스터를 붙여야 하는데 키키만 나올 수 없다고 해서 내가 이기적이라고 화냈었다. 그런데 키키와 비슷한 입장이 되어 보니까 이해가 되었다. 키키가 믿는 이슬람에서는 기도 시간을 어기면 큰일 난다고 한다. 그리고 동생도 많으니 시간을 내기 더 어려웠을 것 같다. 일부러 안 나온 게 아니었던 것 같다. 내가 나쁜 학생이었던 것 같고 부끄럽다. 사과하고 싶다.

반면 어떤 학생들은 더 많은 특권을 가진 집단에게 부러움을 넘어 적개심을 가질 수 있다. 이런 계층 분리는 이 활동이 지향하는 바가 아니다. 우리는 몰랐던 특권의 차이를 인정하고, 이런 차이가 개인의 노력보다는 사회 시스템에 기인한 것이라는 것을 깨달아야 한다. 따라서 학생들이 타인의 특권을 빼앗거나 끌어내리기보다는 서로 연대하고 존중하며, 장애물을 치워 앞으로 나아가고자 하는 친구와 함께할 수 있는 사람으로 성장하도록 도와야 한다.

# '한 걸음 더' 역할 쪽지

| | | |
|---|---|---|
| 최고급 단독주택에 살며, 매일 밤 11시 넘어서까지 학원에서 공부하는 건강한 남학생 | 부모님 없이 할머니와 살고 화가 나면 폭력을 자주 사용하며, 운동에 만능인 남학생 | 전 과목 성적이 1등이고, 친구들에게 인기가 많으며, 적극적인 여학생 |
| 단짝 친구가 없으면 불안해하고, 학교폭력을 당한 적이 있는 외동인 여학생 | 친구들과 노는 것보다 혼자 있는 게 편하고, 외모가 뛰어나며, 아이돌 마니아 여학생 | 선생님께 인정과 사랑을 받으며 모든 운동을 잘하고, 하교 후에 항상 부모님이 돌봐주시는 여학생 |
| 단칸방에 살면서 아침을 먹지 못하고 등교하며, 학교폭력 경험이 있고, 형제가 셋인 남학생 | 기차 덕후라고 불릴 만큼 기차에 몰두하며, 성적이 하위권이고, 선생님의 관심을 받지 못하는 남학생 | 항상 친구와 무리를 이루어 무리 밖의 친구를 공격하며, 외모가 뛰어나고 폭력적인 남학생 |
| 친구와 친해지는 게 세상에서 제일 어렵고 소심하며, 질병으로 자주 결석하는 여학생 | 승부에서는 반칙을 해서라도 무조건 이겨야 하고, 떼를 쓰면 부모님이 다 해 주시며 운동을 못하는 남학생 | 말수가 적고 조용하며, 선생님과 친구들에게 인기가 많고, 엄마와 둘이 사는 남학생 |
| 평범한 아파트에서 학교를 다니며, 혼자는 외로워서 밥도 먹지 못하고, 친구들과 무리를 만들지 못하는 여학생 | 성적이 뛰어나며, 집안 형편이 어려워 내 방을 가져 본 적이 없고, 학원을 다니지 않는 남학생 | 심장이 약해 격한 운동을 못하며, 친구들에게 외모로 놀림을 받고, 학교폭력을 당한 적이 있는 남학생 |
| 자폐증으로 특수 학급에 다니며 친구를 자주 때리고, 엄마가 항상 따라다니는 남학생 | 손재주가 있어 만들기를 잘하며, 교과 성적이 낮고, 몸무게가 80kg이 넘는 여학생 | 외국에서 와서 한국말이 서툴고, 비싼 외제차를 타고 다니며, 외동인 여학생 |
| 몸으로 하는 모든 것에 재주가 없으며, 키가 또래보다 20cm 이상 크고, 학원을 8개 다니는 남학생 | 이주민 가정에서 자라 피부가 검고 이슬람교를 믿으며, 형제가 7명이고, 결석이 잦은 여학생 | 못생겼다는 놀림을 자주 받으며, 학교폭력 경험이 있고, 아버지와 둘이 사는 여학생 |
| 선생님에게 자주 혼나며, 흥분하면 주먹을 휘두르고, 하루에 8시간씩 게임을 하는 남학생 | 친구들과 대화할 때 공감을 잘해 주며, 부모님과 사이가 좋고, 웹툰에 빠져 있는 여학생 | 다른 사람 앞에서 발표하는 게 무서우며, 성적이 뛰어나고, 친구가 없어질까 걱정하는 여학생 |

**상황지 리스트**

1. 나는 비용이 20만원 드는 수학여행을 부담 없이 갈 수 있다.

2. 나는 유행하는 비싼 캐릭터 카드를 얼마든지 살 수 있다.

3. 나는 체험학습 때 버스에서 누구와 앉을지 결정하는 게 부담스럽지 않다.

4. 나는 모둠활동을 할 때 모둠을 짜고, 역할을 나누는 일 등이 쉽다.

5. 나는 PPT나 구글 등을 활용한 수업에 쉽게 참여할 수 있다.

6. 나는 학급 또는 전교 회장에 출마할 것이다.

7. 학교폭력은 나와 상관없는 이야기 같다.

8. 친구들이 만든 단톡방에는 언제나 내가 포함되어 있으며, 포함되어 있지 않아도 불안하지 않다.

9. 선생님이 내주시는 30분에서 한 시간 정도 걸리는 숙제를 쉽게 할 수 있다.

10. 주말에 팀별로 모여서 하는 과제에 얼마든지 참여할 수 있다.

11. 옆 반과 축구 시합을 하는 것은 무척 행복하다.

12. 매 단원마다 단원평가를 봐도 부담스럽지 않다.

13. 학교에 와서 선생님과 친구들을 만나는 것이 좋다.

14. 선생님이 가끔 하시는 인성 관련 수업(친구와 손 잡고 게임하기 등)이 즐겁다.

15. 모두가 참여해야 하는 학예회나 장기 자랑이 반갑다.

16. 학년 체육대회 날은 행복한 날이다.

17. 해외 어려운 아동의 사례를 보니 내 용돈으로라도 많이 기부해야겠다는 생각이 들었다.

18. 친구들 앞에서 발표하는 수업에 적극적으로 참여한다.

19. 새로운 학년, 학급이 된 첫날이 두렵지 않다.

20. 모둠을 짤 때 어떤 친구들과 같은 모둠이 되어도 어렵지 않다.

---

## 성찰 메모

이 활동이 가지는 큰 장점 중 하나는 쉽게 변형이 가능하다는 것이다. 주제에 따라, 참여 공동체의 성격에 따라, 학급 사정에 따라 역할에 다른 속성을 부여하고 질문의 내용을 바꿀 수 있다. 그러면 효과는 그대로 유지하되 전혀 다른 목표를 지닌 활동이 될 것이다.

연극 훈련은 공감, 특히 관점 취하기 능력을 향상시키는 데 탁월하다. 예술 학교 학생에게 연극 훈련을 시킨 결과 음악, 시각 예술을 전공한 학생보다 공감 능력이 더 높게 나타났다고 한다. 연극교육을 받은 수련의들은 환자에게 더 잘 공감하는 것으로 드러나기도 했다. '타인의 삶'은 쉽게 말하면 학생들이 흔히 겪는 갈등 상황을 소재로 한 롤플레잉이다. 독특한 점은 역할 안내 시트지를 바탕으로 개인의 상상력을 더해 진행하는 즉흥극이라는 것이다. 내가 트레이너로 활동하는 교사역할훈련 T.E.T 워크샵에서 영감을 얻어 하게 된 활동인데, 역할 안내 시트지를 바탕으로 한 즉흥극으로 관점을 바꾸어 보는 실질적인 경험을 할 수 있다.

## 진행 순서

**준비물 : 역할 안내 시트지**

**1. 활동의 시작**

"누군가와 갈등을 겪었던 적이 있나요? 그때 상대방이 도저히 이해가 되지 않았던 경험이 있을 겁니다. 그래서 억울하기도 하고 답답하기도 했을 거예요. 그런데 상대방도 나름의 생각과 감정을 가지고 그런 행동을 했겠죠? 오늘은 갈등 상황에서 한 인물에 몰입하여 연기하는 경험을 해 볼까 합니다. 이 활동을 통해 한 인물의 관점을 오롯이 들여다보는 좋은 시간이 될 거라 확신합니다."

**2. 2명(혹은 3명)으로 팀 나누기**

**3. 상황에 필요한 역할 안내하고, 팀 내에서 역할 나누기**

- 역할이 2개인 경우에 3인 1팀을 한다면 2명은 역할을 맡고 1명은 관찰자가 됨.

**4. 역할 안내 시트지 배부하기**

- 해당 역할의 상황, 중요한 경험, 가지고 있는 생각이나 감정에 대한 안내가 있음.
- 시트지 하단에 롤플레잉을 할 때 연기의 주안점이 되는 '지시 사항'이 정리돼 있음.
- 자신의 역할 안내 시트지 내용을 소리 내어 읽거나 상대방과 공유해서는 안 됨.

**5. 롤플레잉을 할 때 주의점 안내**

- 그 인물로 빙의해서 진지하게 하기, 웃지 않기, 즐겁게 하기

**6. 양쪽 모두 충분히 숙지하고 준비가 되면, 역할 안내 시트지에 있는 대로 첫 대사를 맡은 사람의 대사와 함께 연기를 시작하기**

**7. 롤플레잉이 끝나면 자신이 맡은 인물의 관점에 대해 이야기 나누기**

**8. 시트지 바꿔서 읽기**

**9. 시간이 된다면 역할을 바꿔서 한 번 더 롤플레잉 하기**

**10. 소감 나누기**

## Point 1. 철저히 그 인물의 관점에서

철저히 맡은 인물의 관점에서 풀어 나가야 한다. 제삼자의 입장에서 이해하거나 해석하는 것이 아니라, 그 인물이 되어 보는 것이 이 활동의 목표이기 때문이다. 1인칭시점으로 그 사람의 뇌와 연결된 VR 체험이라고 생각하면 좋다. 이때 결코 나의 역할 안내 내용을 상대방과 공유해서는 안 된다. 우리는 상대방의 생각이나 감정에 대한 모든 정보를 가진 상태로 대화하거나 관계를 맺지 않는다.(만약 그렇다면 오해나 갈등이 생길 이유가 없다.) 제한된 정보만을 가지고 오롯이 상대의 관점을 상상하며 갈등을 풀어 가야 하는 게 현실이다. 그래서 비밀 유지가 중요하다. 그리고 같은 맥락에서 역할 안내 시트지에는 그 인물의 관점에서 해석하고 평가하는 표현들이 마치 사실처럼 일부 들어가 있다. 예를 들

어 '딸이 불량한 친구들과 늦게까지 노는 것 같아 걱정이 된다.'가 아니라 '딸이 불량한 친구들과 늦게까지 어울려 놀아서 걱정이다.'라고 적혀 있는 것이다. 평소 판단의 말은 대화법, 공감교육의 측면에서 비효과적이라 금지하지만, 우리는 갈등 상황에서 오롯이 자신의 관점으로 판단하는 경향이 있으므로 현실감을 살리고자 그런 표현을 시트지에 넣는 것이다.

### Point 2. 허구의 상황임을 강조

이 활동에서는 역할 안내에 따라 타인의 삶에 제대로 들어가느냐 마느냐가 좌우된다. 구체적이고 설득력 있으면서도 개방적인 안내가 좋은 연기를 이끌어 낸다. 이때 안내의 핵심은 상황 설정이다. 누구나 생활 속에서 자주 겪고 공감할 수 있는 상황을 다루면 자연스럽게 몰입하게 된다. 모둠활동을 할 때 무임승차하는 상황, 휴대폰 사용 문제로 겪는 엄마와의 갈등, 세 명 중 둘이 더 친해지는 것 같아 불안한 상황, 수업 시간에 자꾸 떠들어서 집중에 방해되는 문제 등 상황 소재는 무궁무진하다. 일부러 학급에서 반복되는 갈등 상황을 소재로 시트지를 만들기도 한다. 마치 거울 치료 기법처럼 상대의 관점을 경험하도록 해서 해결 가능성을 높이는 것이다.

이때 "어, 이거 ○○랑 XX 이야기 아냐?", "와, 이거 완전 △△잖아?"처럼 특정 친구가 지목되지 않도록 한다. 잘못하면 낙인 효과가 발생할 수 있기 때문에 누구나 겪을 법하지만 어디까지나 허구의 상황임을 강조해야 한다.

## Point 3. 연기를 힘들어 한다면

롤플레잉은 대부분의 학생들이 좋아하는 활동이지만, 몇몇 내성적인 학생은 힘들어 한다. 부끄러움과 민망함, 그리고 잘 해내지 못할지도 모른다는 불안함 때문이다. 이때 교사는 연기력에 대한 기대로 학생에게 압박을 가하지 않도록 한다. 실감 나는 연기는 효과를 높이지만, 연기가 어설프다고 효과가 없거나 활동의 방향에서 어긋나는 것은 아니다. 이 활동의 핵심은 '그 인물이 되어 보는 것'이다. 연기를 너무 부담스러워하는 아이가 있다면 3인 1팀을 만들어서 관찰자 역할을 맡겨도 괜찮다. 다만 연기를 할 때 해당 인물의 관점에서 벗어나는 것은 경계한다. 롤플레잉 속 '엄마'가 되어야지 '우리 엄마'가 되면 안 된다.

## Point 4. 맥락을 지켜라

핫 시팅도 마찬가지지만 연기는 상상을 바탕으로 하며 재미있는 표현도 얼마든지 좋다. 하지만 맥락은 반드시 지켜야 한다. 타인의 삶은 콩트가 아니다. 재치 있는 말과 행동으로 상대나 보는 사람을 즐겁게 하는 것보다는 그 인물의 관점에서 실감 나게 연기하는 것이 훨씬 중요하다. 딸이 몰래 휴대폰을 사용해서 화가 난 엄마가 "내 말을 안 듣는 딸은 필요 없어!"라고 소리치며 갑자기 총을 꺼내 쏜다든지, 내 물건을 허락 없이 가져간 친구를 혼내기 위해 "마동석 삼촌, 애 좀 때려 줘요!"라고 연기하는 것은 맥락에 어긋난다. 교사의 세심한 지도와 안내가 필요하다.

## 역할 안내 시트지 예시

### 타인의 삶 롤플레잉 역할 안내 시트지 《《성우》》

나는 6학년 학생 이성우다. 나는 선천적으로 공부가 재미없다. 친구들과 어울려 노는 것만 재미있어서 수업 시간이 지루하다. 특히 수학 시간은 너무 어려운 데다 자주 있어서 지옥 같다.

오늘 수학 시간은 더욱 힘들었다. 내가 가장 어려워하는 분수를 배우기 때문이다. 선생님이 문제를 풀라고 하셨지만 도대체 어떻게 하는지 몰라서 이러지도 저러지도 못하고 있었다. 그랬더니 옆자리에 앉아 있는 지윤이가 연필로 나를 쿡 찌르며 말했다.

"야, 뭐해? 빨리 수학 풀어야지."

갑자기 화가 치솟았다. 못하는 내가 가장 답답한데 옆에서 재촉까지 해대니 나도 모르게 욱했다.

"아씨! 어쩌라고!"

소리를 치고 나도 놀랐다. 이러려고 한 건 아닌데. 하지만 이제 와서 무를 수도 없고, 원래 성격이 무뚝뚝해서 상냥하게 사과하기도 어렵다. 아, 난감하다.

★ 다음 질문에 대해 생각하시오.
1. 나(성우)는 어떤 생각을 할까?
2. 나(성우)는 수학 시간에 어떤 감정을 느끼는가?
3. 그런 감정을 느끼는 이유는 무엇인가?
4. 내가 지금 바라는 것은 무엇인가?
5. 어떤 결심을 했을까?

★ 충분히 상상하고 몰입을 한 뒤, 상대도 준비가 되면 롤플레잉을 시작한다.

<시작하는 대사>
• 지윤 : 야, 뭐해? 빨리 수학 풀어야지.
• 성우 : 아씨! 어쩌라고!

### 타인의 삶 롤플레잉 역할 안내 시트지 《《지윤》》

나는 6학년 학생 정지윤이다. 나는 내성적이어서 친구들과 친하게 지내고 싶은데 쉽지 않다. 그래서 찍힌 성우가 부럽다. 성우는 장난도 재미있게 치고, 인기가 많다. 말도 잘한다. 나도 성우랑 잘 지내고 싶다.

오늘 수학 시간이었다. 선생님께서 분수에 대해 열심히 설명해주신 다음 문제를 풀 시간을 주셨다. 수학 시간에 다 풀지 못하면 남아야 한다. 성우는 가뜩이나 수학이 싫다고 자주 짜증내면서. 오늘도 남으려는지 아무 것도 하지 않고 있다. 저러다 남으면 힘들 텐데...... 내가 도와줘야겠다고 생각했다. '성우야'라고 두 번 불렀는데 답이 없다. 무슨 생각을 하는 건지...... 그래서 성우를 연필로 쿡 치며 다시 불렀다.

"야, 뭐해? 빨리 수학 풀어야지."

그러자 갑자기 성우가 불 같이 화를 내며 소리를 질렀다.

"아씨! 어쩌라고!"

깜짝 놀라서 심장이 떨어지는 줄 알았다. 왜 이러는 거지?

★ 다음 질문에 대해 생각하시오.
1. 나(지윤)는 어떤 생각을 할까?
2. 나(지윤)는 성우에 어떤 감정을 느끼는가?
3. 그런 감정을 느끼는 이유는 무엇인가?
4. 내가 지금 바라는 것은 무엇인가?
5. 어떤 결심을 했을까?

★ 충분히 상상하고 몰입을 한 뒤, 상대도 준비가 되면 롤플레잉을 시작한다.

<시작하는 대사>
• 지윤 : 야, 뭐해? 빨리 수학 풀어야지.
• 성우 : 아씨! 어쩌라고!

## 성찰 메모

이 활동은 관점 취하기 효과가 엄청나다. 하지만 즉흥적으로 연기를 해야 하기에 쉽지 않은 활동이다. 어쩔 수 없이 교사가 시범을 보여 줘야 한다. 시범의 수준에 따라 학생의 몰입도가 달라지기 때문이다.

## ~~~ 엄마 되어 보기 ~~~

아이들이 가장 관점을 바꾸기 어려워하는 대상은 부모님, 특히 엄마다. 일상 속에서 당연하게 나를 보살펴 주는 존재이기에 엄마도 자신의 관점을 가지고 있다는 사실 자체를 잘 인지하지 못한다. 그래서 가끔은 엄마에게 무례하고 굴거나 상처를 준다.

'엄마 되어 보기' 활동은 가장 취하기 어려운 대상의 관점을 취해 보는 활동이다. 엄마가 되어 보는 것만으로도 엄마의 관점을 경험할 수 있다.

## 진행 순서

---

**준비물 : 책가방, 책 10권, 비타민 다수, (사전 제작) 부모님 음성 인터뷰 영상, 동기유발 영상**

**0. 사전 준비**

  1) 학부모(어머니들)에게 다음 질문 세 가지에 대한 대답을 음성 파일로 받기

  – 아이를 처음 가졌을 때가 생각나시나요?

  – 만삭 때 무엇이 힘드셨나요?

  – 시간을 되돌려 선택할 수 있다면 다시 임신을 하실 건가요?

  2) 받은 파일을 모아 간단한 영상 만들기

**1. 활동의 시작**

  "여러분, 혹시 어떤 취미 생활을 하나요? 각자의 취미 생활을 못하게 되었던 경험이 있나요? 몸을 다치거나 아프지 않을 때에도 그럴 수 있어요. 아이를 임신했을 때가 그렇죠. 다음 영상을 한번 볼게요."

  – 동기유발 영상 함께 보기 : 임산부석 앉아 '양보 안 해 뿌듯'… 인증샷 찍은 남성

  "영상을 보고 어떤 생각이나 감정이 들었나요? 그런데 놀랍게도 한 설문조사 결과 31%의 사람이 임산부가 아닌데 임산부석을 이용한 적이 있고, 임산부석을 임산부에게 양보하는 것은 내가 베푸는 것이지 당연한 것은 아니라는 의견도 상당하다고 해요. 임산부는 진짜 배려를 받아야 할까요? 임신을 한다는 것은 어떤 느낌일까요?"

**2. 관련 영상 시청**

  – 남자 기자, '24시간 임신 체험' 직접 해 보니…

---

**3. 활동 안내(엄마 되어 보기)**

  1) 책가방에 책 10권 넣기

  2) 책가방을 앞으로 멘 뒤 등 뒤에서 어깨끈을 버클로 고정하기

  – 임신 상태, 버클이 없는 경우는 본인이 잘 유지하기

  3) 오늘 하루(급식 시간 전까지) 임신 상태로 생활하기

**4. 주의점**

  – 실제 임신처럼 아기를 보호하기(엎드려서 가방이 앞으로 쏠리거나 뛰어서 출렁거리면 안 됨.)

  – 진지하고 실감 나게 하기

  – 타인의 아기를 함부로 대하지 않기

**5. 점심시간 직전 수업 시간에 추후 활동 실시**

  1) 소감 나누기

  2) "내가 만약 실제로 임신을 한다면 처음에 이야기한 자신의 취미 생활을 무리 없이 잘 할 수 있을까요?"

  3) "이렇게 힘든데 혹시 아기를 낳고 싶나요?"

  4) "부모님은 어떻게 생각하실까요?"

  5) 부모님 영상 시청

**6. 소감 나누기**

**7. 끝까지 수행한 산모(학생 자신)를 위한 비타민 가져가서 먹기**


**Point 1. 디테일한 준비**

　엄마 되어 보기는 준비부터 세팅, 진행, 마무리까지 디테일이 필요한 활동이다. 먼저 가정에 활동 개요 혹은 목표만이라도 안내되어야 한다. 어차피 인터뷰 영상을 위해 어머니들로부터 음성 파일을 받으려면 안내가 필요하기도 하고, 여파가 큰 활동이기 때문이다. 영상은 질문을 텍스트로 보여 주는 장면을 제외하고는 모두 음성만 나오도록 한다. 모든 학생의 어머니가 인터뷰에 등장하지 않기 때문에 누군가는 아쉬울 수

있고, 화면의 엄마가 누구인지 맞히느라 집중력이 흐트러질 수 있기 때문이다. 활동 전에 혹시 백팩이 아닌 크로스백 형태의 가방을 메고 다니는 학생이 없는지 살펴서 그날만은 백팩을 메고 올 수 있도록 부모님에게 몰래 부탁한다. 처음부터 임신 상태의 시작까지는 대략 20분 내외가 걸리고, 마지막 마무리 추후 활동은 감상문을 쓰는 것까지 30분 내외가 걸리므로(부모님 인터뷰 영상 길이에 따라 달라진다.) 시간을 융통성 있게 잘 라서 활용하는 것이 좋다. 활동 전날이나 당일 아침에는 학교 구성원들에게 메신저로 양해를 구한다. 학생들이 가방을 메고 학교를 누비기 때문에 오해할 수도 있다. 그리고 체육이나 화학 실험 같은 소화하기 위험한 수업이 든 날을 선택하지 않아야 한다.

**Point 2. 선택권 주기**

프로그램을 운영할 때 라포를 바탕으로 학생들을 끌고 가는 편이지만, 이 활동은 참여 여부에 대한 선택권을 보장한다. 여러 가지 이유가 있는데, 우선 신체적으로 무리가 갈 수 있는 활동이기 때문이다. 책 10권이 든 가방은 평균 정도의 덩치와 힘을 가진 중학년 학생에게도 꽤나 무겁다. 더구나 평소에 겪어 본 적 없는 허리, 어깨, 목, 장골의 통증, 가빠져 오는 호흡으로 버티기 어려울 수 있다. 중간에 도저히 힘들어서 계속 하기 어려우면 포기해도 좋다고 말한다.

또 하나는 개인적인 배경에 차이가 있을 수 있기 때문이다. 가정 사정으로 엄마와 살지 않는 아이, 나를 낳지 않은 새엄마와 지내는 아이, 차갑고 엄한 엄마와 갈등을 겪는 아이 등 다양한 이유로 엄마를 이해하는 것이 불편하고 힘들 수 있다. 그런 아이들에게는 자칫 화해의 강요로 느껴질 수 있으므로 억지로 참여시키지 않는다. 직접 해 보지 않고 체험하는 친구들을 관찰하는 것만으로도 경험이 된다.

### Point 3. 간단한 미션 실시하기

임산부의 일상생활을 경험하는 것만으로도 큰 깨달음을 얻을 수 있다. 하지만 학교생활에서는 얻을 수 없는 임산부의 경험을 위해 간단한 미션 몇 개를 실시한다. 첫 번째 미션은 다른 층에 있는 장소에 다녀오는 것이다. 계단을 오르내리는 것이 임산부에게 얼마나 힘든지 체험할 수 있다. 두 번째는 바닥에 눕기다. 눕는 게 편안한 것이 아니라 불편하다는 것을 느끼며, 만삭의 산모들이 똑바로 누워 자지 못한다는 것을 깨닫는다. 세 번째는 짐 옮기기이다. 무거워서 힘이 들 뿐더러 배 때문에 자세를 취하기도 쉽지 않다는 것을 알게 된다. 마지막으로 복도, 운동장처럼 공개된 공간에 잠시 서 있기다. 주변을 살피지 않고 뛰어오는 다른 학생들로부터 배를 지켜야 하는데, 그것이 매우 힘든 일이고 산모가 아기에게 가지는 보호본능이 얼마나 큰지 알게 된다.

### Point 4. 목적 잃지 않기

꽤 오랜 시간 장애를 체험하는 수업을 했다. 각 유형별 장애를 가졌다고 가정하여 힘을 모아 미션을 수행하는 수업도 하고, 안대를 쓰고 눈이 보이지 않는 상태에서 친구의 도움을 받아서 학교를 돌아다녀 보기도 했다. 호응은 좋았다. 문제는 호응이 재미에 대한 추구로 이어지고, 활동이 아니라 게임처럼 변질되었다는 점이다. 많은 것이 서툴렀던 나는 학생들이 좋아하니 성공적인 수업이라고 착각했다. 어느 날 안대로 눈을 가리고 가던 한 아이가 재미와 경쟁을 위해 뛰어가다가 복도에 있는 신발장 모서리에 눈두덩이가 찢어졌고, 그때 무언가가 잘못되었다는 것을 깨달았다. 그 이후로 체험형 장애 수업은 하지 않는다. 엄마가 되어 보기도 마찬가지다. 아기가 배에 있다고 가정하는 게임으로 여기고 재미만 추구한다면 활동의 목표에서 한참 벗어난다. 그래서 몰입과 진지함을 강조한다. 배에 있는 아기와 함께 뛴다든지, 실수로 부딪힌 다른 친구에게 "어, 네가 내 아기 죽이려고 했어!"라는 식으로 장난하지 않도록 단호하게 선을 긋고 안내한다. 그 정도로 진지하게 못할 학생은 처음부터 참여하지 않아도 된다고 하고, 대신 다른 친구의 체험에 관여하지 못하게 한다.

이 활동이 단순히 힘든 활동으로 끝날지, 임산부와 관점을 바꿔 보는 계기가 될지는 결국 몰입에 달려 있다.

**성찰 메모**

TV에서 본 몇 만원대의 임신 체험 의상을 꼭 사용해 보고 싶었지만 현실의 벽에 부딪혀 생각해 낸 활동 방법이다. 생각보다 효과는 만족스러웠다. 포기하고 싶어 하는 아이들을 독려하는 것이 쉽지 않지만, 마친 뒤의 깨달음을 얻은 아이들의 눈빛은 충분한 보상이 된다.

# Program 3 : 정서적 공감

공감은 연결이며, 수치심에서 나온 사다리다.

– 브레네 브라운

"아, 우리 반 정후 말이에요."

정후는 평소에 말썽이 잦아 선생님을 곤란하게 하는 남학생이었다. 옆 반 선생님 말에 따르면 살고 싶은 도시 만들기 수업을 하고 계셨다고 한다. 정해진 시간 내에 다양한 재료를 활용해 도시를 만들고 프레젠테이션을 하는 모둠 대항 수업이라 학생들이 부지런히 움직였다. 그러다 정후네 모둠의 한 여학생이 자신이 만들던 학교 건물에 실수로 우유를 쏟아 망쳐 버렸다. 여학생은 울기 시작했고 다른 친구들은 여학생을 달래며 우유를 닦았다. 그때 정후가 갑자기 우유에 젖은 학교 건물을 떼어 쓰레기통에 버렸다. 그리고는 한숨을 쉬며 더 빠른 속도로 도시의 나머지 부분을 완성하는 데 집중했다.

"정후한테 왜 그랬냐고 물으니까 도시의 다른 부분도 우유에 젖어 망칠까 봐 버렸대요. 운다고 무슨 소용이냐고. 울고만 있는 아영이가 이해되지 않는대요. 그래서 제가 '그러면 아영이가 속상하잖아. 만약에 네가 만든 작품을 누가 버리면 어떻겠니?'라고 물었더니, '그런 상황이면 음, 속상할 수도 있겠네요. 하지만 저는 속상한 것보다 작품을 완성하는 게 더 중요한 것 같아요. 아영이 별로 안 불쌍했어요. 자기가 실수한 거잖아요.'라고 대답하더라니까요? 완전 사이코패스 아니에요?"

옆 반 선생님이 흥분한 지점은 정후가 사람이라면 마땅히 느껴야 할 타인의 감정을 못 느꼈다는 것이었다. 그래서 사이코패스라는 자극적인 용어까지 사용했다. 흔히 자신이나 타인의 감정을 느끼지 못하거나 무딘 사람을 '사이코패스'라고 부른다. 의외로 사이코패스는 정신병리학에서 사용하는 용어가 아니다. 정신병리학에서는 '반사회적성격장애'라는 넓은 범위의 용어를 사용하며, 사이코패스는 psycho(정신의)+path(결핍, 이상)로 구성된 단어다. 영화, 소설 등 대중매체에서 소비되는 사이코패스의 이미지는 냉철하고 잔혹하며, 감정을 느끼지 못해 죄책감이 없는 범죄자의 모습이다. 영화 〈양들의 침묵〉의 한니발이나, 〈조커〉의 조커처럼 말이다. 그러나 현실에서 모든 사이코패스가 살인마는 아니다. 다만 공감의 구성 요소 중 정서 공유에 취약한 것은 사실이지만, 오히려 관점 공유에는 능숙해 타인을 잘 조종하는 경우가 많다. 즉 '사이코패스=공감 능력이 없는 사람'이 아니라 '사이코패스=정서 공유 능력이 부족한 사람'이라고 할 수 있다. 사이코패스가 반사회적이라는 의미가 통용되는 것을 볼 때, 사람들이 정서 공유 능력을 사회성의 중요한 척도로 여긴다는 것을 알 수 있다.

정서 공유를 잘하려면 정서적 공감 능력을 길러야 한다. 심리학, 뇌과학 등 다수의 정의를 볼 때, '정서적 공감'이란 타인의 감정을 내 감정처럼 느끼는 것인데 정서 공유와 동일하게 사용되고는 한다. 하지만 나는 이 둘을 구분하고자 한다. 정서 공유가 미러링, 정서 전염Emotion Contagion 등에 의해 상대의 감정을 인지하고 느끼는 것이라면, 정서적 공감은 1)상대의 감정을 정확히 파악하고(상대의 감정을 내 마음속에서 재현하는 것. 병렬 감정Parallel emotion) 2)상대의 감정에 대한 나의 감정을 알아차리고(병렬 감정에 대해 내가 새롭게 만들어 낸 나의 감정. 반응 감정reactive emotion) 3) 내 감정을 처리하는 것까지를 뜻한다. 여기서 처리한다는 것은 없애는 것이 아니라 내가 받아들이고 다룰 수 있는 상태로 만든다는 뜻이다. 예를 들어 보자.

준우와 진서는 같은 모둠이고, 지금은 중요한 모둠 과제를 하고 있다. 그런데 태민이가 진서에게 '너 민준이 사랑하지? 얼레리꼴레리'라고 큰 목소리로 놀려 진서가 울기 시작했다. 이때 준우가 진서의 울음소리, 눈물, 찌푸린 표정, 빨갛게 상기된 볼에서 '억울함', '화'라는 감정을 파악하고 자기 안에서 느끼면 일단 정서 공유를 한 것이다. 문제는 다음이다. 진서의 감정은 어느새 준우의 마음에 자리 잡기 시작했다. 누군가의 감정은 상대에게 공명을 일으키기 때문이다. 하지만 그 감정은 준우의 것이 아니라 진서의 것이다. 쉽게 말하자면 준우의 마음에 진서의 감정과 그로 인해 반응하는 준우의 감정이 동시에 존재하는 상태이다. 이때 진서의 감정은 준우의 마음에서 크게 세 가지 방식으로 처리된다.

첫 번째는 진서의 감정이 준우의 감정을 압도하는 것이다. 마음을 가득 채워 준우도 '진서처럼' 억울하고 화가 난다. 나(준우)와 상대(진서)의 경계가 무너진 것인데, 이러면 흔히 이야기하는 동감sympathy이 생기거나 개인적 고통을 느끼며, 상대의 감정과 생각에 무조건 동조할 가능성이 높다. 즉 '네가 무조건 옳다.'가 되는 것이다.

두 번째는 진서의 감정이 준우의 감정을 자극하는 상황이다. 울지 말라고 달랬는데도 감정이 풀리지 않은 진서는 계속 울고만 있다. 그러자 모둠 과제를 끝내야 해서 마음이 급해지는 준우의 감정도 차오르기 시작했다. 답답하고 조급한 마음에 "그만 좀 울어!"라고 소리치고 싶어진다. 누군가가 나에게 화를 낼 때 상대의 화 감정에 공감하기보다는 나에 대한 공격으로 받아들여 발끈하게 되는 것도 비슷한 상황이다.

마지막은 준우가 진서의 감정을 인정하는 것이다. 정서 공유로 내 안에서 느껴지는 감정이 내 것이 아니라 진서의 것임을 인정하고, 평가나 판단하지 않는다. 어디까지나 감정을 인정하는 것이지 생각, 판단에 동의하는 게 아니다. 자신의 명확한 경계를 세워 '나'라는 대지에 단단히 뿌리를 내린 채 상대의 감정을 인정하는 것이다. 이러면 상대의 감정에 빨려 들어가거나 해결해 주지 않고 필요한 것을 돕는 조력자의 역할을 할 수 있다. 이는 후에 이어질 공감적 반응의 토대가 된다.

정리하자면 정서적 공감은 정서 공유 후의 감정 처리(상대의 감정을 내 감정과 별개로 인정하는 것)까지를 말한다. 그러기 위해 세부적으로 세 가지 연습이 필요하다. 첫 번째로 상대의 감정을 민감하게 파악해야 하고, 두 번째는 그 감정에 압도당하지 않아야 하며, 마지막으로 상대의 감정 때문에 유발된 내 감정을 조절할 수 있어야 한다. 그래서 정서적 공감 프로그램의 키워드는 '관심', '경계 세우기', '조절'이다.

## 〜〜〜〜 나도 일학년이었다_#관심 〜〜〜〜

오롯이 상대에게 집중하는 돌봄의 시간은 사람의 정서 공유 능력을 폭발적으로 성장시킨다. 그래서 세계적으로 유명한 '공감의 뿌리Roots of Empathy' 프로그램에서는 갓난아기를 교실로 초대하여 관찰하고, 동물을 돌보는 경험을 통해 정서 공유 능력을 향상시키는 방법을 적용한다.(메리 고든이 개발한 교육 프로그램. 자세한 내용은 책《공감의 뿌리》(Roots of empathy) 참고) 그러나 이 방법을 대한민국 교실에 적용하기에는 제약이 많으므로 학교에서 활용할 수 있는 방법으로 적용해 보자.

### 진행 순서

**준비물 : 필기구, 노트 혹은 종이**

**1. 사전 작업**
- 1학년 한 학급의 담임교사와 이 프로젝트의 가치를 공유하고 자매결연 맺기
- 가능하다면 첫 프로젝트는 입학 전에 협의해서 준비하기(학교 소개 프로젝트)

**2. 활동의 시작**
- 공감의 뿌리 활동 영상 보여 주기
"영상처럼 누군가를 오롯이 돌보는 경험은 아주 신비한 것이에요. 상대방을 위한 것이기도 하지만, 돕는 나 자신도 친절하고 따뜻한 사람으로 만들어 주니까요. 우리도 이처럼 아기를 학교에 데려와서 공감해 보면 좋겠지만 현실적으로 쉽지 않아요. 하지만 우

리가 돌보고 도와줄 수 있는 아이들이 학교에 있어요. 바로 1학년이죠. 여러분이 1학년이었을 때가 생각나나요? 나보다 훨씬 큰 형, 누나, 언니, 오빠들이 가득한 학교가 낯설고 조금은 두려웠을지도 모르겠네요. 우리가 멋진 도우미가 되어 1학년 동생을 돌보고 학교가 따뜻한 곳이라는 것을 알려 주는 건 어떨까요?"

3. 1학년에게 소개할 만한 학교 장소 브레인스토밍
4. 각 장소에 대해 소개할 내용 정하고, 소개하는 간단한 글을 쓴 뒤 소개하는 연습하기
5. 각 장소의 위치에 따라 이동 동선 짜기
6. 1학년에게 실제로 동선에 따라 학교 곳곳을 소개해 주기
   - 1학년 학생과 1:1로 매칭해(짝꿍) 손을 잡고 다니며 소개하기
   - 1학년 교육과정에 학교를 둘러보는 내용이 있는데, 준비가 필요하다면 1학년 선생님께 요청해 한 주 정도 미뤄 달라고 해서 실시
7. 소개가 끝나면 1학년 짝꿍과 벤치에 앉아 이야기 나누기
   - 오늘 활동에 대한 소감 물어보기
   - 학교에 입학하니 어떤지 물어보기
8. 다음에 만날 때 하고 싶은 활동 물어보기
9. 1학년 짝꿍과 헤어진 뒤 교실에 모여 소감 나누기
10. 다음 프로그램 내용 브레인스토밍
11. 정기적으로 1학년 짝꿍과 함께하는 프로그램 실시
    - 한 달 혹은 두 달에 한 번 정도

## Point 1. 일단 시작하라

이 프로그램을 시도하기 부담스러워 하는 선생님들이 많다. 내용도 생소하지만 무엇보다 변수가 많은 1학년 학급 전체와 함께 진행해야 하기 때문이다. 저학년 경험이 많은 선생님은 사정이 좀 낫지만 그게 아니라면 활동 내용 선정과 구성에 애를 먹는다. '어떤 활동을 1학년이랑 하면 좋나요?', '이 활동을 1학년이 할 수 있을까요?' 이런 질문을 많이 하는데, 결론부터 이야기하면 일단 시작하기를 권한다. 굵직하게 하고 싶

은 활동 몇 개만 정하고, 나머지는 짝꿍끼리 이야기를 나누는 과정에서 자연스럽게 찾아 설계하면 된다. 나 역시 1학년 짝꿍 그림책 읽어 주기 활동을 준비했을 때는 반응이 폭발적이었지만, 민속놀이 함께하기는 망했던 경험이 있다. 오히려 상상도 못했던 '짝꿍 고민 상담소', '언니에게 배우는 게임' 활동이 새롭게 만들어지기도 했다. 어차피 완벽한 계획은 없다는 것을 명심하고 일단 시작하자.

### Point 2. 교육과정을 활용하라

첫 프로젝트인 학교 소개의 경우 프로젝트 소개 1차시, 장소 브레인 스토밍 및 소개 자료 준비 2차시, 시뮬레이션(각자의 동선대로 해당 장소를 다니며 소개하는 연습) 1차시, 실제 활동 2차시 등 최소 7차시 정도가 필요하다. 바쁜 학년 초에 이렇게 많은 시수를 확보하는 것이 부담스러울 수 있으므로 교육과정을 활용한다. 관련 차시를 뽑아 재구성해서 하나의 미니 프로젝트를 만들면 차시 문제를 해결할 수 있다. 예를 들어 5학년 1학기 국어 '설명하는 글쓰기'에서 학교를 설명하는 글쓰기로 활용할 수 있다. 혹은 창체나 기타 교과의 관련된 차시를 이용한다면 진도 부담 없이 프로젝트를 실시할 수 있을 것이다.

### Point 3. 오롯한 돌봄의 경험

'나도 일학년이었다' 활동을 하면 학생들에게 다양한 방향의 성장이 일어난다. 1학년을 가르치다 보면 상대가 이해할 수 있도록 가르치는 게 힘든 일이라는 것을 깨닫기도 하고, 귀를 열고 오롯이 경청해서 상대의 말을 듣는 경험도 한다. 그러나 '정서적 공감 능력 향상'이라는 목표를 잃지 않으려면 교사의 적절한 안내와 사후 질문이 필요하다.

시작 전에 활동하는 과정에서 짝꿍의 감정을 살펴야 한다는 것을 안내한다. 활동이 끝나고 자유롭게 소감을 나눈 뒤에는 말이나 글로 다음 질문에 답하게 한다.

'오늘 내 짝꿍의 감정은 무엇이었을까?'

'왜 그렇게 생각했는가?'

'나는 어떻게 도와줬는가?(딱히 돕지 않았다면 어떻게 했으면 좋았을까?)'

이 질문을 상기시켜야 공감의 맥락에서 돌봄의 경험을 쌓고, 성장을 이룰 수 있다.

### Point 4. 관계는 덤

의도치 않게 우연히 얻은 경험을 '세렌디피티Serendipity'라고 한다. '나도 일학년이었다' 활동을 통해 '관계'라는 세렌디피티를 얻을 수 있다.

1학년 짝꿍들은 우리 반 짝꿍을 친언니나 형처럼 여기며 반겼고, 아이들도 짝꿍 동생들을 오가며 챙기고 살폈다. 모둠활동을 할 때면 귀찮아서 요리조리 빠져나가던 아이가 짝꿍 동생 앞에서는 그렇게 의젓할 수가 없었다. 더불어 짝꿍을 맺은 1학년 선생님의 열렬한 지지를 얻어 좋은 관계를 맺을 수 있었다. 공감을 찾으려다 관계까지 얻은 것이다.

**성찰 메모**

준비와 노력의 품이 많이 들지만 성취와 보람이 큰 활동이다. 그렇지만 치밀한 준비와 세심함이 필요하다. 교실 밖에서 여러 번 활동을 하니 눈에 잘 띄고, 말하기를 좋아하는 1학년인지라 옆 반 친구에게 자랑하기 바쁘다. 당연히 다른 1학년 학급이나 동학년 학급의 눈치를 보게 된다. 학년 단위로 추진하는 식의 현명한 대처가 필요할 것 같다.

## 자기조절과 긍정적 타임아웃_#조절

갈등 중재에서 교사는 의외로 심각하게 어긋난 행동을 하는 학생의 존재보다도 여러 명의 학생이 동시다발적으로 일으키는 갈등을 짧은 시간 안에 해결해야 한다는 점을 더 힘들어 한다. 한 사람의 교사가 수십 명의 학생을 책임지는 시스템에서 교사는 지칠 수밖에 없는데, 교사 1인당 학생 수 등 여건이 따라 주지 않는 상황에서는 학급 자체의 시스템을 만들면 도움이 된다. 이는 학생 개인의 삶에도 큰 영향을 미치는 자기조절 과정이다.

자기조절과 긍정적 타임아웃은 학급긍정훈육법(이하 PDC)에서 나오는 활동이다. 자기조절능력은 결코 교사가 무섭게 훈계하거나 더 큰 힘으로 누르거나 방치한다고 해서 길러지지 않는다. 이 또한 교과 공부와 마찬가지로 끊임없는 연습과 효과적인 전략, 실행 가능한 환경을 마련해 줘야 한다.

## 진행 순서

**준비물 : 필기구, 노트 혹은 종이**

**1. 활동의 시작**

"여러분은 참을 수 없을 만큼 화가 난 경험이 있나요? 만약 화가 난다고 다른 사람을 위협하거나 폭력적으로 행동한다면 건강한 관계를 맺기 어렵겠죠. 그렇다면 내 안에 차오르는 감정을 건강하게 다스리는 방법이 있다면 어떨까요? 감정은 우리의 뇌에서 주관하기에 뇌의 역할과 작용 방식을 이해하면 나의 감정을 조절하는 데 도움이 됩니다. 그 방법을 함께 나누어 볼까 해요."

**2. 다양한 자기조절 방법을 함께 브레인스토밍**

– 각자 효과적인 방법이 다르지만 누구나 '시간'과 '장소'가 필요하다는 점 깨닫기

**3. 긍정적 타임아웃 개념 소개하기**

"타임아웃은 스포츠 경기에서 많이 사용하는데, 경기를 잠시 멈추는 것을 뜻합니다. 경기에서 타임아웃을 하면 숨을 돌릴 수 있고 새로운 작전을 짤 수 있으며, 경기 흐름을 바꿀 수도 있죠. 우리 감정도 마찬가지입니다. 감정이 격하게 차오를 때 가만히 있는 건 마치 체력은 떨어지고 경기에서 밀리고 있는데 그냥 경기를 이어 가는 것과 같습니다. 자기조절을 할 시간, 즉 타임아웃이 필요하죠. 타임아웃에는 시간과 공간이 필요합니다."

**4. 학생들과 함께 타임아웃 공간 설계하기**

– 설치 장소, 가구 배치, 필요한 물품, 이름, 활용 규칙 등

**5. 설치하고 활용하기**

**6. 일주일 정도 뒤에 소감 나누기**

## Point 1. 학생의 공간으로

타임아웃 공간의 효과와 영향은 생각보다 엄청나다. 타임아웃 공간을 소개할 때 보여 주는 예시 사진 몇 장만으로도 아이들은 열광한다. 그래서 시작 전에 공간의 주인을 명확하게 해야 한다. 교사가 프로젝트를 이끌면 학생의 주인의식이 떨어지고, 추후 관리나 활용 등에서 여러 갈등

이 생길 수 있다. 아예 '너희가 책임질 수 있으면 하고, 아니면 만들지 말자'는 명확한 약속을 하고 시작한다. 물론 설계, 배치, 소품 준비, 규칙 만들기 및 지키기까지 모두 학생의 몫이다. 교사는 그저 돕는 역할만 한다. 아이의 책임과 역할을 명확하게 하지 않으면, 어느새 어른만 신경 쓰고 관리하는 일이 된다는 것을 잊지 말자.

### Point 2. 미리 걱정하지 말 것

이 활동을 소개하면 많은 선생님들이 '관리가 되겠느냐?', '수업 시간에 자주 가면 어떡하나?', '옆 반이나 관리자의 눈치가 보인다.' 등의 걱정을 하는데 모두 일리 있는 걱정들이다. 하지만 미리 걱정하지 않아도 된다. 공간은 단순히 장소가 아니다. 하나의 유기체처럼 아이들과 호흡하며 발전해 나간다. 일단 만들고 실제로 사용하면서 발생하는 변수들에 대처하면 된다. 원칙만 잊지 말자.

첫 번째 원칙은 공간의 정당성이다. 동료 교사, 다른 반 학생, 심지어 관리자까지 이 낯선 공간을 의아해 하거나 부러워하거나 탐탁지 않게 여길 수 있지만, 공간의 교육적인 존재 이유와 역할, 정당한 가치를 설명하면 된다. 두 번째는 학생과 함께 정하는 것이다. 공간의 주인은 학생이다. 이용이나 활용, 관리에서 발생하는 문제 역시 학생의 몫이다. 따라서 해결책 역시 학생과 상의해서 결정하고, 실행하고, 피드백하면 충분할 것이다.

**Point 3. 삼위일체뇌 이론의 적절한 활용**

앞서 이 활동은 넬슨Nelson, J.의 PDC에서 근원한다고 했다. PDC에서는 자기조절을 교육하기 위해 맥린MacLean, P.D.의 '삼위일체뇌 이론'을 활용한다. 삼위일체뇌 이론에 따르면 뇌는 크게 뇌줄기(파충류의 뇌), 변연계(포유류의 뇌), 전두엽(인간의 뇌) 3개의 영역으로 구별되며, 각각 생존, 감정, 이성을 담당한다. 손바닥을 활용해 직관적으로 뇌의 기능을 설명하는데, 사실 이 이론은 오래된 가설로, 오히려 다양한 근거에 의해 반박당하는 상황이다. 그럼에도 학생들에게 뇌의 역할을 직관적으로 이해시키기 위해 '전부 옳은 내용은 아니다'라는 전제하에 활용하기도 한다. 효과와 타당성의 저울질 속에서 교사의 현명한 선택과 정밀한 설계가 필요하다.

**Point 4. 생각하는 의자가 아니다**

타임아웃 앞에 '긍정적'이라는 수식어가 있는 이유는 우리가 이미 부정적 타임아웃에 익숙하기 때문이다. "교실 뒤에 가서 반성해.", "생각하는 의자로 가서 잘 생각해 봐." 혹은 가정에서 부모님이 "네 방에 가서 뭘 잘못했는지 되돌아봐."라고 지시하는 것이 그 예라고 할 수 있다. 부정적 타임아웃과 긍정적 타임아웃은 크게 두 가지가 다르다. 첫 번째로 타임아웃을 할지 말지, 어떤 방법을 선택할지를 학생이 스스로 결정하는 점이 다르고, 두 번째로 끝내고 돌아오는 것도 학생이 결정한다는 점이다. 긍정적 타임아웃은 자기조절의 연장선상에 있으므로 타인의 의지와 규율에 의해 격리되는 것이 아니라 본인의 필요에 따라 결정하고 실천한다. 물론 교사가 학생에게만 맡기고 방치하는 것은 아니다. 타임아웃이 필요해 보이는 학생에게는 "감정이 격해 보이는데 자기조절을 할 타임아웃이 필요하니? 필요하다면 해도 좋아."라고 권유하면 된다.

### 성찰 메모

공간은 단순한 물리적 장소가 아니다. 공간의 기능을 제대로 살리고 생기 넘치는 곳으로 만드는 것은 전적으로 얼마나 사랑하고 관심을 가지며 활용하는지에 달려 있다. 교사가 '너희들이 알아서 해'라고 맡긴 뒤 조금만 소홀하면 금세 공간에서도 문제가 생긴다. 반대로 평상시 자기조절이 필요한 상황에서 활용하는 방법을 함께 고민하고, 그곳을 매력적으로 만들수록 공간은 빛나게 되어 있다. 또한 또래 중재, 교사의 학생 상담 등도 타임아웃 공간을 활용하면 여러 번 말하는 것보다 한 번 보여 주는 최고의 모델링이 된다.

## 부모가 되다_#관심

"선생님, 제 아기 예쁘죠? 이름은 지연이에요. 엄청 열심히 키울 거예요."

오롯한 돌봄의 경험이 정서 공유 능력을 비약적으로 향상시킨다고 앞서 언급했다. 그래서 '나도 일학년이었다'에서는 어린 동생을 돌보았고, '부모가 되다'에서는 달걀 아기를 돌본다. 이 활동은 더 어리고 절대적으로 보호해야 하는 대상을 전제로 하는 것이다.

서준호 선생님의 블로그에서 힌트를 얻어 나름의 방식으로 운영한 결과, 학생들에게서 밀도 높은 감정 이입과 정서 공유가 일어나는 것을 발견할 수 있었다.

## 진행 순서

준비물 : 달걀, 동기유발 영상, 필기구, 양육 계획서, 네임 펜, 색연필, 사인펜, 풀, 가위, 재활용 박스 등

### 1. 활동의 시작

- 동기유발 영상 〈초속 20cm〉(지식채널e) 보여 주기
- "영상 속 아기를 보니 어떤가요? 귀엽죠? 여러분도 한때는 초속 20cm에 불과했던 아기였어요. 세상이 궁금했지만 혼자서는 아무것도 할 수 없었죠. 그런 여러분을 부모님 혹은 할머니, 할아버지(앞으로는 나를 키워 주신 어른, 보호자라고 말할게요.)께서 먹이고, 입히고, 안전하게 보호하며 키워 주셨답니다. 아주 어린 아기는 말도 못하기 때문에 울기만 해요. 슬퍼서가 아니라 "기저귀 갈아 주세요.", "배가 고파요.", "심심해요."라는 말 대신 우는 거죠. 그럼 보호자는 그걸 어떻게 알아들을까요? 놀랍게도 대부분 해석할 수 있어요. 초능력이 있어서가 아니라 표정, 소리의 높낮이, 미묘한 변화를 읽어서 이해하는 거죠. 상대방에게 진심어린 관심이 있으면 할 수 있답니다. 그리고 손에서 아기를 놓지도 못하고, 밤에도 몇 시간 자지 못한 채 키워요. 그 덕분에 여러분이 이렇게 멋지게 자란 것이고요. 오늘은 여러분이 부모가 되어서 아기를 돌보고 정성을 다해 공감하고 키워 볼까 합니다."

### 2. 달걀 아기 나눠 주기

- 1개씩 나눠 주지만, 상황에 따라 2개씩 줘도 됨(쌍둥이).

### 3. 아기 양육 계획서 쓰기

- 아기 이름, 이름의 의미, 성별, 앞으로 어떻게 키울지, 부모로서의 각오 및 다짐 등

### 4. 양육 계획서 발표

### 5. 아기 눈, 코, 입 그리고 외모 꾸미기

### 6. 아기가 지낼 공간(집 혹은 방 등) 만들기

### 7. 아기 키우기

- 의무 기간 3~5일
- 의무 기간 동안 아기를 항상 품에 데리고 다녀야 함(안 보이는 곳에 둘 수 없음).
- 의무 기간 중에 육아 일기 쓰기(육아 일기에는 '오늘 아기 감정은 어떤 것 같은지? 그렇게 느낀 까닭은 무엇인지? 보호자로서 나는 어땠는지' 등 돌본 느낌과 생각, 감정, 결심 적기)

### 8. 보호자에게 어린 시절 나를 키울 때의 경험 여쭤보고 이야기 나누기

### 9. 소감 나누기

## Point 1. 최대한 진짜처럼

교사가 적절하게 심상화 작업(무언가를 마음에 그려 시각화하는 작업)을 하면 학생은 달걀 아기에게 생생하게 몰입한다. 참 신기한 일이다. 그저 늘 보던 익숙한 달걀인데 눈, 코, 입, 이름이 생기고 아기라고 여기는 순간 특별한 존재가 된다. 결국 이 활동의 성공 열쇠는 상상을 통해 얼마나 실제처럼 몰입하는가에 있다. 그래서 교사의 가이드가 중요하다.

먼저 아기를 나눠 줄 때가 중요하다. 가끔 달걀을 고르고 싶어 하는 아이들이 있다.

"선생님, 여기 이상한 무늬가 있어요. 저걸로 주세요."

"선생님, 약간 금이 있는데요? 다른 달걀로 바꿔 주시면 안 돼요?"

그러면 이렇게 대답해 준다.

"혹시 어느 부모님에게 태어날지 선택해서 태어난 사람 있나요? 부모님은 여러분을 골라서 태어나게 했을까요? 아닙니다. 아기는 선택하는 것이 아니라 만나는 것이죠. 태어난 아기의 외모나 성별이 마음에 안 든다고 다른 아기로 바꿀 수 없어요. 이 활동도 마찬가지입니다. 지금 여러분은 아기를 만난 것이니까 바꿀 수는 없습니다."

그리고 아기를 이름으로 불러야 한다. 이름은 존재를 규정하는 힘이 있다. 교사도 달걀 아기를 지칭할 때 '달걀은 잘 있나요?'라고 하지 않고, '아기는 잘 있나요?'라고 물어본다.

## Point 2. 과정이 중요하다

아기 외모를 꾸미고 집을 만드는 과정이 즐거워서 자칫 미술 활동으로 변질될 수도 있다. 하지만 이 활동의 본질을 잊어서는 안 된다. 따라서 교사는 학생들이 과정에 더 큰 의미를 두도록 이끌어야 한다. 먼저 의무 양육 기간 동안에는 감정 체크인 활동을 할 때 아기의 감정으로 체크인을 한다. 가만히 생각해 보면 움직임이나 표정의 변화도 없는 아기의 감정을 살펴본다니 결코 쉬운 일이 아니다. 100% 상상력이 필요하지만 의외로 아이들은 잘 몰입한다. 그리고 육아 일기를 꼭 쓰게 하고 하루에 몇 명씩 발표를 해서 나눈다. 여기서 포인트는 얼마나 실감 나게 꾸며 내느냐가 아니라 얼마나 상대에게 관심을 보이고 오롯이 집중하느냐에 있다. 그것이 정서적 공감의 기초이기 때문이다.

아기의 이름을 짓기 전에 자기 이름의 뜻과 의미를 보호자에게 물어본 다음 이야기 나누게 하는 것도 효과적이다. 이름을 짓는 것부터가 달걀에서 아기로 변하는 터닝 포인트인데, 막상 이름을 지으려면 신중해진다. 그 속에서 보호자의 마음을 간접적으로 느끼고 자신이 보호자에게 얼마나 깊은 의미를 지닌 존재인지 깨닫는다.

**Point 3. 마음에 생채기보다 감동이 남도록**

이 활동을 하다 보면 가끔 학생의 마음에 생채기가 생기기도 한다. 연약하고 깨지기 쉬운 날달걀이 조금만 부딪히거나 품에서 놓으면 다치고 상처 입는 갓난아기와 비슷하다고 생각해서 몇 년 동안은 날달걀을 사용했다. 예상대로 효과는 높았지만 생각하지 못한 부작용이 생기기 시작했다. 실수로 달걀 아기를 떨어뜨려 깨지면 아기가 하늘나라로 떠났으니 양지 바른 곳에 묻어 주고 명복을 빌어 주라고 했는데, 그 과정

215

에서 어떤 학생들은 죄책감을 느꼈다. 물론 실제 상황에 빗대어 보면 부모의 마음과 닮아 있었지만 아직 어린아이들이 감내하기에 버거운 일이었다. 그래서 최근 몇 년은 날달걀이 아니라 삶은 달걀을 사용한다. 물론 삶은 달걀도 깨지지만 훨씬 견고하기에 키우는 데 부담이 덜하다. 떨어진 달걀 아기는 금이 가거나 조각나는데, 부모는 아기를 포기하지 않고 휴지 붕대를 감거나 테이핑을 해서 끝까지 키운다.

양육 조건으로 양육 기간에는 항상 아기를 품에 데리고 다녀야 한다고 안내한다. 실제로 갓난아기를 혼자 두고 화장실도 마음대로 못 가는 게 부모 아니던가? 초기에는 철저하게 이 원칙을 지켰다. 그랬더니 사고가 반복적으로 생기는 시간과 장소가 생겼다. 바로 체육 시간과 급식 시간. 체육 활동을 할 때 아기를 데리고 있다 보니 아무리 조심하더라도 아기가 다치거나 세상을 떠나는 경우가 생겼다. 급식 시간에는 커다란 식판과 수저까지 함께 들다 보니 아기를 종종 놓쳤다. 그래서 한 학생의 아이디어로 체육 시간과 급식 시간에는 호텔을 만들었다. 달걀판이나 다른 박스 등을 활용해서 아기를 잠시 둘 수 있는 공간을 만든 것이다. 그렇다고 교실에 덩그러니 두지는 않고 활동하거나 식사하는 한편에 둔다. 마치 식판이 고정된 아기 의자에 잠시 아기를 앉히고 옆에서 급하게 식사하는 부모와 흡사한 경험을 하는 것이다.

**Point 4. 확장된 경험과 연관 짓기**

이 활동의 본질은 '오롯한 관심과 돌봄'이다. 그것은 실질적일수록 정서적 교감 능력 향상과 직결된다. 활동을 마치고 나면 실제 생명을 대상으로 해 보기를 추천한다. 쉽게는 집이나 교실에서 키울 수 있는 작은 식물도 좋지만, 움직임과 역동적인 교감이 가능한 동물이면 더 훌륭하다. 달팽이, 배추흰나비, 사슴벌레도 좋고, 여건이 된다면 강아지, 햄스터 등의 반려동물도 좋다. 혹은 집에 어린 동생이 있다면 동생을 몇 시간씩 돌보는 것이 최고의 시간이 될 수 있다. 생명에 대한 책임은 돌봄에서 꽃피기에 정서적 공감 능력을 자연스럽게 키우는 기회가 된다.

### 성찰 메모

'부모가 되다'는 매번 교실에 감동과 따뜻함, 역동을 만들어 낸다. 교사로서 그 에너지를 느끼면 무척 흐뭇하다. 동시에 언젠가는 이 대한민국 교실에서 공감의 뿌리처럼 실제 아기나 생명체와 정서적 공감 프로그램을 진행하고 싶다는 욕심이 솟아난다. 언젠가는 이룰 수 있기를.

## 명탐정 공.난_#관심

학생들은 하루 약 6시간을 한 교실에서 함께 지낸다. 하지만 교류하는 모습을 관찰하면 의외로 제한적이며 하루가 끝나기 전에 말 한마디 나누지 않는 친구가 많다는 것을 알 수 있다. 다시 말하지만 관심은 정서 공유의 시작이다. 그러나 친구에 대한 관심은 저절로 생기지 않으며, 특히 갈등을 겪거나 사이가 좋지 않은 친구에게는 의도적으로 관심을 배제하는 경우도 많다. 따라서 교사는 자연스럽게 개입하여 아이들이 친구에게 관심을 가질 기회를 제공해야 한다. 그 기회를 만들기 위해

'명탐정 공.난'을 시작해 보자. 명탐정 공.난은 명탐정 코난에 대한 오마주이자 '명탐정 공(감한다.) 난'의 줄임말이다.

## 진행 순서

준비물 : 수사 일지, 필기구, 뽑기 종이 등

**1. 활동의 시작**

"여러분, 나태주 시인의 '풀꽃'이라는 시를 아나요? '자세히 보아야 예쁘다. 오래 보아야 사랑스럽다. 너도 그렇다.'라는 내용의 시입니다. 이 시처럼 누군가를 오래, 자세히 관찰하다 보면 평소에 보지 못했던 것들을 볼 수 있게 되죠. 우리가 아침 일찍부터 오후까지 같은 공간에서 생활하지만 모든 친구의 매 순간을 살펴보거나 관찰하기는 어렵습니다. 하지만 관찰은 곧 관심이 된다고 했습니다. 한 친구의 비밀 탐정이 되어 그 친구에 대해 자세히 수사해 주기 바랍니다."

**2. 뽑기로 수사 대상 뽑기**

– 뽑는 순간부터 모든 수사 활동은 비밀리에 실시

**3. 매일 수사 대상의 행동, 말, 표정, 감정 등을 관찰해서 수사 일지에 적기**

**4. 수사 내용에 대해 수사하기**

– 쉬는 시간에 주로 무엇을 하며 노는가?

– 어떤 친구와 친하게 지내는가?

– 최근에 가장 열심히 하는 것은?

– 최근에 가장 힘들어 하는 일은?

– 좋아하는 것(연예인, 음식, 색깔, 동물, 캐릭터 등)

– 싫어하는 것

– 자주 사용하는 말?

**5. 수사 기간이 종료되면 수사 소감까지 작성하고 수사 결과 발표하기**

**6. 작성한 수사 일지를 수사 대상에게 선물하기**

**7. 소감 나누기**

## Point 1. 마니또가 아니에요

활동을 소개하면 몇몇 학생이 "선생님, 우리 마니또 하는 거예요?"라고 말한다. 물론 명탐정 공.난은 마니또와 유사한 점들이 있다. '한 사람'을 대상으로, '비밀리에' 활동한다는 것이 비슷하다. 상대에게 관심을 가지게 된다는 것도 같다. 그러나 활동의 근본적인 목적이 다르다. 마니또 manito는 스페인어에서 유래한 말로 '애인 혹은 매우 가까운 친구'라는 뜻이다. 마니또는 좋은 관계를 만들기 위한 것으로, 상대를 몰래 챙겨 주고 도와주는 비밀 친구 역할을 목표로 한다. 그래서 '수호천사'라고 이름을 바꾸어 활동하기도 한다. 그러나 명탐정 공.난은 친구의 몰랐던 모습을 알도록 하여 친구에 대한 이해를 높이고, 정서 공유가 잘 일어나게 하는 것이 목적이다. 명탐정 공.난은 상대를 위해 몰래 책상을 정리해 주거나 선물을 주는 것이 아닌 관찰을 목표로 한다. 그저 세심하고 깊이 있게 관심을 가지고 관찰하면 된다.

## Point 2. 재미보다 성실함

공감교육뿐 아니라 다른 활동도 학생들에게 강요보다는 권유하는 편인데, 재미도 있고 의미도 있다면 교사가 재촉하지 않아도 학생들은 열심히 참여한다. 교사가 아무리 재촉해도 학생에게 동기가 없다면 큰 의미가 없다. '학생이 스스로 참여하고 싶게 만드는' 자발적 동기유발이 중요하지만, 이 활동은 좀 다르다. 써야 하는 수사 일지의 양을 지정해 주고, 매일 활동을 했는지 확인하며, 하지 않은 학생을 독려해야 한다. 그래도 하지 않으면 양을 늘리거나 더 세밀하게 관찰하도록 추가 미션을 준다. 왜냐하면 모두가 수사 대상인 동시에 탐정이기 때문이다. 만약 나는 최선을 다해 수사 대상을 관찰하고, 수사 내용까지 들키지 않도록 어렵게 조사했는데, 나를 맡은 탐정에게서 몇 개 채우지도 않은 수사 일지를 받고, 그 속에 '모르겠음', '이해할 수 없음' 등의 성의 없는 내용이 들어 있다면 억울하고 속상할 것이다. 그래서 활동 시작 전 성실하게 하겠다는 동의를 받은 다음 참가시키고, 기간 내에 제대로 다 못하면 방식을 달리 하든 추가로 하든, 꼭 맡은 만큼의 활동을 다 하도록 한다.

**Point 3. 다양한 전략 탄생**

이 활동의 묘미는 역시 비밀리에 이루어진다는 점이다. 누군가가 나를 비밀리에 관찰한다는 것도, 누군가에게 들키지 않도록 정보를 알아낸다는 것도 긴장되면서 스릴 있는 일이다. 그러다 보니 활동 중에 다양한 전략이 등장해서 재미를 배가시킨다.

규원이는 친구에게 대놓고 "너 요즘 고민은 뭐야?"라고 묻고 있었다. 심지어 한 손에는 수사 일지, 다른 한 손에는 연필을 버젓이 들고 말이다. 그래서 친구들은 "오, 규원이 수사 대상이 XX인가 봐."라고 쉽게 추측했다. 그런데 그것은 속임수였다. 규원이는 일부러 자신의 수사 대상이 아닌 친구들을 대놓고 수사해서 친구들을 혼란스럽게 만들었다. 물론 그 과정에서 또 다른 친구에게 관심을 가지게 되니 추가 효과까지 얻은 셈이다. 또 하나는 교사조차도 전혀 예상하지 못했던 기발한 전략인데, 바로 '쪽지 전략'이다. 쪽지 전략은 수사 대상 친구가 자리에 없을 때 몰래 쪽지에 궁금한 것들을 적어 자리에 두는 방법이다. 그러면 쪽지를 받은 친구가 내용에 대해 솔직한 답을 적어 사물함에 넣어 두고, 탐정은 다른 사람에게 들키지 않고 쪽지를 몰래 다시 가져가는 방법이다. 쪽지에 답을 적어 주면 대부분의 탐정이 보답으로 간단한 간식 같은 걸 몰래 두고 가기 때문에 쪽지를 받은 학생은 성의껏 답을 적어 준다.

### Point 4. 운영의 디테일을 살려라

평소에 사이가 좋지 않거나 접촉이 전혀 없던 친구를 수사 대상으로 뽑으면 부담스러워하며 바꿔 달라고 부탁하기도 하는데, 한 번 뽑은 수사 대상은 바꿀 수 없다. 익숙하고 친한 친구에게는 굳이 명탐정 공.난을 할 필요가 없기 때문이다. 다시 뽑는 경우는 자신의 이름을 뽑았을 때뿐이다. 또한 이 활동은 추리 게임이 아니다. 추리는 활동에 재미를 한 스푼 정도 더하기 위한 작은 장치에 불과하다. 따라서 자신을 조사하는 탐정을 알아내려 애쓰지 말고, 혹시 다른 친구의 수사 대상 – 탐정 관계를 알게 되면 반드시 비밀을 유지해야 한다. 나의 존재를 아는 수사 대상을 관찰하고 공감하기란 쉽지 않은 일이기 때문이다.

처음 시작할 때에는 기간을 짧게 설정하는 게 좋은데, 그래도 관찰하는 시간이 필요하니 일주일 정도가 적당하다. 익숙해지고 나면 기간을 점차 늘려 본다. 한 달도 가능하지만 매일 수사 일지를 적기에는 힘든 것 같다. 시작은 일주일, 익숙해지면 2주 정도가 적당한 것 같다. 여기에 더해 함께하면 좋은 활동이 있다. 바로 감정 일기 쓰기다. 감정 일기에는 자기의 인상적인 일과 감정이 고스란히 포함된다. 그래서 동의를 얻고 명탐정 공.난 기간 동안 각자의 감정 일기를 공개한다. 이 감정 일기는 탐정의 수사 자료가 된다.

**성찰 메모**

친구에 대해 몰랐거나 보지 못했던 것에 관심을 가질 수 있는 기회를 주는 좋은 활동이다. 그런데 관심의 빈도만큼 중요한 것이 관심의 깊이다. 피상적으로 '보고 적는' 수사 일지가 아니라 궁금해 하고 깊이 파고들 수 있도록 교사가 예시를 많이 들어 주고, 꾸준히 피드백해 줄 필요가 있다.

## 정.감.이.가_#조절

자기조절은 효과적이고 매력적인 기술이지만 가끔은 감정의 파도가 너무 커서 조절에 실패하거나 조절해야겠다는 생각조차 머릿속에 떠올리지 못하기도 한다. 그럴 때는 친구의 도움이 필요한데 이런 경우 더 빠르고 시스템화된 즉각적인 조치가 필요하다. 말하자면 심리적 응급조치라고 할 수 있다. 마크 브래킷의 RULER 기술 중 핵심인 '감정에 이름 붙이기'를 중심으로 조절 과정을 적용해 보자.

**진행 순서**

준비물 : 타임아웃 공간, 정.감.이.가 안내판

1. 동기유발 : 롤플레잉
   1) 2인 1팀을 이룬다.
   2) 한 명은 화가 머리끝까지 나서 흥분한 친구(파트너 학생 때문에 화가 난 것이 아님), 한 명은 그 옆에 같이 있는 친구 역할을 맡는다.

3) 화난 역할의 친구가 화난 연기를 시작하고, 다른 친구는 이때 나름 생각하는 방법으로 대응하는 연기를 한다.

4) 역할을 바꿔서 한 번 더 실시한다.

## 2. 활동의 시작

"연기를 해 보니 어땠나요? 화가 나서 완전히 이성을 잃은 친구를 보니 어떤 생각이나 감정이 들었나요? 혹시 돕고 싶어도 방법을 몰라서, 겁이 나서 망설여지지는 않았나요? 자기조절이 근본적인 방법이지만 그 친구가 자기조절을 시도하거나 조금이라도 진정할 수 있도록 도울 방법이 있어요. 그 방법을 알아볼까 해요."

## 3. 정.감.이.가 소개하기

1) 정지
 - 폭발이나 상대에 대한 공격을 멈추는 단계

2) 내 안의 감정 느끼기
 - 포커스를 상대방이 아닌 나에게로 돌려 내 안의 감정을 느끼는 단계
 - 눈을 감고 심호흡을 하면서 감정에 집중하기

3) 나의 감정 이름 말하기
 - 내가 느낀 나의 감정 이름 찾기
 - 필요하다면 감정 카드 등 도구의 도움을 받아도 됨.
 - 감정을 찾으면 감정 이름과 그 감정이 생긴 이유를 말해 보기

4) 가능한 해결책 찾기
 - 실천할 수 있는 해결책을 최대한 많이 떠올리기
 - 그중에서 가장 효과적이라고 판단되는 해결책 고르기

## 4. 앞의 롤플레잉 다시 하기
 - 이번에는 정.감.이.가를 적용해 보기

## 5. 소감 나누기

## 6. 타임아웃 공간에 정.감.이.가 안내판 붙이기

## Point 1. '정.감.이.가'는 기술이다

다수의 공감교육 프로그램은 상대의 자발성을 믿고 깨달음과 성장을

이끌기 위해 자극하고 질문하고 도와주는 퍼실리테이팅에 가깝다. 하지만 정.감.이.가는 일종의 기술이자 자동화된 대응 방식이다. 음미하거나 느끼면서 상대에게 묻고 자극하는 것이 아니라 마치 수학 공식이나 알고리즘처럼 담백하고 효율적으로 '적용'하면 된다. 그 과정에서 정서적 돌봄이나 느낌, 숙고는 보류한다. 그것은 정.감.이.가의 몫이 아니기 때문이다. 가끔 '너무 기계적인 것 아냐?'라고 하는 사람들이 있는데, 기계적인 것 맞다. 사나운 개가 이빨을 드러내며 달려들 때 따뜻하고 인간적으로 대응하는 사람은 없다. 정.감.이.가의 본질은 정서적 어루만짐과 공감의 전초 단계이다. 다음 단계로 넘어가기 위해 안전을 확보하는 것으로 충분하다.

**Point 2. 자기조절은 셀프로**

정.감.이.가는 일종의 긴급 자기조절이라고 할 수 있다. 자기조절이 열린 뚜껑을 닫는 방법을 스스로 찾아 실천하는 것이라면 정.감.이.가는 공식화된 최적의 방법을 신속하게 적용하는 것이다. 그러나 본질적으로 감정 조절은 '자기' 스스로 해야 한다. 물론 정.감.이.가를 적용할 정도라면 화가 많이 났거나 흥분했을 가능성이 크다 보니 상담가 같은 친구의 도움을 받는 경우가 더 많을 수 있다. 그래도 궁극적으로는 스스로 정.감.이.가를 떠올리고 적용해야 한다. 그것이 자기조절의 본질에 가깝고 정.감.이.가가 '자기조절과 긍정적 타임아웃' 활동과 어울리는 이유이기도 하다.

## Point 3. 실용성 있게 적용하기

한때 교실에 신호등이 유행했던 시절이 있었다. 토론 기법 중에서 신호등 토론이 체계적인 사고 방법으로 각광받았고, 사회적 기술 중 하나로 STC 기법(Stop:멈추고, Think:생각하고, Choose:선택하라)을 삼색 신호등으로 시각화해서 권장했다. 공개수업을 참관해 봐도 신호등이 심심치 않게 등장했다. 그런데 지금 교실에서는 신호등을 보기가 어렵다.(적어도 최근 5~6년 사이에 직간접적으로 본 적이 없다.) 여러 가지 이유가 있겠지만 가장 큰 이유는 실용성 때문이다. 교실에서 STC 신호등을 적용하던 방법은 대부분 신호등 색깔의 작은 카드를 만들어서 배부하는 식이었다. 그리고 누군가 화가 나거나 흥분하면 주변의 친구가 색깔 카드를 꺼내서 보여 주며 진정시키는 것이었다. 하지만 안타깝게도 수업이 아닌 실제 상황에서 신호등 카드가 활용되었다는 사례를 들어 보지 못했다. 흥분해서 콧김을 내뿜는 아이에게 마치 축구 심판이 레드카드를 주듯 카드를 들이민다는 것은 쉬운 일이 아니다. 거기다 보관이 어려워 분실하는 것은 다반사였다. 그래서 정.감.이.가는 각 단계의 지시어를 잘 보이게 만들어 타임아웃 공간에만 배치한다. 그곳에서 지시어를 보고 단계를 떠올려 절차를 밟는 것이다. 만약 혼자 하기 힘든 상황이라면 진정을 돕는 직업을 가진 친구가 도와주면 된다. 그 친구는 이런 일을 하는 사람으로 공식적인 인정을 받았기 때문에 화가 난 아이도 받아들이기 마련이다. 그럼에도 받아들이지 않고 진정이 안 되면 교사에게 도움을 청하도록 한다.

**Point 4. 화를 위한 스페셜리스트**

어떤 감정이든 에너지가 넘치면 진정이 필요하다. 우리가 흔히 진정시킬 필요가 있다고 여기는 감정들이 여럿 있다. 슬픔, 두려움, 화가 그렇다. 정.감.이.가는 이 중에서도 특히 '화'라는 감정에 최적화되어 있다. 화난 상대에게 사용하는 스페셜리스트라고 할 수 있다. 화가 폭발해서 분노로 번지는 이유는 '화'라는 감정 이름을 붙이지 않고 상대에 대한 분노, 저주, 공격을 퍼붓기 때문이다. 슬픔, 두려움은 화에 비해 공격성이 낮다. 따라서 공격성을 막고 다른 경로의 해결로 안내하는 정.감.이.가는 화를 내는 상대에게 매우 효과적인 대처라고 할 수 있다.

### 성찰 메모

> 정.감.이.가는 신속하며 간단한 해결 방법이다. 하지만 화가 난 상대에게 적용하기 때문에 '이게 통할까?' 하는 불안감이 학생의 마음속에 있다. 그래서 공개적인 자리에서 교사가 정.감.이.가를 적용해 화가 난 학생의 조절을 돕는 모습의 성공적인 사례를 보여 주는 것이 좋다. 그러면 믿음이 생기고 점차 실천하는 빈도가 늘어난다.

~~~~~~~~ **채널링_#경계 세우기** ~~~~~~~~

학부모 상담을 하다 보면 거절이나 싫은 소리를 못하는 자녀가 안타깝다거나 답답하다는 하소연을 많이 듣는다. '너무 착해서'라고 말하지만 냉정하게 보면 착한 것이 아니라 흐린 것이다. 여기서 흐리다는 것은 자신의 경계가 명확하지 않고 흐릿하다는 뜻이다. 인간에게는 각자의 경계가 있다. 신체 주변을 감싸는 물리적 경계가 있고, 자아가 점유하고 지배하는 정신적 경계도 있다. 이 경계는 '나'라는 사람이 존재하는 공간이며 절대적인 나의 사유지다. 그런데 살다 보면 이 경계가 침범당하거나 내 안에서 균열이 생기기도 한다. 이때 경계가 흐릿하거나 독립적이지 못한 사람은 상대에게 자꾸 공간을 내어 준다. 그럼 관계에서 종속되거나 압도당한다. 그런 사람은 정서 공유를 통해 내 경계 안으로 들어온 상대의 감정을 구분하지 못할 가능성이 크다. 따라서 경계 세우기가 필요한데, 맥라렌McLaren, K.이 소개한 활동을 기반으로 재구성한 채널링 활동을 소개한다.

## 진행 순서

### 1. 활동의 시작

"혹시 누군가와 좁은 곳에 같이 있어서 불편했던 경험이 있나요? 선생님은 군대에서 야외 훈련을 할 때 좁은 텐트 안에서 다닥다닥 붙어서 잔 것이 아주 불편했던 기억이 있어요. 너무 가까워서 불편한 이유는 몸이 닿거나 내 몸이 자유롭게 움직이지 못하기 때문이죠. 사람마다 자기가 편한 경계가 있다고 해요. 그리고 정신에도 경계가 있다는 것 아니요? 오늘은 그 경계를 세우고 유지하는 방법에 대해 알아볼까 합니다."

### 2. 경계 느끼기 롤플레잉

1) 2~4인 1팀으로 구성

2) 한 명(주인공)이 가운데 서고, 나머지는 그 주변에서 그 사람을 마주 보고 선다.

3) 나머지는 주인공과 각각의 거리에 선 다음 주인공을 쳐다보며 손을 뻗는다.

   - 발가락 앞쪽 끝끼리 닿은 거리, 한 발 거리, 한 팔 거리, 큰 걸음으로 두 걸음 거리, 큰 걸음으로 네 걸음 거리

4) 주인공은 친구들이 각 거리에 섰을 때의 느낌이나 감정을 말한다.

5) 자신이 멀지 않으면서도 안전하게 상대를 대할 수 있는 자기 거리를 찾는다.

   - 대다수가 한 팔 거리

### 3. 경계 세우기

1) 일어서서 양팔을 좌우로 쭉 뻗기

2) 양팔을 앞뒤로 뻗기

3) 머리 위로 뻗기

4) 손으로 뻗은 위치를 잇는 가상의 선 그리기

　- 좌우, 앞뒤, 위를 이은 선이 자신의 경계선이 되며, 경계선 안쪽이 나의 공간이 된다.

5) 경계선이 내 몸에서 얼마나 떨어져 있는지 느끼고 경계선을 상상한다.

6) 눈을 감고 내 공간이 형광색으로 밝게 빛난다고 상상한다.

7) 나의 경계 느끼기

### 4. 침범 롤플레잉

1) 2인 1팀으로 구성

2) 한 명이 경계 세우기를 통해 자신의 경계를 명확히 한다.

3) 준비되면 교사의 신호와 함께 나머지 한 명이 상대가 듣기 싫은 이야기를 하면서 경계를 조금씩 침범해 걸어 들어온다.

4) 방법 1(폭발) : 침범해 오는 상대를 손바닥으로 밀고 힘을 사용해서 경계 밖으로 강하게 밀어낸다. 이때 힘을 사용하되 다치지 않도록 주의를 준다.

5) 방법 2(억압) : 상대가 경계를 침범해 와도 참고 가만히 있기. 침범하는 사람은 몸이 닿을 정도로 침범하고 계속 상대가 듣기 싫어하는 이야기를 한다.

6) 방법 1, 2를 사용했을 때 침범했던 사람의 생각, 감정, 결심 듣기

7) 방법 1, 2를 사용했을 때 경계를 세운 사람의 생각, 감정, 결심 듣기

### 5. 방법 3 : 채널링 적용하기

　- 상대에게 경계를 침범했음을 알리고 원하는 것을 말하기

　- 최대한 담백하고 담담하게, 우아하게 말하기

　- 예: (공중에 가상의 경계선을 손으로 그려 보이며) "여기는 내 공간이야. 그리고 나는 그 이야기가 지금은 듣고 싶지 않아. 여기를 넘지 말고, 이야기도 그만해 줘."

### 6. 채널링에 대한 소감 나누기

### 7. 상대의 감정 때문에 나까지 힘들었던 경험 나누기

### 8. 그 상황에서 채널링을 적용한다면 어떻게 말할 수 있을지 발표하기

### 9. 소감 나누기

## Point 1. 원래 어렵다

경계 세우기는 일종의 명상 기법이나 소시오그램 기법에 가깝기 때문에 어렵다. 신경학에서는 경계 안쪽의 개인 공간을 그 사람 고유 수용 시스템의 일부로 생각한다. 쉽게 말하자면 그 사람의 정신이 물리적인 공간까지 맵핑해서 그곳을 침범하는 타인의 신체나 감정을 수용하고 대처한다는 뜻이다. 그래서 눈에 보이지 않는 이 경계와 개인 공간에 대한 시각화가 활동의 성패를 가르는 핵심이며, 이는 전적으로 기, 에너지, 상상의 영역에 해당한다. 그래서 어른도 어렵다. 막상 따라했는데 경계를 느끼지 못하거나 도저히 무슨 말인지 이해하지 못하는 학생이 가끔 있더라도 실망하지 말자. 원래 어려운 것이다.

## Point 2. 미안은 그만

이 활동은 의사소통으로서의 '거절' 연습만으로 충분하지 않다는 것을 전제한다. 거절을 하기 위해 하는 말이 실제로는 상대를 내 정신적 경계 밖으로 밀어내지 못하기 때문이다. 대표적인 말이 '미안'이다. 거절을 잘 못한다는 평을 받는 사람은 대부분 "오늘은 집에서 도저히 나갈 수가 없어. 미안.", "미안한데 귀신 이야기 그만해 줄 수 있을까?" 식으로 말한다.

'미안'은 무언가 상대에게 피해를 입히거나 잘못했을 때 하는 말이다. 그런데 오히려 내가 경계를 침범당한 상황에서 왜 미안하다고 말하는 것일까? 아마 경계 밖으로 밀려날 상대의 감정이 신경 쓰이고, 상대로부터 미움받고 싶지 않은 마음 때문일 것이다. 그러나 미안하다는 표현은 내가 잘못한 건데 부탁하는 것으로 상대를 오해하게 만들 수 있다. 이럴 땐 단순하게, 담백하게 경계를 세우면 된다.

"나는 귀신 이야기가 무서워. 그만해 줘."

### Point 3. 인정과 합의

채널링은 건강한 방법이지만 어쨌든 '네 행동이나 말, 감정이 내 경계를 침범해서 불편하니까 그만해 줘.'라는 의미를 담고 있다. 그래서 채널링을 하는 학생은 상대방이 고깝게 듣고 사이가 나빠지면 어떡하나 염려한다. 따라서 채널링을 사용해도 안전하다는 믿음이 있어야 하고, 너와 나의 경계가 다르다는 사실을 인정하고 합의하는 것에서 시작해야 한다. 이야기를 통해 학급 전체의 공감대와 합의를 이끌고 확인해야 한다.

### Point 4. 적절한 비언어적 표현

의사소통의 9할은 비언어적 표현으로 이루어진다.(단순히 '언어적 vs 비언어적'으로 나누었을 때) 그래서 채널링에서도 비언어적 표현이 중요하다. 특히 경계 침범 사실을 알리고 원하는 것을 말할 때 잘못하면 상대가 위협이나 공격으로 느낄 수도 있다. 그렇다고 우물쭈물 저자세로 말하는 것도 효과적이지 않다. 그러면 어떤 비언어적 표현이 경계를 명확하게 세우면서 부작용이 적을까? 우선은 의식적으로라도 미소를 띠거나 웃으면서 말하는 것이 좋다. 웃음을 섞고 차분한 목소리와 또박또박한 말투를 사용하면 전달이 더 잘된다. 그리고 눈썹을 올리는 등 호의적인 표정을 활용한다면 채널링의 의도가 더 잘 나타날 것이다. 핵심은 말투인데 담백하고 담담하게 해야 효과적이다.

## 성찰 메모

학생들은 참는 것보다 채널링을 더 어려워한다. 경험이 없고 방법을 잘 몰라서다. 막상 해 보면 교사인 나도 참 어렵다는 것을 느낀다. 그래서 이 활동은 나부터 충분히 연습을 해서 나 자신의 경계가 형광색으로 반짝이는 것이 보일 때 시도하는 것이 더 좋을 것 같다.

# Program 4 : 공감적 반응

―

너는 내 물병을 열어 주고

다음에 구내식당에 또 김밥이 나오면 알려 주겠다고 해.

너는 밝고, 따뜻하고, 착하고, 다정한 사람이야. 봄날의 햇살 최수연이야.

-〈이상한 변호사 우영우〉中

드라마 〈이상한 변호사 우영우〉의 명대사이다. 드라마 등장인물 중에는 수연 외에도 영우에게 공감하는 사람이 많았지만 수연이 달랐던 점은 공감하는 마음이나 생각, 결심에서 그치지 않고 그 마음을 담아 영우에게 위로, 격려, 지지를 표현하고 행동했다는 것이다. 물병을 열어 주고, 권민우의 술수로부터 지켜 주었다. 그런 따뜻한 공감을 담은 말 한마디, 행동 하나가 영우에게 고스란히 전달되어 봄날의 햇살이 탄생한 것이다.

"그걸 꼭 말로 해야 알아?"

한국 영화나 드라마에서 무뚝뚝한 아버지가 애정 표현에 굶주린 자식의 원망에 클리셰처럼 내뱉는 대답이다. "당연히 말로 해야 알죠. 말을 안 하는데 어떻게 알아요?"라는 말이 목구멍까지 나온다. 굳이 말로 하지 않아도 진심이 전달될 거라는 생각은 근거 없는 착각이다. 인간은 비언어적 단서를 통해 상대의 의사를 추론하는 것이지 독심술을 쓰는 존재가 아니다. 그러므로 알아차리는 것만으로는 충분하지 않다. 내가 당신의 감정을 알아차렸으며 공감하고 있다는 것을 표현해야 한다. 이것을 '공감적 반응'이라고 부른다.

공감적 반응은 공감하는 말하기나 공감적 경청에 한정되지 않는다. 내가 상대에게 정서와 관점을 공유했음을 알리고, 그것을 바탕으로 이해한 상대의 입장에 도움되는 방식으로 이루어지는 모든 반응이 공감적 반응이다. '~구나'라고 말하며 고개를 아래위로 끄덕이는 것만이 공감적 반응은 아니라는 뜻이다. 상대가 속상하고 슬플 때는 위로하면 되고, 힘이 빠지고 불안할 때는 지지하면 된다. 망설이고 두려워할 때는 격려하고, 기쁘고 뿌듯해 할 때는 축하한다.

사실 상대방에게 공감적으로 반응하는 것은 인간의 본능이며 자동적으로 일어난다. 맥두걸McDougall, W.은 공감을 '집단 모든 구성원들의 행동을 조화롭게 만들고, 사회생활의 주요 이점 중 일부를 얻을 수 있도록 하는 시멘트'라고 했다. 사람들은 고통받거나 괴로워하는 대상을 알게 되면 그들에게 이타적인 행동을 하고 싶은 공감적인 염려와 관심이 생긴다. 그래서 사람은 관계에서 상대에게 어느 정도 공감적 반응을 기대하는데, 그것이 안 보이면 섭섭해 하기도 한다. 그런데 종종 엉뚱한 곳에서 오해와 갈등이 발생한다. 상대의 정서와 관점을 공유해서 충분히 공감하고서도 상대의 기대와 다른 반응을 보이기 때문이다. 대표적인 것이 '문제 해결'이다. 흔히 여자는 공감받고 싶어 하고, 남자는 문제를 해결하고 싶어 한다고들 말한다. 이것은 어느 정도의 실제 경향과 어느 정도의 고정관념이 버무려진 말이다. 아무튼 나는 철저하게 문제 해결 쪽이었다. 누군가가 힘들고 속상한 이야기를 하면 얼른 최선의 해결책을 알려 주었다. 같은 불만을 여러 번 이야기하면 "그래서 같은 이야기를 계속하지 말고 원하는 게 뭔지 정확히 말해 줘. 그래야 해결을 하지." 라고 선을 그었다. 내가 생각해도, 누구에게 물어봐도 합리적인 답이었다. 그런데 그로 인해 오해가 생기거나 갈등이 발생하고, 감정은 해결되지 않는 일이 생겼다. 그 이유를 알 수 없었는데 오랜 시간 경험이 쌓이고 공감을 공부하고 나서야 알게 되었다.

한 실험에서 대학생에게 14일 동안 일기를 쓰게 했다. 스트레스를 받거나 어려움을 겪은 뒤, 일기에는 그날 파트너에게서 받은 지원을 모두 적고 그 효과에 대해 서술하게 했다. 지원은 크게 두 가지인데 하나는 공감, 위로, 지지 등의 감정적 지원이고, 또 하나는 돈이나 물질, 해결을 위한 정보, 조언 등의 기능적 지원이었다. 실험 결과 감정적 지원은 일관되게 상대를 행복<sup>well-being</sup>하게 만들었다. 그러나 기능적 지원의 결과는 들쑥날쑥했다. 해결책을 제시하면 상대는 행복해 하기도 했지만, 그것은 어디까지나 감정적 지원이 함께 제공될 때만 해당됐다. 감정적 지원 없이 기능적 지원만 제공할 경우 상대는 행복하지 않았던 것이다.

공감적 반응을 하는 능력 또한 꾸준한 연습으로 향상될 수 있는데, 우선 공감적 반응의 필요성을 깨닫고 반응하는 방법을 배워야 한다. 특히 단순히 상대방의 감정을 말로 읽어 주는 것을 넘어 위로, 격려, 지지, 축하 등 다양한 공감적 반응을 실천해야 한다. 말 외에도 상대와 더 큰 연결을 이루고 지지를 전달할 수 있는 비언어적 표현, 몸과의 연결도 필요하다.

~~~~~~~~~~ **마음 읽기** ~~~~~~~~~~

공감적 반응을 잘 못하는 많은 학생들과 이야기를 나누어 본 결과 의외의 사실을 알게 되었다. 그들은 하기 싫어서가 아니라 어떻게 해야 할지 몰라서 공감적 반응이 어렵다고 호소했다. 단순히 '~구나'처럼 공감하는 말하기의 방법을 다룬 책이나 콘텐츠는 많다. 하지만 왜 그 말들이 공감에 효과적이며 어떤 반응을 불러일으키는지 아는 것이 중요하다. 뇌과학 기반의 영화 〈인사이드 아웃〉을 활용하면 좀 더 쉽게 배울 수 있다.

### 진행 순서

준비물 : 영화 〈인사이드 아웃〉, 활동지, 필기구 등

**1. 활동의 시작**
"'내 마음이야.', '마음에 안 들어.' 등의 말을 들어 본 적 있나요? 이처럼 우리가 자주 사용하는 말에서도 알 수 있듯 누구나 마음을 가지고 있고, 마음은 생활에 큰 영향을 미치죠. 그런데 마음은 어디에 있을까요? 수천 년 동안 사람들은 마음이 가슴에 있다고 믿었습니다. 하지만 과학이 발전하면서 최근에는 마음이 뇌에 있다는 사실이 밝혀졌어요. 과연 마음이 뭘까요? 마음은 어떻게 작동하고 어떤 영향을 미칠까요?"

**2. 영화 〈인사이드 아웃〉의 일부 장면 시청하기**
   – 처음 기쁨이 각 감정을 소개하고 슬픔이에 대해서는 잘 모르겠다고 말하는 장면까지
   – 영화를 구하기 어려우면 생략이 가능하지만 시청하면 효과가 훨씬 높음.

### 3. 마음 시스템 작동 원리 이해하기

- 영상 : https://www.youtube.com/watch?v=HfmvbMTNHA0
- 주요 내용 : 우리 주변에서 일어나는 일에 대해 마음속 감정이 어떻게 대응하는지, 각 감정이 하는 역할이 무엇인지에 대한 설명
- 학습지에 따라 그리면서 설명 듣기

### 4. 마음 시스템이 작동하는 예시를 학습지에 각자 적은 뒤 발표하여 공유하기

### 5. 상대방이 나의 감정을 알아차리지 못하고, 내 말과 행동에만 반응해서 속상했던 경험 나누기

- 예: "언니랑 같이 먹으려고 라면을 끓이는데 언니가 나한테 물어보지도 않고 계란을 넣어 버렸어. 난 계란 넣은 라면을 싫어하거든. 그래서 '나 안 먹어!'라고 말했더니 언니가 '그래? 배불러? 알았어. 나 혼자 먹을게.'라고 말하면서 혼자 먹는 거야!"

### 6. 마음 시스템에 내용을 추가하며 마음 읽기를 이해하기

- 3의 영상 참고
- 주요 내용: 상대방의 겉으로 드러난 말과 행동이 아니라 그 너머의 감정을 찾은 뒤 '(감정)하겠다.', '(감정)하겠네.', '(감정)구나.'라고 진심을 담아 말하기

### 7. 두 명씩 짝이 되어 간단한 롤플레잉

1) 주인공, 친구 역할로 나누기
2) 주인공 : "어제 숙제 다 하고 휴대폰 좀 하려고 휴대폰을 꺼냈거든? 그런데 그때 마침 엄마가 방으로 들어오시는 거야. 그러더니 나한테 '너 또 공부는 안 하고 휴대폰 해? 왜 맨날 휴대폰만 해!'라고 막 화를 내시더라?"
3) 친구의 첫 번째 반응 : "으이구, 그럴래 평소에 휴대폰 좀 적당히 하지."
4) 친구의 두 번째 반응 : "와, 너 진짜 억울했겠다."
5) 첫 번째 반응과 두 번째 반응의 느낌을 비교해 보기
6) 역할 바꿔서 하기

### 8. 생각, 감정, 결심 나누기

## Point 1. 이론적 배경을 살펴라

영화 〈인사이드 아웃〉은 다양한 뇌과학자, 심리학자들의 자문을 통해

설득력 있는 플롯을 짠 것으로 유명하며, 그중에서도 에크먼Ekman, P.의 기본 감정 이론이 마음 본부의 구성, 운영 및 영화 전반의 흐름에 중요한 레퍼런스 역할을 한다. 하지만 감정의 작동 원리와 역할에 대해서는 다양한 이론이 있다. 모든 문화를 아우르는 보편적인 감정과 표정으로 대변되는 감정 지문을 강조하는 폴 에크먼과 달리, 인지적 해석을 중요시하는 샤터-싱어Schachter-Singer감정 이론, 감정의 보편성을 부정하고 구성주의를 주장하는 리사 펠드먼 베럿의 이론 등 서로 다른 주장들이 논쟁을 벌이는 상황이다. 개인적으로는 구성주의적 감정 이론을 지지하는데, 그럼에도 〈인사이드 아웃〉을 활용하는 이유는 직관적이고 명확해서 학생들이 쉽게 이해하고 받아들이기 때문이다. 다만 아직까지 감정의 작동 원리가 100% 규명되지 않았음을 미리 알리고, 마음 읽기라는 해석의 과정을 강조해서 학문적 편견이나 고정관념에 빠지지 않도록 유의한다.

### Point 2. 형식을 제대로 알고 사용하기

누군가는 말한다. "무슨 수학 공식도 아니고, 꼭 '~하겠다'처럼 딱딱한 형식에 맞춰서 말해야 해? 그냥 진심만 통하면 되지." 답답한 이야기다. 우리가 진리 혹은 공식이라고 부르는 것들은 수많은 데이터에서 귀납적으로 만들어진 경험의 정수다. 비슷한 상황에서 가장 효과적인 방법을 다듬어 간편화한 것이 바로 형식이다. 형식을 알고 실천하는 것은 효율성 높은 시도를 하는 것이다. 물론 진심 없이 형식만 지킬 때 우리는 '형식적이다'라고 비판하지만, 형식 없는 진심은 전달될 가능성조차

희박하다. 결국 형식을 제대로 알고 사용하면서 진심을 담아 다채롭게 활용하는 것이 상수일 것이다.

### Point 3. 마음 읽기는 공감적 반응의 시작

마음 읽기의 효과는 예상보다 더 강력하다. 특히 공감을 많이 받아 보지 못했거나 공감해 보지 않은 학생은 새로운 세상을 만난듯 감탄하며 마음 읽기의 팬이 되기도 한다. 그러나 마음 읽기는 공감적 반응의 필요 조건이지 충분조건은 아니다. 마음 읽기를 통해 감정을 정확히 읽어 주면 상대는 마음의 벽을 허물고 속 깊은 이야기를 하기 시작한다. 마음 읽기가 일종의 도어 오프너<sup>door opener</sup> (대화에서 대화의 물꼬를 트는 주제나 발언) 역할을 하는 것이다. 마음 읽기를 적절하게 한 뒤에 위로, 격려, 인정 등 다양한 공감적 반응을 이어 간다면 공감적 반응의 고수가 될 수도 있다. 그러니 마음 읽기를 한 다음의 정적이나 당황이 처음에는 지극히 자연스러운 일임을 아이들에게 알려 주면 도움이 된다.

### Point 4. 실천을 담은 후속 활동

당연히 말이라는 것은 이해보다는 연습, 연습보다는 실천을 통해 늘기 마련이다. 따라서 실천의 기회를 많이 주는 후속 활동이 좋다.

우선 어버이날 즈음에 마음 읽기를 활용한 '부모님 마음 읽기' 활동을 해 보자. 3주 정도의 시간 동안 집에서 부모님께 마음 읽기를 비밀리에 10회 이상 하는 미션을 준다. 그때 내가 추측한 부모님의 감정은 무엇이었는지, 나는 뭐라고 마음 읽기를 했는지, 부모님의 반응과 나의 소감은 어땠는지 기록한다. 예상보다 부모님도 아이도 많은 것을 느끼게 된다. 정해진 기간 동안 친구들에게 마음 읽기를 10회 이상 실천하는 활동도 같은 맥락에서 효과적이다.

### 성찰 메모

마음 읽기는 공감적 반응 중에 가장 쉽고 효과적이고 필수적이다. 하지만 실천하기 어려운 순간이 있는데, 바로 상대가 느끼는 화, 실망, 짜증 등의 감정 원인이 '나'에게 있을 경우다. 이때 마음 읽기를 해 버리면 내가 상대에게 잘못한 것을 인정하는 모양새가 되고, 안 하자니 갈등으로 이어질 가능성이 크다. 이 딜레마를 어떻게 해결할지는 좀 더 고민해야겠다.

## 마음 카드

나는 감정 카드나 상담 카드 마니아다. 다양한 조율의 감정 카드뿐 아니라 상황 카드, 욕구 카드, 문제 해결 카드, 마인드 업 카드 등을 활용하고 있다. 이 카드들을 상담, 교과 수업, 감정교육, 공감교육 등 다방면에 활용할 수 있다. 카드를 자주 사용하다 보면 학생들이 종종 묻는다.

"선생님이 카드 하나 만들어요."

하지만 카드의 필요성과 효과를 느끼면서도 '기존의 카드가 워낙 종류도 많고 잘되어 있어서 굳이 새로운 카드가 필요할까?'라는 의문이 든다. 그런데 공감교육을 거듭할수록 아쉬운 점이 생겼다. 문구의 현실성, 그리고 유목화 때문이다. 조금 번거롭지만 더 의미 있는 카드를 학생들과 직접 만들어 활용해도 좋다.

## 진행 순서

준비물 : 각종 감정 카드 및 마인드 업 카드, 카드 종이(흰 종이, 활용에 따라 원하는 크기로 미리 재단해 두기), 색연필, 사인펜, 필기구 등

### 1. 활동의 시작
"여러분, 혹시 각종 감정 카드와 마인드 업 카드 등을 활용할 때 아쉬운 점이 있었나요? 오늘은 그런 아쉬움을 달래고 우리의 필요를 만족시킬 수 있는 우리만의 마음 카드를 만들어 볼까 합니다. 앞으로 계속 활용할 예정이니 적극적으로 참여해 주길 바라요."

### 2. 들었을 때 기분 좋은 말 브레인스토밍

### 3. 격려, 위로, 칭찬, 고마움, 축하, 인정 등에 대해 공부하기

### 4. 들었을 때 기분이 좋아지고 행복해지는 말 브레인스토밍
- 말은 1~2 문장의 길이로 표현하기
- 기존의 카드들 참고 가능
- 모두가 활용할 수 있도록 구체적인 이름은 넣지 않기
- 실제 우리 반 친구들의 지지를 받을 수 있는 내용으로, 입말(입으로 말했을 때 자연스러운 문장)로 만들기

### 5. 브레인스토밍 한 문장을 분류하여 해시태그 달기
- 격려, 위로, 칭찬, 고마움, 축하, 인정, 우정, 사랑
- 해시태그는 2~3개 달 수 있음.
- 예: '수고했어 오늘도 #위로 #인정 #격려'

### 6. 문장을 1/N해서 분배(보통 학생 한 명당 2~3개의 문장을 맡게 됨.)

### 7. 방법 1 : 손그림으로 제작하기
- 해당 문장과 해시태그를 잘 보이도록 종이에 그리고 꾸민 뒤 코팅

### 8. 방법 2 : 컴퓨터로 제작하기
- 미리캔버스, 칸바 등의 온라인 디자인 플랫폼이나 다양한 프로그램을 활용하여 카드를 파일로 제작해서 프린트한 뒤 코팅

### 9. 완성한 작품 확인 후 소감 나누기

## Point 1. 용도를 설정하자

마음 카드는 다양한 형태로 제작할 수 있다. 진행 순서 5에서 문장을 분류한 뒤 해시태크 작업까지 마무리하면 문장 데이터베이스가 완성된다. 이 문장들을 사진이나 파일로 일단 저장한다. 그 후에 카드로 실제 제작을 하는데, 사용 용도를 고려해서 제작하는 것이 좋다. 크게 세 가지 형태로 제작할 수 있는데, 하나는 아이들이 한 손에 쥘 수 있는 작은 크기의 카드다. 대략 가로 6cm×세로 3cm 내외가 적절한데 주로 다수의 세트를 제작해 개인이 손에 들고 다니며 활용하는 활동에 적절하다. 두 번째는 가로 9cm×세로 6cm 정도의 일반적인 카드 덱 크기다. 이 덱은 4인 1팀 정도의 게임이나 상대에게 카드를 보여 주면서 하는 활동에 좋다. 마지막은 A4 용지를 길게 이등분한 크기다. 이것은 벽, 게시판 등 눈에 띄는 곳에 부착하여 활용하는 데 적절하다. 물론 셋 다 제작해도 좋다. 번외로 카드 형태 외에도 4절이나 2절 정도 종이에 문장들을 한눈에 볼 수 있게 정리해 두면 여러 모로 쓸모가 많다.

## Point 2. 다양하고 효과적으로 활용하기

카드 형태로 제작하는 가장 큰 이유는 다양한 형태의 활동, 특히 게임에 활용하기 좋기 때문이다. 이 수업은 미술 수업이 아니라 공감 수업이다. 일단 만들었으면 효과적으로 다양하게 활용하는 것이 중요하다. 가장 기본은 미션 활동이다. 등교할 때 이름 뽑기를 한 뒤, 뽑은 친구에게 마음 카드에 있는 문장 중 해 주고 싶은 말을 진심을 담아 해 주는 미션이다. 가끔 미션 수행 자체를 위해 맥락에 맞지 않아도 하는 경우가 있지만, 마음 카드의 문장을 입 밖으로 내뱉는 연습만으로도 의미가 있다. 조금 익숙해지면 뽑기로 카드를 뽑아도 재미있다.

또 하나 즐겨 하는 게임은 '오글오글 타임'이다. 공감적 반응을 연습할 때 자주 하는 게임인데 학생들의 호응이 무척 높다. 우선 일대일로 짝을 정한다. 짝끼리는 책상을 마주하고 서로의 얼굴을 쳐다보며 앉는다. 공격-수비로 순서를 정하고, 먼저 공격하는 사람이 마음 카드 한 장을 무작위로 뽑는다. 그리고 상대를 쳐다보며 뽑은 카드의 내용을 최대한 실감 나면서 다소 과장되게 말한다. 이때 수비가 5초를 버티면 성공이다. 이번에는 수비가 카드 한 장을 뽑아 같은 방법으로 공격한다. 이렇게 번갈아 하면서 어색함과 민망함을 참지 못하고 웃음을 터뜨리는 쪽이 지는 게임이다. 다소 손발이 오그라드는 문장을 말로 옮겨 보는 연습을 하기에 적절한 활동인데, 마음 카드를 사용하면 게임이 훨씬 깊이 있고 재미있어진다.

### Point 3. I don't know what to say

마음 카드는 좋은 글귀를 익히기 위한 도구를 넘어 공감적 반응의 참조 자료 역할을 한다. 아이들과 상담을 하다 보면 의외로 미안할 때, 친구가 힘들어 할 때, 친구가 상을 탔을 때 등 공감적 반응이 필요한 순간에 어떻게 말해야 할지 모르겠다고 하는 경우가 많다. 그 이유는 익숙하지 않기 때문이다.

말보다 텍스팅에 더 익숙하고, 깊은 맥락을 담은 대화가 낯선 지금의 학생들에게는 곤란한 상황에서 말을 한다는 것이 고문에 가깝다. 그럴 때 이 카드는 말하는 방법을 구체적으로 알려 주는 좋은 길잡이가 된다. 특히 해시태그로 인해 공감적 반응 중에서도 의도와 상황에 가장 잘 어울리는 문장을 선택할 수 있다는 장점이 있다.

**성찰 메모**

마음 카드는 쓸수록 재미있고 깊이 있는 활동을 할 수 있어서 좋다. 한 가지 아쉬운 점은 여러 번 사용하기 위해 코팅을 하지만, 손에 쥐고 하는 활동이 많다 보니 금방 흐물흐물해지거나 구겨진다는 것이다. 손으로 만들 경우 도화지에 제작하기도 하는데 이 역시 내구성에 한계가 있다. 튼튼하면서 빛이 반사되지도 않는 소재로 만들 방법은 없을까?

## 공감이 필요해

MBTI 관련 영상을 본 적이 있는데, T 성향이 강하다는 한 청년이 "공감이 자연스럽게 된다는 것이 이해가 안 돼요. 어떻게 그럴 수 있지? 공감은 연습해야 하는 것 아닌가요?"라고 말한다. 진지하고 의아한 표정에서 진심이 느껴졌다.

성격이나 기질상 공감하는 능력에는 차이가 있다. 하지만 분명한 점은 공감을 쉽게 하든 어렵게 하든 공감적 반응을 하는 능력은 연습해야 향상된다는 것이다. 그리고 그 연습을 교실에서 해야 한다면 이왕이면 재미있고 자연스럽게 하는 게 좋다.

## 진행 순서

준비물 : 팀별로 화이트보드 1개, 보드 마커, 감정 카드 1세트, 보드 마커 지우개, 격려 카드(없다면 마인드 업 카드 등 격려의 말이 적혀 있는 카드) 등

### 1. 활동의 시작

"누군가에게 공감받아 본 경험이 있나요? 있다면 그때 내 마음은 어땠나요? 다른 사람에게 공감받고 싶어 하는 것은 인간의 본능입니다. 누군가 내 감정을 알아차리고 위로, 격려, 공감해 주면 마음이 편안해지고 행복해지죠. 하지만 상대의 감정을 알아차리고 상대에게 필요한 말을 해 주는 것은 쉬운 일이 아닙니다. 그래서 오늘은 게임 활동을 통해 그 연습을 해 볼까요."

### 2. 준비

– 4~5명을 한 팀으로 만들기

– 팀 책상 가운데 감정 카드 엎어 두고 격려 카드 2명당 한 세트씩 가지기

– 딜러 한 명 정하기

### 3. 딜러가 감정 카드 한 장을 뒤집어서 보여 주면 그 감정과 관련된 경험이 떠올라서 공유하고 싶은 사람(출제자)이 손 들기

### 4. 출제자는 해당 감정을 느꼈던 경험 이야기하기

– 실제로 자신이 겪었던 일이어야 함.

– 객관적인 표현으로 자세하게 이야기하기

– 곤란한 상황을 막기 위해 등장인물의 실명을 사용하지 않고 대명사로 이야기하기
(예: "민수가 내 머리를 때렸어(X)." -> "친구에게 머리를 맞았어(O).")

### 5. 출제자가 말한 것과 비슷한 경험이 있는 사람은 손 들고 이야기하기

### 6. 출제자는 그때 듣고 싶었던 말을 화이트보드에 적기

– '그때로 돌아갈 수 있다면'이라는 전제로 생각하되, 아직도 그때의 경험 때문에 감정이 풀리지 않았다면 지금 여전히 듣고 싶은 말을 적어도 됨.

– 경험 속 상대에게 듣고 싶은 말, 혹은 다른 누군가에게 듣고 싶은 말이어도 됨.

– 격려 카드를 참고해서 적어도 됨.

– 참여자 모두 비밀을 유지해야 함.

**7. 정답 맞히기**

- 출제자를 제외한 나머지 참여자가 돌아가면서 한 명씩 정답을 맞힘.
- 기회는 한 사람당 총 2번이고, 격려 카드를 참고해서 맞혀도 됨.
- 한 명이 예상 답을 말하면, 출제자가 자신의 정답과 얼마나 가까운지 판단하고 점수를 줌(0-5점). 비슷할수록 높은 점수 주기
- 이때 메시지의 유사성 외에 말투, 표정 등도 평가의 요소에 들어감.
- 정답을 정확하게 맞힌 사람은 10점을 얻음.
- 정답자가 나오면 출제자 본인도 10점을 얻음.
- 모두 두 번씩 기회를 가졌는데도 정답자가 나오지 않으면 출제자만 10점을 얻음.

**8. 딜러가 다음 감정 카드를 뒤집고 게임을 반복함.**

- 한 사람이 연속해서 출제할 수 없음.
- 출제를 원하는 사람이 겹칠 경우 출제하지 않은 사람에게 우선 기회를 제공

**9. 게임이 끝난 후 가장 많은 점수를 얻은 사람이 '공감 왕'**

**10. 소감 나누기**

## Point 1. 단계별로 과정을 충분히 경험하도록

이 활동은 단순히 상대가 듣고 싶은 메시지를 맞히는 게임이 아니다. 제대로 된 공감적 반응을 하기 위한 단계별 연습 과정이다. 우선 출제자의 경험을 듣고 관점 취하기를 통해 그 감정과 입장에 몰입한다. 그리고 나의 비슷한 경험을 공유해서 출제자와 공감대를 형성한 뒤, 출제자가 듣고 싶어 할 말을 상상한다. 그리고 진심을 담아 그 말을 출제자에게 표현하는 것으로 귀결되는 활동이다. 이 단계는 관점 공유, 정서 공유가 동시에 이루어지고 상상력을 더해야 가능한 수준 높은 종합 예술에 가깝다. 메시지를 맞히는 결과에만 집중하지 않고 과정을 충분히 경험하도록 안내한다.

**Point 2. 충분한 시간과 여러 번의 반복**

대다수의 활동이 그렇지만 이 활동은 특히 충분한 시간이 필요하다. 게임적인 요소로 보자면 여러 번 턴이 반복되어야 공감 실력과 점수가 어느 정도 비례하기 때문이다. 그러나 더 큰 이유는 공감교육의 측면에 있다. 공감적 반응은 반복할수록 향상되는 능력이다. 종합적인 해석을 통해 공감의 말을 떠올리는 것도 그렇지만 더 중요한 것은 그것을 직접 말로 표현하는 순간이다.

사람은 평소에 많이 해 보지 않은 말을 할 때 어색함을 느끼는데 특히 공감, 위로, 격려, 칭찬처럼 긍정적인 말을 할 때 더욱 그렇다. '손발이 오그라든다'고 표현하듯 아직도 우리 사회 전반에는 긍정적인 말보다는 사리에 맞거나 차가운 말이 더 많기 때문일 것이다. 그래서 많은 사람들이 이 순간의 어색함이라는 벽을 넘지 못하고 '원래 하던 말하기 방식'으로 돌아간다. 이것을 극복할 수 있는 방법은 반복밖에 없다. 어색함은 익숙하지 않아서 생기는 감정이고, 익숙해져야 극복할 수 있기 때문이다. 이 게임에서 손을 들어 정답을 맞히지 않고 한 명씩 돌아가며 공평하게 두 번씩의 기회를 주는 것도 그런 이유다. 충분한 시간, 여러 번의 반복을 통해 공감적 반응에 익숙해질 수 있다.

**Point 3. 본질에 집중할 수 있게**

이 활동은 여러 공감교육 활동 중에서도 게임 성격이 강하다. 그렇기에 학생들의 흥미가 높고 반응도 폭발적이지만, 본질에서 벗어나기도 쉽다. 공감적 반응을 단계적으로 연습하기보다 점수 쌓기, 정답 맞히기에 몰두하는 경우가 종종 있는데, 그 과정에서 승부에 대한 집착이나 다툼이 생기기도 한다. 아직 성숙하지 않은 학생들이기에 어쩌면 자연스러운 현상이고, 교사가 이끌어 줘야 하는 부분이다.

학생이 공감적 반응 연습이라는 본질에서 벗어나지 않도록 중간중간 "우리가 이 활동을 하는 이유가 무엇인가요?", "우리는 무엇을 배우고 연습할 수 있을까요?" 등의 질문을 던져 주는 것이 효과적이다.

**Point 4. 공감의 말 말고 공감**

더 근본적으로 생각해 보면 이 활동은 공감의 메시지를 맞히는 것을 넘어 공감적 반응을 하는 것 자체가 목적이다. 진심과 정확한 메시지, 그리고 메시지보다 중요한 비언어적 표현 또는 반언어적 표현이 어우러져야 진짜 공감적 반응이 된다. 그런데 게임이다 보니 학생들이 메시지를 맞히는 것에만 몰두하기 쉽다. 하지만 더 중요한 것은 메시지를 표현하는 방식이다.

이는 대화법 교육이나 말하기 연습과 비슷한데 무엇을 말하는지를 넘어 어떻게 말하는지가 중요하다. 따라서 정답을 맞힐 때도 그냥 외치지 않고 진심을 담아 적절한 말투와 표정으로 표현해야 한다. 일종의 즉흥극, 롤플레잉이라고 보면 적절하다. 그래서 출제자가 정답을 말한 학생에게 점수를 줄 때 메시지의 유사성뿐 아니라 표현의 적절성까지 고려해서 점수를 준다.

이 활동은 팀별로 진행되므로 교사는 전체적인 안내와 조율을 하는 역할을 맡는다. 그러나 한 가지 역할을 더 맡으면 교육의 질이 향상된다. 바로 시범이다. 교사가 전체적으로, 혹은 어느 팀에 끼어서 공감적 반응 시범을 보여 주면 학생들의 공감적 반응 수준이 눈에 띄게 올라간다. 교사가 최고의 교재라는 점을 잊지 말고 적극적으로 참여해야겠다.

## 너와 나의 연결고리

사람은 다른 구성원과 연결되었다고 느낄 때 소속감을 가진다. 이 연결은 정서적인 연결만을 뜻하지 않는다. 따뜻한 피부, 부드러운 손의 악력, 든든하고 묵직하게 감싸 안음 등 신체적 연결은 정서적 연결과는 다른 직접적이고 더 큰 유대감을 선사한다. 공감적 반응 역시 자신과 연결된 대상에게 발생하는 만큼 신체적 연결, 즉 스킨십이 중요하다.

### 진행 순서

**1. 활동의 시작**

"여러분, '스킨십'하면 어떤 생각이 떠오르나요? 누군가는 자연스럽고 좋은 것이라고 여길 것이고, 또 누군가는 괜히 부끄럽고 민망한 느낌이 들기도 하겠죠. 그런데 스킨십은 인간에게 없어서는 안 되는 아주 중요한 것이랍니다. 스킨십은 많이들 오해하는 이성 간의 스킨십을 뜻하는 것이 아니라 인간 대 인간이 관계를 맺기 위해 서로의 피부가 닿는 것을 뜻해요. 스킨십이 자연스러워지면 서로 의사소통이 잘되고 관계가 좋아진다고 해요. 그런데 갑자기 스킨십을 한다는 것은 민망하고 망설여지는 일일 수도 있어요. 그래서 조금씩, 자연스럽게, 원하는 만큼 시도해 볼까 합니다."

[활동 1 : 랜덤 스킨십]

1. 학생은 교사와 마주 보고 한 줄로 선다.

2. 학생은 차례대로 교사에게 와서 자신이 원하는 스킨십을 하면서 "사랑합니다."라고 말한다.

   – 이때 교사도 같은 스킨십을 학생과 함께함.

   – 몸이 닿기만 하면 모두 스킨십으로 인정(예: 발끝 닿기, 손가락 하나 닿기, 머리카락 연결하기, 팔꿈치 닿기, 악수, 하이파이브 등)

3. 스킨십을 한 학생은 자리로 돌아간다.

4. 익숙해지면 줄을 서지 않고 원하는 시간에 자유롭게 교사와 하루 1회 스킨십

5. 모두가 충분히 익숙해지면 하루에 한 번씩 교사 대신 학생 한 명에게 모두 랜덤 스킨십


[활동 2 : 오늘의 별]

준비물 : 뽑기 혹은 룰렛

1. 학급의 학생 중에 한 명을 랜덤으로 '오늘의 별'로 선정

2. 나머지 학생들은 오늘의 별에게 가서 다음 중 하나의 스킨십을 하며 "좋은 하루 보내!"라고 인사한다.

   – 악수, 하이파이브, 어깨에 손 올리기 등

3. 익숙해지면 아침에 한 번, 마칠 때 한 번씩 두 번 한다.


[활동 3 : 눈으로 말해요]

준비물 : 뽑기 세트

1. 뽑기를 뽑는다.

   – 뽑기는 같은 단어가 두 개씩 있음(예: 파랑, 파랑, 강아지, 강아지, 고양이, 고양이 등).

2. 같은 단어를 뽑은 사람끼리 서로의 옆자리로 이동

3. 교사가 '눈으로'라고 하면 학생들은 다같이 '말해요'라고 말하면서 자신의 짝과 얼굴을 마주 보고 눈을 마주친다.

4. 눈을 떼지 않은 채 속으로 상대를 격려하고 응원하는 말을 하며 눈빛을 보낸다.

5. 교사가 '그만'이라고 하면 하이파이브 하며 헤어진다.

**Point 1. 첫날부터 마지막 날까지 매일 꾸준히**

처음에 활동을 시작하면 쭈뼛대며 주저하거나 버티는 학생이 있다. 그리고 다수의 학생은 소극적으로 참여한다. 손을 내밀지 발을 내밀지 망설이는 아이, 민망해서 눈을 아래로 깔고 하는 아이, 후다닥 닿은 듯 안 닿은 듯하고 달아나는 아이까지 익숙하지 않은 일이니 그럴 만도 하다. 그렇다고 실망할 필요는 없다. 가랑비에 옷 젖는다는 속담처럼 꾸준히 하다 보면 나도 모르게 몸과 마음이 열리는 순간이 온다. 이 활동들을 첫날부터 마지막 날까지 매일 하다 보면 시간만큼 정직한 게 없다는 것을 느낄 것이다. 처음에 손가락도 닿지 못하던 아이가 먼저 교사의 품에 쏙 안길 때의 기쁨은 말로 표현이 안 된다. 단순히 몸이 닿는 것을 넘어 연결이 이루어졌기 때문이다. 이런 연결 없이 공감은 불가능하다.

**Point 2. 강요하지 않고 사전에 안내하기**

몇 년 전, 교감 선생님이 직원 협의 때마다 하시는 말씀이 있었다.

'촉.수.금.지'

괜한 오해가 생기지 않도록 학생에게 아예 닿지 말라는 의미였다. 학생에게 가볍게 터치를 하며 격려를 했다가 민원을 받거나 신고당하는 사건들로 세상이 떠들썩하던 때였다. 특히 나 같은 남교사가 여학생과 스킨십을 하면 아주 위험하다고 신신당부하셨다. 내가 다른 선생님들께 너와 나의 연결고리 프로그램들을 알려 드리면 비슷한 반응이 빠지지 않고 나온다.

"어휴, 요새 세상이 무서워서 그러다가 큰일 나요. 괜한 오해 안 사는 게 나으니까 조심하세요."

스킨십은 아주 강력한 관계의 기술이고 사회적 도구다. 심리학자 헤터스타인Hatterstein, M.의 연구에 따르면 스킨십을 사용하여 감정 전달을 할 때 최대 78%까지 효율성이 높아진다고 한다. 이로운 점이 많음에도 교실에서의 스킨십을 걱정 때문에 포기하기보다는 문제 발생을 방지할 원칙과 대책을 마련해야 할 것이다.

우선 스킨십을 결코 강제하거나 강요하지 않는다. 랜덤 스킨십에서는 꼭 학생이 선택한 스킨십만 한다. 스킨십을 아예 못하겠다고 버티는 학생이 있다면 억지로 강요하지 않고 다음 날에는 참여해 보자고 권유만 하며, 열심히 참여하는 학생은 격려한다. 활동에 대해 미리 가정에 안내해서 오해가 생기지 않게 한다. 활동의 취지와 효과, 현황 등을 상세하게 안내한 뒤 '혹시 아이가 불편해 하거나 가정에서 걱정된다면 강요하지 않는 활동'이라는 점을 명시한다. 마지막으로 학생 사이에서 스킨십 활동을 할 때는 압박하지 않도록 안내한다. 가끔 나는 했는데 상대는 안 한다고 화를 내거나, 제대로 안 한다며 비난하는 경우가 있다. '너와 나의 연결고리'는 정서적인 유대감 형성과 관계의 장애물 제거가 전부라고 해도 과언이 아니다. 공평함이나 옳고 그름에 대한 날카로운 논쟁은 효과를 반감시킬 뿐이다. 사전에 학생들과 활동의 목표를 명확히 공유해서 압박이 아닌 권유와 독려가 이루어지도록 한다.

**Point 3. 지나침을 경계하라**

너와 나의 연결고리를 꾸준히 하다 보면 어느새 몸과 마음이 충분히 열리는 것을 느낀다. 나와 랜덤 스킨십을 할 때 포옹하는 아이들이 절반을 넘고, 자연스럽게 머리를 쓰다듬기도 한다. 남녀 친구 사이에 서로 몸을 쓰는 놀이를 하거나 헤드락을 걸며 장난을 치고, '눈으로 말해요'를 할 때 윙크를 하기도 한다. 내 팔짱을 끼고 주렁주렁 매달린 덩치 큰 6학년들을 보면 다른 선생님들이 혀를 내두른다. 어쩌면 그림 같은 모습이기도 한다. 하지만 성공적인 순간이 가장 경계해야 하는 순간이다. 몸과 마음이 열리면 신체가 자유롭고 활용의 폭이 커진다. 문제는 스스럼없는 장난이 오가다 보니 때로는 오해가 생기거나 선을 넘기도 한다는 점이다. 놀이 중이라도 이성 친구의 엉덩이를 발로 찬다든지, 엎드린 친구의 위에 올라타서 눕는 놀이를 하는 식으로 말이다. 잘못하면 성적인 문제로 불거지거나 안전사고로 이어질 수도 있다. 유난히 몸의 경계가 닫혀 있는 친구의 특성을 존중하지 않은 채 부담이 되는 스킨십을 하는 경우도 문제다. 따라서 학생들에게 항상 지켜야 할 선과 개인의 경계에 대한 인식을 꾸준히 심어 주는 것이 중요하다. 아울러 자신의 선을 넘는 스킨십에 불편함을 표현하는 연습도 계속 함께한다.

### 성찰 메모

코로나 19 첫 해에 만난 아이들과는 유난히 친밀감이 덜한 느낌이었다. 6월 8일에 첫 등교를 하고 그나마도 교차 등교를 해서 자주 못 만났으니 당연한 일이었다. 하지만 곰곰이 생각해 보면 가장 큰 원인은 몸의 연결이었던 것 같다. 아예 닿지 못했던 아이들과 나 사이의 거리는 고스란히 마음의 거리로 남았다. 코로나가 앗아간 것은 건강만이 아니었다.

# 줄줄이 공감 퀴즈

거듭 언급하지만 공감적 반응은 연습이 필수적이다. 실제로 해 보면 거창한 수업을 통한 한 번의 연습보다는 짧고 간단하더라도 꾸준히 반복하는 연습이 훨씬 효과적이다. 거기에 구체적이고 적절한 피드백을 곁들인다면 금상첨화다. 이것이 바로 줄줄이 공감 퀴즈의 탄생 이유다.

## 진행 순서

### 1. 활동의 시작

"혹시 영어나 외국어를 배워 본 적 있나요? 한번 듣거나 외운 단어를 바로 우리말처럼 자연스럽게 쓸 수 있을까요? 그런 사람은 거의 없을 거예요. 말이란 수많은 연습을 통해 익숙해져야 자연스러워지거든요. 공감적 반응도 마찬가지예요. 마음 읽기를 배웠다고 해서, 진심을 담는다고 해서 바로 할 수 있는 게 아니죠. 그래서 꾸준한 연습이 필요합니다. 결국 공감적 반응도 언어적, 비언어적 말하기이므로 연습하는 방식은 똑같아요. 실전 같은 롤플레잉이죠."

### 2. 방법 1

1) 급식을 먹기 전에 손을 씻고 교사 앞에 한 줄로 서기

2) 한 명씩 교사에게 오면 공감이 필요한 상황을 교사가 연기하기

　- 예: "나 어제 엄마 몰래 학원 빠졌는데, 엄마가 알아차리셨을까? 어떡하지?"

3) 학생은 상황에 적절한 공감적 반응(마음 읽기+비언어적 표현)하기

　- 예: "정말? 어떡해? (어깨에 손을 올리며, 걱정하는 표정으로) 너 진짜 걱정되겠다."

4) 교사가 '통과'라고 하면 급식을 향해 출발, '땡!' 하면 줄의 맨 뒤로 가서 재도전

　- 적절한 공감적 반응(특히 마음 읽기 방법대로 말했는지가 중요)을 했으면 통과, 그렇지 않으면 땡으로 판정한다.

5) 줄이 모두 없어질 때까지 실시

### 3. 방법 2

1) 급식을 먹기 전에 손 씻기
2) 교사가 학생 중에 공감 선생님 4~6명 지정하기
   - 성별, 성향, 어울리는 그룹 등을 다양하게 섞기
   - 어제 했던 사람은 오늘 하지 않기
3) 방법 1과 같은 공감 퀴즈 활동하기
4) 공감 선생님 외의 참가자 학생들은 공감 선생님 모두에게 '통과'를 얻으면 급식 시작
5) 마지막에 공감 선생님은 교사에게 와서 공감 퀴즈 활동 실시

### 4. 방법 3

1) 기본적으로 방법 2와 동일하게 진행
2) 공감 선생님은 '통과' 또는 '땡!'이 아니라, 공감적 반응 점수(0~5점)를 매겨서 알려준다.
3) 참가자 학생은 공감 선생님으로부터 공감적 반응 점수 10점을 얻으면 통과. 급식 시작
   - 참가자 학생은 공감 선생님 한 명에게 한 번씩만 공감 퀴즈 도전 가능. 단 모든 공감 선생님을 만났는데도 점수가 모자랄 경우에는 한 번씩 더 도전할 수 있다.

### 5. 식사 후 마칠 때 생각, 감정, 결심 나누기

## Point 1. 점차적으로 난이도 높이기

방법 1, 방법 2, 방법 3은 모두 효과적이고 어떤 순서로 해 봐도 좋지만 경험상 방법 1 → 방법 2 → 방법 3 순으로 진행하기를 추천한다. 방법 1의 장점은 교사가 직접 참여한다는 것이다. 교사의 실감 나는 연기, 비교적 공감적 반응을 하기 쉬운 상황 설정, 적절한 진행 속도 조절 등으로 활동의 효과를 높일 수 있다. 여기서 학생은 마음 읽기의 형식으로 말하는 방법을 익히고 비언어적인 표현으로 진심을 담을 수 있게 된다.

그다음 방법 2로 넘어가면 학생 공감 선생님이 등장하는데 참가자

학생은 다양한 대상을 만나 공감적 반응을 하는 연습을 한다. 공감적 반응을 할 때 상대의 성별, 성향, 나와의 친밀도까지 고려하게 되어 맥락을 읽는 능력을 키울 수 있다. 동시에 돌아가면서 공감 선생님 역할을 하는 과정에서 공감적 반응을 평가하며 효과를 체감하고 감각을 키울 수 있다.

마지막 방법 3에서는 공감적 반응의 수준을 정교화하고 세밀화할 수 있다. 방법 2까지는 통과 아니면 땡이기 때문에 마음 읽기 형식을 지키기만 하면 대부분 통과할 수 있다. 그러나 방법 3에서는 '상대방이 인정할 수 있는' 공감적 반응을 해야 높은 평가를 받을 수 있으므로 비언어적인 표현이나 마음 읽기 이상의 무언가가 더 필요하다. 반대로 공감 선생님도 정밀한 평가를 해야 하므로 뉘앙스의 차이, 미묘한 진심의 농도 등을 알아차리는 연습을 하는데, 이는 자신이 참가자가 되었을 때 공감적 반응 수준의 향상으로 이어진다. 그래서 방법 1이 익숙해지면 방법 2, 방법 2가 익숙해지면 방법 3으로 넘어가는 것이 좋다.

**Point 2. 최적의 시간 선정**

이 활동을 급식 먹기 직전에 하는 이유는 이때가 학생들이 가장 동기화되어 있는 시간이기 때문이다. 따라서 학생들에게 양해를 구해 수업을 일찍 시작해서라도 꼭 밥 먹기 5~10분 전쯤에 하는 편이다. 밥을 빨리 먹기 위해서 학생들은 정말 전투적으로, 적극적으로 참여한다. 예를 들어 방법 1에서 '땡' 판정을 받을 경우 보통 수업 시간에는 터덜터덜 줄 뒤로 걸어간 뒤 자기 차례를 마냥 기다린다. 하지만 밥 먹기 전에 하면 얼른 줄 뒤로 간 뒤 다른 친구들이 어떻게 참여하는지 관찰하고 듣는다. 그리고 재도전을 할 때는 대부분 훌륭하게 공감적 반응을 한다. 물론 다른 수업 시간이나 틈새 시간에 해도 상관없다. 하지만 활동의 효율성과 효과를 고려한다면 밥 먹기 직전이 최적임을 부정할 수는 없다. 교사가 조금만 치사(?)해지면 공감의 질이 달라진다.

### Point 3. 공감 선생님의 선정

의외의 중요 포인트가 하나 있는데 바로 누구를 공감 선생님으로 지명하냐는 것이다. 4~6명이라고 했지만 보통 20명을 기준으로 4명, 24명이면 6명 정도 지명하는 편인데, 순간 생각나는 대로 공감 선생님을 임명하는 것 같지만 그렇지 않다. 성별, 성향, 평소 소속된 관계 네트워크 등 다양한 요소를 최대한 고려해서 겹치지 않게 지명한다. 공감 선생님을 활용하는 이유는 평가의 빈도를 높이기 위해서이기도 하지만, 다양한 대상과 대화하는 상황에서 공감적 반응을 연습시키기 위해서다. 예를 들어 어떤 남학생은 여학생에게 하는 공감적 반응을 낯간지럽게 여기며, 내성적인 학생은 직선적인 친구의 마음 읽기를 두려워한다. 물론 평소에 사이가 좋지 않은 친구에게 공감하는 것은 말할 것도 없이 어려운 일이다. 그러나 공감은 나와 친하거나 편한 상대에게만 하는 것이 아니고 다양한 경우에 이루어져야 한다. 따라서 그날의 공감 선생님은 미리 마음속으로 정해 두고 활동을 시작하는 것이 좋다.

## Point 4. 공정하게, 진지하게, 성실하게

방법 2부터는 진행하다 보면 조금씩 실랑이가 생기기도 한다.

"야, 나 제대로 했는데 왜 땡이야?"

"너 시훈이만 통과시켜 주고 나는 땡이네. 차별하냐?"

주로 공감 선생님 판정과 관련된 것들이다. 특히 방법 3으로 가면 점수에 민감해지기 때문에 이런 현상들이 더 빈번해진다. 그래서 활동 전에 함께 약속을 하는 것이 좋다.

"여러분, 공감 선생님은 선생님을 대신하는 사람입니다. 선생님을 대한다는 마음으로 존중해 주세요. 물론 판정에 의문이 생길 수도 있어요. 그런 의아함은 활동이 모두 끝난 뒤에 선생님에게 와서 따로 이야기하면 들어 줄 테니, 중간에는 활동의 일부로 생각하고 진지하고 성실하게 참여해 줘요. 공감 선생님도 선생님 역할을 맡은 만큼 공정하게 판정해 주기 바랍니다. 공감 선생님마다 평가 수준이 다를 수는 있지만, 선생님 개인은 일관된 기준으로 평가해 주었으면 해요. 그리고 다음에 어차피 공감 선생님 역할은 바뀐다는 것 잊지 말고요."

### 성찰 메모

마음 읽기를 정착시키려고 시작한 활동인데, 진행하다 보면 의외로 학생들은 비언어적 표현의 중요성을 배운다. 실제 삶도 그렇다. 공감의 말보다 더 힘이 센 것은 진심을 담은 토닥임, 눈빛이 아니던가. 나의 시범도 이와 닿아 있어야 한다는 것을 또다시 깨닫는다.

## 어깨에 손을

지금까지 공감하는 말, 신체 연결의 힘을 활용해서 공감을 했는데, 이 둘이 함께 조화를 이룬다면 그 효과는 배가 될 것이다.

'어깨에 손을'은 언어적, 비언어적, 신체적 공감의 종합선물세트 같은 활동이다. 특히 조금은 개인적이고, 조금은 깊은 공감 에너지를 불어넣어야 할 때 제격이다.

### 진행 순서

**준비물 : 마음 카드(없으면 마인드 업 카드 등)**

**1. 사전 준비**
 - 최근에 힘들고 지치거나 속상한 일 생각해 오도록 하기
 - 자리 배치는 의자 원(책상 없이 의자만으로 하나의 원 만들기)

**2. 활동의 시작**
"힘들고 슬프거나 지칠 때 누군가의 위로와 격려를 받아 본 적 있나요? 그때 느낌이 어땠는지 말해 봅시다. 위로와 격려는 힘든 상황을 이겨 낼 수 있는 용기를 주죠. 영상을 하나 볼까요?"
 - 동기유발 영상 : 영화 <굿 윌 헌팅> 중 숀이 윌에게 '네 잘못이 아니야(It's not your fault).'라고 거듭 말하고 안아 주며 위로하는 장면
"숀은 어떤 방식으로 윌을 위로했나요? 처음에 진심을 담은 말로 위로했을 때 윌의 반응은 어땠나요? 나중에 윌이 숀에게 안겨 울 때 어떤 감정을 느꼈을까요? 위로와 격려의 말은 힘이 있고, 상대와 부드러운 몸의 연결은 따뜻합니다. 그 감정을 느껴 볼까요?"

**3. 주인공 신청 받기**
 - 자신의 힘들거나 지치거나 속상한 일을 나누고 싶은 학생

**4. 주인공은 의자를 가지고 원의 가운데로 오기**

**5. 최근에 힘들었던 일에 대해 이야기하기**

- 자유롭게 이야기하기

- 교사가 공감하는 반응과 적절한 질문으로 깊이 더하기

Q1. 그때 마음이 어땠나요?

Q2. 가장 속상한 점은 무엇이었나요?

Q3. 힘듦과 상처가 완전히 회복되었나요?

**6. 주인공과 비슷한 경험이 있는 사람 이야기 나누기**

- 주인공의 이야기보다 짧고 간단하게

- 혹시 곤란할 수 있다면 관련 인물(친구, 선생님 등)의 이름은 말하지 않기

**7. 내가 주인공이라면 어떤 위로나 격려의 말을 듣고 싶을지 생각한 뒤 발표하기**

- 마음 카드 또는 마인드 업 카드 등 참고 가능

- 대표적으로 몇 명만 발표하기

- 이때 주인공은 자신의 일을 한두 문장으로 요약해서 생각하기

**8. 주인공이 요약한 문장과 도움 요청하는 말하기**

- 예: "나는 친한 친구들이 나만 빼놓고 몰래 놀러가서 상처받고 속상했어. 도와줄 수 있을까?"

**9. 주인공은 의자에 앉아 앞을 보고 있고, 한 명이 주인공의 뒤에 다가가서 주인공의 어깨에 손을 올리며 위로, 격려의 말을 하기**

- 예: (어깨에 손을 올리며) "괜찮아, 네 잘못이 아니야."

**10. 첫 번째 친구는 어깨에 손을 올린 채 그대로 있고, 다음 친구가 나와 주인공의 어깨에 손을 올리고 위로, 격려의 말을 한 뒤 손을 올린 채 서 있기**

**11. 반복하기**

**12. 격려한 친구가 많아져 주인공의 어깨에 손을 올리기 어려우면 격려하는 다른 친구의 어깨에 손을 올리고 위로, 격려하기**

**13. 주인공은 어떤 위로의 말이 가장 와닿고 고마웠는지 말하기**

**14. 주인공은 일어서서 뒤로 돌아 위로해 준 친구들을 바라보며 "고마워, 위로가 되었어."라고 진심을 담아 말하기**

**15. 주인공은 서 있고 친구들은 차례대로 주인공에게 위로의 마음을 담은 스킨십(악수, 하이파이브, 주먹 인사, 어깨 토닥임, 포옹 등) 하고 자리에 돌아가기**

**16. 소감 나누기**

## Point 1. 섬세한 진행

'어깨에 손을'은 여느 활동보다도 분위기가 중요하다. 역동적이라기보다는 에너지가 흐름을 좌우하는 활동이기 때문이다. 그래서 교사가 섬세하게 이끌어 줄 필요가 있다. 우선 주인공이 이야기를 하기 전에 이 자리는 힘듦을 나누고 위로, 공감을 받는 자리라는 것을 명확히 한다. 그렇게 하지 않으면 자칫 이야기를 할 때 누군가를 비난하거나 잘잘못을 따질 수 있다. 그리고 주인공과 비슷한 경험을 나눌 때는 간단명료하게 발표하도록 안내한다.(예: "나도 예전에 언니랑 엄마가 나만 빼놓고 맛있는 거 시켜 먹어서 엄청 섭섭했어.") 잘못하면 주인공이 아닌 다른 친구에게 더 집중하게 될 수도 있기 때문이다. 또한 주인공에게 위로, 격려의 말을 할 때는 모두가 하나씩 하게 한다. 익숙하지 않다면 정해진 순서대로, 익숙하거나 자발적인 참여가 가능하다면 하고 싶은 사람 순서대로 하면 된다. 위로와 격려는 반복의 에너지가 크다.(영화 〈굿 윌 헌팅〉의 장면에서도 숀이 처음 네 잘못이 아니라고 말했을 때는 윌이 웃어넘기지만, 진심을 담아 거듭할수록 반응이 변한다.) 주인공은 친구들이 해 주는 위로와 격려의 말을 평가해서는 안 된다. 'ㅇㅇ이 말에는 진심이 안 느껴져.', '너무 성의 없는 것 아니냐?' 식으로 평가하면 위로와 격려를 해 주는 친구의 마음이 식어 버릴 수 있다.

## Point 2. 기대 수준을 낮춰라

2012년 겨울, 내 교직 생활에 큰 영향을 준 인디스쿨 '힐링 캠프'에서 서준호 선생님을 만났다. 선생님의 심리극 프로그램에 참여하며 심리극의 매력에 푹 빠졌다. '어깨에 손을'은 그때 느꼈던 감동과 카타르시스를 생각하며 고안한 활동이다.

처음에는 '아이들이 감동해서 막 울면 어떡하지?'라는 괜한 기대를 했지만 결과는 처참했다. 주인공과 친구가 말다툼하지를 않나, 친구의 위로에 "어, 그래."라며 일부러 무미건조한 반응을 하지를 않나, 정말 괜히 했다 싶었다. 그런데 그 뒤에 적어 낸 소감에서 주인공 아이가 친구들의 위로와 격려 때문에 마음이 편안해졌다고 쓴 것을 보고 깨달았다. '아, 꼭 겉으로 강한 에너지가 드러나야 효과가 있는 것은 아니구나.'

그 후 몇 번의 활동에서도 강렬한 카타르시스는 일어나지 않았지만 맥락에서 벗어나지 않고 잘 풀려 갔다. 그때부터 나는 '겉으로 보이는 양상'에 대한 기대 수준을 낮추었다. 그랬더니 오히려 활동이 원만하게 진행되었고, 가끔은 눈물, 감동, 두근거림, 카타르시스가 생기기도 했다. 이 활동을 시도하는 모든 분에게 감히 조언드리자면, 너무 큰 수준의 기대를 하지 말자. 우리는 심리극 전문가가 아니다.

**Point 3. 장벽 낮추기**

이 활동을 할 때 가장 어려운 순간은 주인공과 친구의 사이가 좋지 않을 때다. 집단의 에너지가 필요하니 한 명도 뺄 수는 없는데 결코 주인공에게 위로, 격려의 말을 못하겠다고 버티는 아이가 있으면 참 난감하다. 그냥 넘어가면 도미노 현상이 생길 수도 있다. 나는 이 부분에서 타협하지 않는다. 여느 활동처럼 처음 시작하기 전에 적극적으로 참여할 사람만 하라고 선택권을 줬으니 이미 선택한 이상 빠질 수 없다고 한다.

대신 수준을 낮춰 제한된 선택권을 준다. 예를 들어 "아무 말 안 하고 어깨에 손만 올릴래, 아니면 선생님이 말해 주면 그대로 따라서 말할래?"라는 식이다. 그리고 ○○이가 아니라 위로가 필요한 누군가라고 생각하도록 한다. 그럼 더디긴 해도 참여는 하는데 그것으로 충분하다. 위로하고 격려하는 마음은 크고 작음이 없기 때문이다.

**성찰 메모**

이 활동은 잠깐씩 시간 날 때 해도 좋다. 급하면 자리 배치도 원이 아니라 평소대로 하고, 주인공만 의자를 가지고 앞으로 나와 진행할 수 있다. 자주 할수록, 다 같이 할수록 학생들에게는 '나도 필요하면 저렇게 위로와 격려를 받을 수 있다.'는 믿음이 생긴다. 그것으로 충분하다.

# Program 5 : 사회적 공감

공감한다는 것은 다른 누군가의 처지가 되어 보는 것입니다. 우리와 다른
사람의 눈으로, 배고픈 아이들의 눈으로, 해고된 철강 노동자의 눈으로, 당신
기숙사 방을 청소하는 이민 노동자의 눈으로 세상을 바라보는 일입니다.
 ―2006년 노스웨스턴대학교에서 오바마 연설 中


"선생님, 왜 키키만 맛있는 거 먹어요?"

진수가 소리쳤다. 점심 메뉴로 대부분의 아이들이 좋아하지 않는 배
춧국이 나왔는데 키키만 다른 레토르트식품을 받았기 때문이었다.

"아니, 키키는 이슬람교를 믿잖아. 원래 이슬람교에서는 돼지고기를
먹으면 안 된다고 가르치거든. 그래서 그래."

"그런 게 어디 있어요? 이건 불공평한 것 같아요. 저도 배춧국 '원래'
안 먹는단 말이에요. 그래도 우리 반 규칙이니까 억지로 먹는 건데, 왜
키키만 예외죠?"

진수는 '원래'라는 말꼬리를 잡고 늘어지더니 키키에게도 똑같은 잣
대를 대야 한다고 들이밀기 시작했다. 이때가 바로 문화적 상대성을 이
야기하기에 좋은 기회라고 생각했다.

공감이나 공감적 반응은 본능에 가깝다. 그런데 공감이 발동하는 중요 조건이 있다. 바로 '동질감'이다. 인간은 본능적으로 같은 사회적 그룹, 즉 내집단에 소속되어 있을 경우 더 잘 공감한다. 백인 대학생들에게 흑인 또는 백인이 저지른 범죄에 대한 글을 읽게 한 뒤, 범죄자들의 입장에 얼마나 공감하는지 말하고 처벌 수위를 결정하게 했다. 그 결과 백인 참가자들은 흑인보다 백인 범죄자들에 대해 더 많은 공감을 표했고, 약한 처벌을 해야 한다고 했다. 수십만 년 동안 공감의 대상은 내가 속한 공동체, 즉 부족이나 마을의 사람들이었다. 그들은 나와 비슷한 피부 색깔, 언어, 종교, 문화를 가졌고 생활양식, 가치관도 공유하는 사이이기에 공감이 어렵지 않았다. 그런데 문명의 발전과 더불어 접촉 반경이 커지면서 다른 공동체 사람들과 만나거나 관계를 맺는 빈도가 급격히 늘어나기 시작했다. 언어, 종교, 피부 색깔이 다르고 문화와 사고방식도 다른 그들과 공감을 통해 협력적이고 건설적인 관계를 맺어야 한다는 것은 알지만 아직도 우리의 본능은 수십만 년의 부족주의에 익숙하다. 이런 불균형이 갈등을 만들어 낸다.

정서 공유, 관점 공유, 공감적 반응까지는 개인적 공감이라고 부를 수 있다. 개인의 관계에서 요구되는 능력이며 본능에 가까운 영역이다. 그러나 사회적 공감은 다르다. 우리는 나와 전혀 다른 외집단에 대한 공감 능력을 타고나지 않았다. 말하자면 개인적 공감은 가지고 있는 능력이 잘 발현되도록 도와야 하는 것이라면, 사회적 공감은 없는 것을 심어 주고 길러 줘야 한다는 뜻이다. 그래서 공감의 다른 영역보다 교사의 개입과 자극, 도움이 필요한 부분이다.

역사적으로 사회적 공감의 부재와 편견은 삐뚤어진 부족주의와 차별, 끔찍한 범죄로 이어졌다. 아리아인 우월주의를 내세우며 유대인을 학살한 나치가 그랬고, 오랜 시간 흑인을 탄압해 온 미국의 인종차별주의가 그랬다. 그러나 아리아인 우월주의의 근거가 되었던 우생학은 도태되었으며, 백인이라는 말 자체가 17세기 이후 흑인 노예 폭동을 두려워한 영국 사람들이 상대적으로 백인 노예 지위를 상승시켜 힘을 분산시키기 위해 만들어 냈다는 것이 밝혀졌다. 이처럼 권력과 야욕을 지닌 누군가는 끊임없이 사람들을 선동하고 부족주의를 자극해 자신의 이득을 취하려 한다. 공동체의 구성원들이 사회적 공감 능력을 갖추지 못한다면 나치를 90% 이상 지지했던 독일인이나, 수백 년 동안 차별 정책을 고수했던 미국인들처럼 될 수도 있다.

그렇다면 사회적 공감은 무엇을 통해 가능한가? 타자성의 극복이다. 외집단 사람을 대상화하거나 객체화하지 않고, 나와 같은 사람이라는 것을 깨달아야 한다. 그러려면 일단 많이 접촉하고 연결되어야 한다. 평소에 깊은 관계를 잘 맺지 않는 집단의 친구와 더 자주 어울리고 이야기를 나누도록 한다. 그리고 실제로 만나기 힘든 사람들과 만나고 이야기를 나눌 수 있는 기회를 늘리는 것이 좋다.

외집단의 사람을 만나고 난 다음에는 인지 전략을 활용한다. 상대의 표정을 살펴 감정을 느끼고, 공통점과 장점을 찾고, 특징을 찾아 장점으로 바꿔 본다. 한 실험에서 참가자들은 흑인과 백인의 얼굴 사진을 보았고, 이때 각 얼굴에 대한 공감 뉴런 반응을 측정했다. 이후 인종차별에 대한 인지적 전략(각 얼굴을 볼 때의 감정 생각하기, 흑인과 백인의 긍정적인 특성 찾기, 그들의 공통점 찾기 등)을 사용한 뒤 다시 사진을 보여 주고 공감 뉴런 반응을 측정했다. 그 결과 인지적 전략 사용 전보다 공감 뉴런 반응이 활성화되었다. 인지적 전략을 통해 인종적 편견을 감소시키고 공감 능력을 높일 수 있다는 것이 밝혀진 셈이다.

궁극적으로는 다양성이 존중받는, 톨레랑스가 작동하는 학급을 만들어야 한다. 디지털 크리에이터인 마론.Marron, D.은 TED에서 게이인 그를 온라인으로 공격하던 사람에게 실제로 전화 걸어 대화를 나누는 방식으로 대응한 경험을 공유했다. 그리고 이렇게 말했다.

"공감은 공개적인 지지가 아닙니다. 여러분과 뜻을 달리하는 누군가에게 공감한다는 것은 여러분의 깊은 신념을 갑자기 버리고 그들을 지지하는 게 아닙니다. 단지 당신과 전혀 다른 생각을 제기하는 누군가의 인간성을 인정한다는 의미입니다."

다름에 대한 인정을 익히면, 그 개방성으로 누구와도 대화하고 관계를 맺으며 존중할 수 있다.


학급에서 다양성과 톨레랑스에 대한 수업을 한 뒤 진수와 키키에게 사회적 공감을 높이기 위한 프로그램을 따로 실시했다. 그 결과 진수는 전보다 키키의 이슬람교에 대한 이해를 높였고, 이집트인 가정환경 특성을 존중하게 되었다. 그 이후에 진수는 키키 혼자만 누리는 특별한 점심 식단에 불만을 표하지 않았다.

## 넌 나에게 모욕감을 줬어

가치관 차이나 문화적 상대성은 인류 최대의 난제다. 사실 따지고 보면 지구상의 무력 충돌이나 차별, 증오 범죄의 다수가 여기서 기인한다. 머리로는 이해하면서도 나의 생각이나 행동을 바꿀 가능성은 현저히 낮은 이슈이기도 하다. 그래서 오히려 논리보다는 느낌이 더 효과를 발휘하기도 한다. '넌 나에게 모욕감을 줬어' 게임은 예전에 접한 다문화 이해 놀이를 변형한 게임인데 백 번의 설명보다 나은 한 번의 느낌을 얻을 것이다.

### 진행 순서

준비물 : 동기유발 사진, 안내 PPT, 색깔별 스티커, 필기구, 역할 카드 등

**1. 활동의 시작**

- 동기유발 사진 보여 주기 : 히잡을 쓴 여인 사진

"여러분, 이것은 히잡을 쓴 여인의 사진입니다. 이 여인은 집 밖을 다닐 때면 이렇게 히잡을 써야 한답니다. 이슬람 문화권에서는 당연한 건데 니캅처럼 눈만 내어 놓거나, 부르카처럼 아예 얼굴을 가리는 경우도 있죠. 이걸 보면 어떤 생각이 드나요?"

"답답해 보여요."

"불쌍해요."

"인권 탄압 같아요."

"우리 관점에서 보면 이해하기 힘들 수 있어요. 하지만 이는 이슬람 문화권 사람들이 인권을 탄압하거나 성차별을 일삼는 사람들이라서가 아니에요. 이슬람 문화권에서 여성은 고귀하며 소중한 존재이고, 그래서 다른 사람의 시선이나 손길로부터 보호해야 한다고 믿는답니다. 소중히 여긴다는 마음은 같은데, 방식은 우리와 전혀 다르죠? 더구나 히잡 착용에 대해 이슬람 여성에게 설문조사를 하면 놀랍게도 찬성 비율이 더 높다고 해요. 이처럼 전 세계에는 다양한 문화가 있기 때문에 서로를 이해하기 힘든 경우가 있어요. 그래서 오늘은 이와 관련된 활동을 해 볼까 해요."

2. 팀을 8개로 나눈 뒤 각 팀은 A나라부터 H나라까지 각 나라의 국민이 된다.
  - 한 팀은 한 나라의 국민이 되어야 함.
  - 팀이 8개가 되지 않을 경우 팀의 수만큼 역할 카드를 사용
3. 각 팀은 자기 나라 역할 카드를 가져가서 자기 나라의 문화적 특징을 읽고 숙지한다.
4. 교사의 '시작' 신호와 함께 스티커를 들고 돌아다니며 다른 나라 사람과 만나 대화를 나눈다.
  1) 서로 만나면 인사하고 가위바위보하기
  2) 진 사람부터 자신의 최근 근황이나 관심사 등에 대해 이야기하기
   - 나부터 우리나라 문화를 지키며 대화하기
  3) 이야기가 끝나면 이긴 사람이 똑같은 방식으로 이야기하기

## Point 1. 추리 게임이 아니다

'범인은 이 안에 있어!'

인기 만화 〈명탐정 코난〉의 명대사다. 이 활동을 하다 보면 코난에 빙의해 다른 나라가 감추고 있는 문화를 밝혀내는 데 집중하는 학생들이 있다. 물론 추리는 활동에 흥미를 더하는 매력적인 요소지만, 자칫 주객이 전도되어 엉뚱한 곳에 집중하거나 있지도 않은 승패 문제로 시비가 일어날 수도 있다. 따라서 사전에 이 활동은 승패가 없으며, 스티커의 개수는 결과에 어떤 영향도 미치지 않는다고 안내한다. 또한 추리보다는 활동에서 오가는 대화, 스티커를 주거나 받을 때의 기분에 집중하라고 알려 주면 더 밀도 있는 활동이 될 수 있다.

## Point 2. 원활한 흐름을 위한 작은 장치들

작은 장치들로 활동의 흐름을 원활하게 하고 궤도를 벗어나지 않게

할 수 있다. 처음에는 학생들이 만날 때 나눌 대화 주제를 정해 주는 것이 좋다. 자유롭게 이야기 나누라고 하면 쉬울 것 같지만 막상 말이 잘 나오지 않거나, 흐름이 생기지 않는 단발성 말들이 오가는 경우가 많다. 각 나라별로 눈에 보이는 표시를 정하게 하는 것도 효과적인 방법이다. 예를 들어 A나라 사람들은 오른쪽 팔을 걸게 한다든지, B나라는 책을 들게 하는 식으로 말이다. 그러면 활동을 하면서 만나는 사람들의 나라를 구분할 수 있고, 각 나라의 숨겨진 문화를 느끼는 데 도움이 된다. 마지막으로 후반부에는 '그 나라 사람이 되어' 대화 나누기를 해 보는 것도 좋다. 어떤 나라인지 구체적인 설명이 없지만 문화 하나만으로 그런 문화를 가진 나라를 상상해서 이야기 나누는 것이다. 문화는 어느 날 갑자기 생기는 것이 아니다. 자연환경, 종교, 사상, 생활 습관 등의 영향을 받아 오랜 시간 다듬어져 완성된 작품이다. '어떤 문화인지는 모르겠지만 그런 문화가 당신 나라에 생긴 이유는 무엇인가요?'라는 질문을 통해 그 나라 사람의 관점을 취해 보고, 나아가 문화 형성의 과정도 생각해 볼 수 있다.

**Point 3. 낙인 효과 방지하기**

이 활동의 묘미는 다양한 문화를 접하고 문화의 다양성을 깨닫는 것이다. 그런데 게임을 진행하다 보면 이런 반응이 나온다.

"아니, 처음 보는 사람이랑 이야기하는데 왜 스킨십을 해? 변태야?"

"목을 보여 주는 게 어때서? 이슬람인가? 이상한 사람들이야."

자연스럽게 각 문화에 대해 평가하는데, 그 과정에서 잘못하면 편견이나 낙인 효과가 생기기도 한다. 우리는 문화의 다양성을 넘어 상대성을 배워야 한다. 그래서 꼭 다음과 같은 말로 낙인 효과를 방지하기 위해 노력한다.

"문화는 내가 태어나기 훨씬 전부터 오랜 시간 동안 만들어진 생활양식입니다. 자연환경, 종교, 생활 습관, 사상 등 다양한 것의 영향을 받아 만들어지죠. 예를 들어 신발 문화를 볼까요? 우리나라는 여름에 장마도 있고 강수량이 많습니다. 그래서 길이 진흙으로 변하기 십상이니 집 안에 신발을 신고 들어오면 집이 엉망이 되죠. 더구나 우리는 바닥에 이불을 깔고 잠을 자기 때문에 바닥이 중요합니다. 그 영향으로 신발을 벗고 집 안으로 들어오는 문화가 생겼습니다. 반면 유럽 사람들은 중세까지도 화장실, 부엌, 침실, 마굿간 등이 전혀 구분되지 않은 구조의 집에서 생활했습니다. 그러다 보니 집안 자체가 더러웠고, 더러운 집을 맨발로 다닐 엄두가 나지 않았죠. 그래서 유럽 사람들은 집 안에서 신발을 신는 문화를 가지게 되었습니다. 집 안에서 신발을 신는 것과 벗는 것 중 더 훌륭한 문화가 있을까요? 오늘 게임에 참여한 8개 나라를 문화의 우수성으로 순위를 매길 수 있을까요? 아니겠죠. 모든 문화는 전통과 근거가 있기에 존중받아야 합니다. 문화는 다른 것이지 이상하거나 미개한 것이 아니라는 것, 그게 바로 문화의 상대성입니다."

## '넌 나에게 모욕감을 줬어' 역할 카드 예시

| A 나라 | B 나라 |
|---|---|
| 우리나라에서 이야기할 때 눈을 똑바로 쳐다보면 무례합니다. | 우리나라에서 대화할 때 고개를 아래위로 끄덕이면 실례입니다. |
| C 나라 | D 나라 |
| 우리나라에서 대화할 때는 상대와 두 발 이상 떨어져서 해야 합니다. 안 그러면 실례입니다. | 우리나라에서는 상대와 대화할 때 가벼운 스킨십을 하는 게 당연합니다. 스킨십을 하지 않으면 실례입니다. |
| E 나라 | F 나라 |
| 우리나라에서는 말할 때 웃으면 상대를 얕본다는 의미여서 무례한 행동입니다. | 우리나라에서는 누군가에게 질문을 받으면 10초 이상 말하지 않고 기다리는 게 예의입니다. |
| G 나라 | H 나라 |
| 우리나라에서 대화할 때는 속삭이듯 조용히 말하지 않으면 실례입니다. | 우리나라에서는 누구나 머리카락과 목을 옷이나 스카프로 가립니다. 다른 사람에게 목을 보이면 실례입니다. |

### 성찰 메모

이 활동은 돌아다니며 대화하는 과정에서 이루어진다. 그러다 보니 제스처나 복식 같은 문화의 간단한 요소만 다룰 수 있다. 기회가 된다면 상상 글쓰기, 옷 입어 보기 등 다른 형식을 활용해 문화의 다양한 부분을 다뤄 보고 싶다.

~~~~~~~~~ **닮았다** ~~~~~~~~~

타인에 대한 대상화를 막는 가장 좋은 방법은 그 사람도 나와 같은 사람이라는 것을 깨닫는 것이다. 나와 똑같이 피가 흐르고, 무서운 것을 싫어하며, 행복할 때 크게 웃는다는 것을 알게 되는 순간 차별이나 공격의 대상으로 삼기 어렵다. 이런 깨달음은 공통점의 발견에서부터 온다. 평소에 외면했거나 굳이 찾고자 하지 않았던 공통점이 관계의 너지와 같은 역할을 할 수 있다.

## 진행 순서

준비물 : 활동 안내 PPT, A4 용지, 인물 사진, 인물 관련 영상, 필기구 등

**1. 활동의 시작**

"여러분, 나와 비슷한 점이 많은 사람과 낯설고 전혀 다른 사람 중에 누구에게 더 공감하기 쉬울까요? 실제 연구 결과를 보면 사람은 자기와 공통점이 많은 사람에게 더 잘 공감한다고 해요. 우리는 어떤 사람에게 "쟤는 도저히 왜 저러는지 이해를 못하겠어.", "도대체 무슨 생각으로 저러는 거지?"라고 공감하기 어려운 경우가 있죠. 그런데 어쩌면 그건 그 사람에 대해 충분히 모르고, 나와의 비슷한 공감대를 찾지 못해서일 수도 있어요. 오늘 이와 관련된 활동을 해 볼까 합니다."

**2. 2명이 짝이 됨.**

– 무작위로 배정해도 좋지만 사이가 서먹하거나 성별이 다른 구성을 추천

**3. 내 짝이 된 친구에 대해 떠올리기**

– 좋아하는 것, 싫어하는 것, 취미 생활, 특징 등

– 아직 짝과 만나거나 대화해서는 안 됨.

**4. A4 용지를 긴 방향으로 절반 접은 다음, 한쪽에 내가 생각하는 그 친구와 나의 공통점을 적기**

– 최대한 많이 적기

**5. 그 친구와 만나 대화를 나누며 서로에 대해 알아보기**

**6. 대화 중에 찾은 공통점을 A4 용지의 나머지 절반에 적기**

**7. 팀별로 찾은 공통점에 대해 발표하기**

**8. 대화 전에 예상한 공통점과 실제로 찾은 공통점을 비교하고, 소감 발표하기**

**9. 한 인물의 사진 보여 주기**

– 학생들과 접점이 적은 외집단 인물이지만 영감을 줄 수 있는 인물

- 기후위기, 인권, 전쟁, 종교분쟁, 빈부격차, 인종차별 등 전 세계적으로 연관되어 있
고 관심이 요구되는 집단의 인물
(예: 말랄라 유사프자이, 그레타 툰베리, 닉 부이치치, 안네 프랑크, 우크라이나의 아이들 등)
- 인물에 대한 정보는 제공하지 않음.
**10. 인물에 대해 내가 느끼는 친밀도를 숫자로 표현하기(0~10점)**
**11. 인물에 대해 추측해 보기**
- 나이, 사는 곳, 사는 환경, 직업 또는 하는 일, 감정, 처한 상황 등
**12. 인물에 대해 설명하거나 관련 영상 보여 주기**
**13. 인물과 나의 공통점 찾아서 A4 용지 뒷면에 적기**
- 최대한 많이 적기
- 정확하게 알지 못하는 부분은 상상해서 적기
**14. 공통점 발표하기**
**15. 내가 저 인물이라면 어떨 것 같은지 상상해서 발표하기**
**16. 내가 할 수 있는 것 생각하고 실천 다짐하기**
**17. 인물에 대해 내가 느끼는 친밀도 숫자로 표현하기(0~10점)**
**18. 소감 나누기**

## Point 1. 공통점을 정밀하게

이 활동의 핵심은 공통점을 찾는 것인데, 단순히 공통점을 찾아보는 경험을 넘어 실제로 공통점을 찾아야 한다. '아무리 찾아봐도 얘랑 나는 공통점이 없어. 그냥 우린 안 맞는 것 같아.'라는 결론은 오히려 공감대를 떨어뜨릴 수 있다. 공통점을 성공적으로 탐색하려면 정밀한 도움이 필요하다. 생각보다 긴 시간(보통 5분 이상)을 주는 것이 좋고, 탐색 질문을 많이 공유하면 도움이 된다.(예: 좋아하는 것? 태어난 계절? 가족 구성원? 취미 생활? 무서워하는 것? 등) 서로의 연결점을 만들기 위해 찾아야 하는 공통점의 최소 개수를 정해 주는 것도 좋다. 특히 사이가 서먹서먹하

거나 안 좋은 경우에 효과적이다. 다만 서로의 삶을 들여다보지 않고 개수만 채우는 편법(예: 눈이 두 개다, 숨을 쉰다, 뛰면 숨이 차다, 우리 반 학생이다 등)은 막아야 한다.

상대를 깊이 들여다볼수록 공통점이 분명하게 떠오른다는 사실을 학생들이 깨달을 수 있도록 돕는다.

### Point 2. 인물 선정이 키포인트

두 번째(활동 순서 9번부터) 활동을 할 때 인물 선정이 중요하다. 배움의 조건에 맞는 인물을 선정하면 활동은 이미 절반 이상 성공한 셈이다. 우선 대상 학생들과 명백하고 실질적인 공통점이 있는 인물이 좋다. 그래서 가급적 비슷한 연령대의 인물을 다루는데, 아무래도 나이에서 이미 동질감을 느끼기 때문이다. 그리고 사회적 참여가 필요한 글로벌 문제와 관련이 있는 인물을 골라야 한다. 말랄라 유사프자이는 여성 교육권, 그레타 툰베리는 기후위기, 닉 부이치치는 장애와 깊은 연관이 있다. 사회적 공감은 지각적인 참여를 통해 이루어지므로 학생이 공통점을 찾아 연결을 만들고, 그 인물을 통해 글로벌 문제에 참여하는 계기가될 수 있다. 또한 가급적 '지금, 이 순간' 연결될 수 있는 인물을 고른다. 앞에서 말했듯 관심과 참여를 통해 사회적 공감을 실천하려면 지금, 이 순간의 인물이나 집단이어야 가능하기 때문이다. 예를 들면 한국전쟁 때 집을 잃은 고아보다는 우크라이나 전쟁 속 아이를 대상으로 활동하는 것이 더 와닿을 것이다. 그리고 꼭 유명인이 아니어도 좋다. 조혼 풍습으로 꿈을 펼치지 못한 이름 모를 미얀마 소녀, 기후위기로 인한 홍수 때문에 집을 잃은 인도네시아 소년도 모두 공감의 대상이 될 수 있다.

## Point 3. 사실 확인보다 집중해야 하는 것

이 활동의 본질은 공통점을 찾기 위해 상대방의 삶을 상상하고, 관점을 취해 보고, 찾아낸 공통점을 통해 연결되는 것이다. 공통점을 맞히거나 명백한 사실관계를 따지는 퀴즈나 토론이 아니다. 그런데 활동을 하다 보면 공통점이 사실인지 아닌지에 집착하는 학생이 있다. 특히 많은 부분을 상상에 의존해야 하는 두 번째 활동에서 그 경향이 더 심하다.

"선생님, 말랄라는 수박을 좋아해요?"

"선생님, 저 스키 탈 줄 아는데 크레타 툰베리도 탈 줄 알겠죠? 아닌가? 한번 찾아봐 주세요."

내가 정확히 확인하기 어려울 뿐더러 이게 사실인지 아닌지는 크게 중요하지 않다. 이런 추측의 근거를 생각하기 위해 상대의 삶을 깊이 탐색하는 경험이 더 중요하다.

"왜 툰베리가 스키를 탈 줄 안다고 생각해?"

"음, 찾아보니까 정확한 정보는 안 나오는데, 툰베리가 스웨덴 출신이잖아요. 추운 나라이고 눈이 많아서 스웨덴 사람들은 스키를 잘 탄다고 들었거든요. 그래서 탈 줄 알 것 같다고 생각했어요."

이러면 공통점에 포함시켜도 상관없다. 설사 실제로는 툰베리가 스키를 타지 못한다고 해도 무슨 상관이겠는가? 아이는 이미 툰베리와 연결되었고, 그녀를 통해 기후위기를 겪는 사람들에 대한 관심을 가지며 공감하기 시작했으니 괜찮다.

다른 활동에서도 그렇지만 이 활동에는 경쟁 장치를 적용하지 않는 것이 좋다. 시간 내에 찾은 공통점의 개수, 공통점 10개를 가장 빨리 찾은 팀 등 경쟁을 했더니, 가뜩이나 하기 싫어하는 상대의 삶에 대한 탐색이 겉핥기처럼 되어 버린다. 그래서 경쟁은 배제한다.

## 상상 글쓰기

글쓰기와 공감은 찰떡궁합이다. 글에는 기본적으로 시점이 존재하는데, 시점을 적용하는 것 자체가 관점을 들여다보는 과정이다. 설득력 있는 글을 쓰려면 인과관계를 파악해야 하고, 인과관계는 각 인물의 상황에 대한 해석, 감정 및 욕구 분석을 통해서 파악할 수 있다. 직접 체험에 비해 깊이는 얕을지 몰라도 상상만 제대로 한다면 시공간의 제약을 뛰어넘는 훌륭한 공감 프로그램이 될 수 있다.

앞에서 이미 여러 글쓰기 활동을 소개했다. 하지만 상상 글쓰기는 조금 다르다. 상상 글쓰기는 나와 다른 실제 인물로 빙의해서 그 사람이 세상을 바라보는 방식, 하게 되는 경험을 상상해서 쓰는 것이다. 말하자면 VR 체험의 텍스트화라고 할 수 있다. 따라서 어떤 글쓰기보다도 깊고 진한 공감을 불러일으킬 수 있다.

## 진행 순서

준비물 : 동기유발 영상, 필기구 등

**1. 활동의 시작**

 - 동기유발 영상 : 〈내가 팔순 노인이 된다면?〉

 "영상을 보고 어떤 생각이 들었나요? 실제로 노인이 되어 보니 평소에는 몰랐던 것을 알게 되고 경험하게 되어서 더욱 노인에 대해 공감하게 되었을 것 같아요. 이처럼 누군가의 시각으로 하루를 살아 보거나 경험하는 것은 많은 깨달음을 줍니다. 하지만 우리는 저렇게 분장을 할 수가 없죠. 그래서 내가 어떤 사람이 되었다고 가정하고, 그 사람의 하루를 상상해서 글로 써 볼까 합니다."

**2. 인물 제시**

**3. 해당 인물이나 비슷한 사람을 만난 경험 나누기**

**4. 인물의 특징에 대한 생각 나누기**

**5. 인물이 되었다고 가정해서 하루의 삶을 글로 쓰기**

 - 인물이 겪게 될 일 / 인물의 감정과 생각 변화 / 인물이 원하는 것 / 인물의 어려운 점

**6. 쓴 글을 발표하고 나누기**

**7. 소감 나누기**

## Point 1. 대상 선정은 섬세하게

이런 유형의 프로그램이 대개 그렇듯 인물 선정이 무척 중요하다.

실존 인물이어도 좋고 아니어도 괜찮다. 물론 학생이 잘 아는 유명인이라면 상상하고 몰입하기에 더 유리하다. 하지만 반대로 생각하면 유명하지 않은 인물은 평소에 관심이 적었다는 뜻이므로, 시야의 새로운 확장이 일어날 수 있기 때문에 나름대로 이점이 있다. 다만 학생들과 공통점이 적고 접촉이 많지 않으며, 한 집단을 대표할 수 있는 인물로 선정하는 것이 좋다. 사회적 공감 능력은 낯선 외집단에 대해 이해하려 하기 때문에 그에 적절한 집단의 시점을 들여다보는 것이 필요하다. 대표적

으로 노인, 성소수자, 전쟁 중인 군인, 장애인 등이 있다.

### Point 2. 사전 작업의 중요성

"내가 시각장애인 친구라고 생각하고 글을 써 보세요."

상상 글쓰기를 할 때 많이 하는 실수다. 본디 글쓰기가 그러하지만 상상 글쓰기는 특히 더 사전 작업이 중요하다. 잘 모르는 내용을 오롯이 상상력에 의지해서 써야 하기 때문이다. 먼저 해당 인물과의 경험을 공유한다. 그리고 해당 인물이 포함된 집단에 대한 배경지식을 활성화하는 자료를 활용한다. 체험 영상, 영화 클립, 그림책 등 무엇이든 좋다. 그 뒤 브레인스토밍을 통해 인물에 대해 가지고 있는 배경지식을 모은다. 해당 유형의 인물은 보통 어떤 환경에서 사는지, 어디를 자주 가고 무엇을 하는지, 어떤 감정을 자주 느끼고 무슨 생각을 하는지, 대중문화(영화, 노래, 소설 등)에서는 어떤 모습으로 비춰지는지 등에 대해 각자 가진 지식을 모은다. 그렇게 충분히 배경지식이 활성화되면 글쓰기를 시작한다. 글쓰기는 이미 떠올라 얼개가 짜여진 생각을 글자로 옮기는 과정일 뿐, 연필이 움직이면서 내용이 떠오르는 즉흥적인 예술이 아니라는 점을 잊지 말아야 한다.

### Point 3. 다양한 교과 연계 활동

상상 글쓰기는 다양한 교과와 연계하여 활동하기에 좋다. 소요 시간이 길지 않고 많은 준비나 도구가 필요하지 않으며, 어디에 배치해도 수업의 큰 흐름을 방해하지 않기 때문이다. 국어의 문학 지문에서 등장인물의 시점으로 들어가는 것은 말할 것도 없고, 사회 교과의 역사적 인물이나 특정 계층의 인물이 되어 보는 것도 효과적이다. 과학 교과에서는 특정 과학 현상이 사라진 세상에서 살아가는 인물(예: 식물이 사라진 세상에서 사는 하루는 어떤 모습일까?)이나 동식물이 되는 상상(예: 내가 만약 사자가 된다면 어떻게 살게 될까?)까지 해 볼 수 있다. 실과 시간에 다양한 직업을 가진 사람이 겪는 하루를 상상하는 것도 좋고(예: 내가 만약 수의사가 되었다면?) 미술 시간에는 특정 그림을 그린 화가가 되어 보는 것도 의미 있다.(예: 풍속도를 그린 단원 김홍도가 된 하루를 상상해 보자.)

## Point 4. 판타지는 금물

글쓰기 등 창작 활동에서 공통적으로 강조하고 있는 내용인데 상상을 해야지 공상을 해서는 안 된다. 그 인물의 실제와 같은 하루를 상상해야 하는데, 역시나 재미에 집착하여 공상을 펼치는 학생들이 생긴다. 이순신 장군으로서의 하루를 상상하는데 갑자기 도요토미 히데요시가 혼자 이순신 장군을 죽이기 위해 찾아온다든지(역사적 사실 오류), 노인이 된 하루인데 길을 가다 갑자기 젊어지는 마법의 약을 얻게 된다(비현실성)는 식으로 표현한다. 교사의 섬세한 안내와 지도가 있어야 활동 의도와 어울리고 맥락을 벗어나지 않은 글이 탄생한다.

### 성찰 메모

상상 글쓰기는 학생의 호응이 좋다. 다른 글쓰기보다 다룰 소재나 범위가 넓어 자유도가 높다고 여기기 때문이다. 익숙해지고 난 후 기회가 된다면 상상 글쓰기를 집단 단위로 해 보고 싶다. 개인 글보다 자유도는 조금 떨어질지 몰라도 현실성은 더 클 것 같다.

## 기부 말고 공헌

사랑의 열매 배지, 불우이웃돕기 성금, 군장병 위문 성금, 기부 저금통 등 여러 단체가 학생에게 사회적 기여를 유도하는 방식이 바로 기부나 후원이다. 작은 후원 하나가 누군가의 생명을 살릴 수도 있는 의미 있는 일이다. 하지만 이런 접근은 자칫 학생에게 공감이 아니라 동정을 가르칠 수도 있다.

동정 역시 실질적인 기여를 할 수 있다. 문제는 그것이 수평적인 관계를 전제로 한 인간 대 인간으로서의 공감이나 노력이 아니라는 점이다. 그들의 경제적 어려움보다는 상황에 공감하고 삶을 응원하는 진정한 사회적 공감이 일어나야 할 것이다.

### 진행 순서

**준비물 : 동기유발 영상 또는 사진, 8절 도화지, 필기구, 붙임용 스카치테이프나 자석 등**

**1. 활동의 시작**

"여러분은 요즘 어떤 고민이 있나요? 공부가 어려울 수도 있고, 친구 때문에 속상할 수도 있겠네요. 고민도 없고 전혀 힘들지도 않은 사람은 없을 것 같아요. 선생님도 고민이 있으니까요. 그런데 혹시 다음과 같은 고민 때문에 요즘 힘든 친구 있나요? '거리를 걸어가다 총에 맞아 죽을까 봐 무서워요.', '홍수 때문에 마을이 떠내려가서 잘 곳이 없어요.' 선생님이 과장한 것 같지만 아니에요. 실제로 이런 고민을 가진 여러분 또래의 친구들이 있어요. 오늘은 그 이야기를 해 볼까 합니다."

- 동기유발 영상 혹은 사진 보기(사진이라면 주인공의 상황과 관련된 이야기를 해 주기)

**2. 내용 살펴보기**

- "어떤 내용이 기억에 남나요?"

- "어떤 생각, 감정, 결심을 가지게 되었나요?"

- "주인공과 나의 공통점은 무엇이 있나요?"

## 3. 관점 취하기

선택 1) '나는 OOO(주인공 이름)입니다.'라는 주제로 1인칭 일기 쓰기

선택 2) 핫 시팅

- "이름이 무엇인가요?"
- "누구와 살고 있나요?"
- "요즘 가장 많이 느끼는 감정은 무엇인가요? 왜 그 감정을 가장 많이 느끼나요?"
- "요즘 바라는 게 있나요? 그것을 이루려면 무엇이 필요한가요?"
- "당신의 최종 꿈은 뭔가요? 꿈을 향해 나아가기 위해서 어떻게 할 생각인가요?"

## 4. 깊이 들여다보기

- "주인공이 겪고 있는 어려움을 한 단어로 나타내 봅시다."

=> 예: 홍수, 물 부족, 가난, 내전 등

- "이 중에 주인공의 노력이나 능력이 부족해서 발생한 것이 있나요?"

=> 없음.

- "이 어려움은 왜 생겨났을까요? 나와 상관이 전혀 없을까요?"

=> 어려움이 발생한 근본적인 원인에 대해 유도하고 알려 주어 학생의 삶과 연관되어
있음을 깨닫게 한다. 예를 들어 물 부족이 어려움이라면, 물 부족은 기후 변화에서
비롯된 것이고, 내가 생활 속에서 무심코 하는 에너지 낭비가 기후 변화와 관련이
있음을 알게 하는 것.

- "혹시 이 중에 나에게는 절대로 일어나지 않는다고 장담할 수 있는 것이 있을까요?"

=> 없음.

- 다음 질문에 대해 모둠별로 토의하고 정리하기

1) 주인공이 어려움을 극복하기 위해 필요한 것은?

2) 내가 주인공을 위해 할 수 있는 일은?

3) 내가 이 어려움을 줄이거나 없애기 위해 할 수 있는 일은?

4) 2), 3)에서 제시한 일을 하면 나의 성장에는 어떤 도움이 될까?

- 정리한 내용 공유하기

## 5. 실천

- 학급에서 나온 실천 방법 중 내가 실제로 실천하고 싶은 것을 고르고 일정 기간(이주
  일 또는 한 달) 동안 실천하기
- 기간이 끝난 후 실천 소감 나누기

**Point 1. 동정의 함정 피하기**

앞서 언급한 것처럼 수많은 기부와 자선사업 안내를 하며 느꼈던 위화감의 원인을 알게 되었다. 참여하는 학생들은 사회적 공감이 아니라 동정을 하고 있었던 것이다. 동정심이나 측은함은 상대를 도와줘야 하는 불쌍한 대상으로 여기는 동시에 나는 상대보다 우월한 존재라는 인식을 가지게 한다. 더구나 기부금을 주는 행태에서 물질적 풍요가 최고 가치라는 인식이 공고해지며, 지속성 또한 담보하지 못한다. 그러다 보니 '빈곤 포르노'라는 부작용과 함께 공감과 가장 반대되는 타자화가 일어나는 것이다. 그래서 동정이 아닌 사회적 공감이 이루어지도록 하는 장치들을 제대로 활용해야 한다. 주인공과 나의 공통점을 물어서 연결 고리를 찾고, 관점 취하기를 통해 관점을 공유하게 한다. 단순히 돈 몇 푼으로 돕는 것이 아니라 지구촌 전체와 나까지 연계된 어려움의 원인을 인식하고, 우리 모두의 삶을 풍요롭게 만드는 노력에 방점을 둔다. 그를 위해 기부 외의 다양한 방법을 함께 공유하고 실천하며, 그것이 나 개인의 성장으로 이어짐을 알게 한다.

**Point 2. 사회적 공감으로 나아갈 수 있는 대상 선정**

동기유발 자료 선정이 매우 중요하다. 단순히 '불쌍한 아이' 혹은 '자선 단체의 물망에 오른 대상'을 선정하면 동정을 넘어 사회적 공감으로 나아가기 어렵기 때문이다. 우선 주인공이 겪는 어려움이 흔히 말하는 지구촌 문제와 맞닿아 있어야 한다. '이혼 후 집을 나간 엄마', '장애를 가지고 태어난 동생'처럼 개인적 이유로 힘들어하는 경우라면 관점 취하기를 통해 관점 공유까지는 가더라도 사회적 공감으로 이어지기는 어렵다. 기후 변화, 부의 불평등, 환경오염, 전쟁 등 지구촌 문제로 인한 사연을 가진 주인공이 적절하다. 동시에 우리 반 학생들과 공통점이 많을수록 좋다. 타자화는 연결로 극복할 수 있고, 연결은 결국 공통점에서 나오기 때문이다. 비슷한 또래라면 금상첨화다. 그리고 영상의 경우 지나치게 불쌍한 모습을 강조해 기부를 유도하는 것은 피한다. 이것은 근본적인 해결을 위한 '우리의 노력'이 아닌 '나의 선의'에 기대게 만들 수 있다.

### Point 3. 적절한 연계 활동

처음부터 맨땅에 헤딩하듯 준비하지 않아도 된다. 대상 선정부터 활동 구성까지 도움을 받을 수 있는 여러 NGO 단체들의 연계 프로그램들이 있다. 지구촌 문제로 인해 곤경에 처한 아이에게 희망편지를 써서 보내는 프로그램의 경우 편지를 보내는 것만으로도 기부가 가능하며, 우수 작품에 대한 시상과 출간 작업까지 이루어진다. 단순히 기부금 모금에 치중하지 않고, 내가 실천할 수 있는 노력을 조명하는 것도 적절하다.

학급 자체 프로젝트로는 '키다리 라온제나'도 있다. 학년 초에 한 아이를 선정해 일 년 동안 지속적으로 후원하는 프로젝트인데, 매달 3만 원의 후원금은 학급 예산 혹은 학생들의 자발적인 기부금을 활용한다. 하지만 기부금이 없더라도 교사가 제시하는 아르바이트(예: 친구들을 위해 책상 닦아 주기, 교실에서 에어컨을 틀면 일주일 간 문 닫기 등)를 하면 교사가 아르바이트 비용만큼 기부금을 내 준다. 또한 후원 아동이 처한 환경에 대해 공부하고 우리의 삶과 연관지어 실천할 수 있는 방법을 찾아 실천한다. 후원 아동에게 편지를 작성해서 보내고, 우리의 후원이 아이의 삶에 어떤 변화를 일으키는지 관찰하는 프로젝트다.

### Point 4. 연결과 확장 사이

식별 가능한 희생자 효과Identifiable Victim effect를 극복하고 이타적 행동을 하려면 대상과 연결되어야 한다. 희생자 효과란, 식별할 수 있는 희생자에게만 많은 주의를 기울이고, 그렇지 않은 대상에게는 주의를 기울이지 않는 현상이다. 가령 옆집 꼬마가 배고파 하는 것을 안타깝게 여기지만 지구 반대편에서 굶어 죽어 가는 아이에게는 관심이 덜한 경우와 같다. 희생자 효과를 극복하고 이타적 행동을 하기 위한 대상과의 이 연결은 막연히 '지구촌 반대편 아이'가 아니라 말라위에 사는 라멕, 탄자니아에 사는 유니스일 때 가능하다. 하지만 동시에 특정한 아이 한 명을 돕는 일에 국한되어서는 안 된다. '기후 변화로 인해 고통을 겪는 모든 이'로 생각을 확장해야 근본적인 문제 해결을 위한 노력에 집중할 수 있다. 개인에 대한 연결과 전체에 대한 확장, 자칫 상충되는 것 같은 두 마리 토끼 사이에서 균형을 잘 잡아야 한다. 한 개인을 지속적으로 후원하고 관심을 가지는 동시에 지구촌 문제 해결에 대한 고민과 행동을 할 수 있는 성숙한 학생으로 성장할 수 있도록 교사가 잘 도와줘야 한다. 이런 경험을 해 본 학생은 훗날 어른이 되어서도 지속적으로 노력할 수 있게 된다.

**성찰 메모**

한 번의 기부보다 다른 사람의 어려움을 살피고 공감할 수 있는 사람으로 성장하는 데 집중하는 것이 중요하다. 하지만 역설적으로 '기부는 나쁜 것이다.'는 선입견을 만들 수도 있다. 기부는 나쁜 것이 아니다. 당장에 현실적인 도움을 줄 수 있는 이타적 행동이다. 다만 우리가 경계해야 할 것은 기부 대상 아이나 국가에 대한 선입견, 또는 선민의식에 빠지는 것이다. 그래서 교사의 가이드와 균형이 무엇보다 중요하다.

## 처음 뵙겠습니다

'여행이란 장소를 바꾸는 것이 아니라 우리의 생각과 편견을 바꾸어 주는 것이다.'

프랑스의 작가 아나톨의 말이다. 마르셀 푸르스트는 '진정한 여행이란 새로운 풍경을 보는 것이 아니라 새로운 눈을 가지는 데 있다.'라고 했다. 여행길에는 낯선 장소, 낯선 사람들이 존재한다. 여행은 그들이 주는 새로운 자극에 나의 시야가 넓어지는 과정이다. 그것이 바로 관점의 확장이며 개방성과 연결되고, 사회적 공감 능력 향상으로 이어진다. 특히나 학생들에게는 이 낯설음의 경험이 중요하며, 낯선 사람과의 접촉이 꼭 필요하다. 낯선 사람과 만나고 이야기한다는 것은 완전히 새로운 삶을 경험하는 축복과 마찬가지다.

'처음 뵙겠습니다'는 일정한 순서가 있는 하나의 프로그램이라기보다는 생활 속에서 적용하는 방향성에 가깝다. 그 방향은 '낯선 사람과의 대화'로 향한다.

## 진행 순서

### 1. 활동의 시작

"선생님이 유럽 여행을 한 적이 있어요. 그때 우연히 피렌체에서 사진작가를 꿈꾸는 한국인 여행객을 만났죠. 함께 식사하면서 많은 이야기를 나누는데 아주 흥미로웠어요. 그는 예술에 대한 자기만의 기준이 뚜렷하고, 가능하다면 이탈리아에 자리 잡고 싶어 했어요. 당장의 수입이 적어도 원하는 것에 시간을 투자하는 삶이 만족스럽다고 했고요. 가족들과 오래 떨어져 있지만 불편하지 않다는 것도 낯설었죠. 비록 선생님이랑 아주 다르지만 그 친구를 통해서 또 다른 삶의 일부분을 들여다보고 이해할 수 있었던 것 같아요. 이처럼 나와 전혀 다른 사람과 대화를 하는 것은 나에게 많은 도움이 돼요. 특히 평소에 만나기 힘든 스타일의 사람을 만나서 전혀 새로운 세계를 간접경험하고, 그런 사람들에 대한 공감 능력도 키울 수 있죠. 그래서 여행이, 낯선 사람과의 대화가 필요합니다."

### 2. 활동 소개

1) 특정 기간(1학기 내, 여름방학 때, 올해 내 등) 내에 처음 보는 사람에게 먼저 인사하고 말을 건 뒤 대화 나누기

2) 대화를 나누고 다음 내용에 대해 정리해서 학급 SNS에 올리거나 교실에서 공유하기

- 상대에 대한 신상 정보(성별, 나이, 사는 곳, 하는 일 등)

- 상대에게 들은 것 중에 인상적이었던 내용

- 상대와 나의 공통점

- 상대의 이야기 중 꼭 나누고 싶은 내용

- 내가 상대방으로 살아간다면 어떨지 상상해 보기

- 대화를 나눈 후에 가지게 된 생각, 감정, 결심

### 3. 질문 만들기

- 낯선 사람과의 대화를 어색하지 않게 이끌 수 있는 질문을 함께 브레인스토밍

- 질문 내용은 학급 SNS에 공유해 두기

### 4. 경험을 한 사람이 생길 때마다 수시로 학급에서 내용 공유하기

## Case 1. 길을 떠나다

신규 시절, 학급에서 '길을 떠나다'라는 여행 프로젝트를 운영했다.

방학을 이용해 학급 친구들끼리 당일 여행을 다녀오는 프로젝트였다. 철저한 사전 조사를 통해 여행지 선정, 이동 방법 검색, 여행 계획 및 활동 구성을 하고, 대중교통을 이용해 팀원끼리 해당 장소로 여행을 다녀온 뒤 보고서를 작성했다. 물론 보호자의 동의하에 가능한 일이었다. 보고서 내용에 들어갈 미션 중에 '질문을 만들어 가서 처음 보는 사람에게 질문하기'가 있었는데 보고서를 발표할 때면 이 활동이 기억에 남는다고 말하는 학생들이 많았다. 서울 인사동으로 여행을 가서 외국인에게 짧은 영어로 질문한 경험, 대학로에서 홍보를 하고 있는 코미디언 지망생과 대화를 나눈 경험 등 신선한 낯설음에 학생들은 흥분했다. 물론 지금이라면 안전과 사고에 대한 걱정 때문에 시도하기 힘든 프로젝트지만 여행, 그리고 낯선 사람과의 대화의 힘을 깨달았던 추억이다.

### Case 2. 사람을 찾는 수학여행

2012년, 좋은 학년 부장님과 동학년을 만나 당시로서는 꽤 획기적인 수학여행을 기획하고 실행했다. 수학여행 장소에서 교사나 가이드가 학생들을 일괄적으로 인솔하지 않고, 팀별로 해당 장소에 대한 정보와 미션을 받아 수행하는 방식이었다. 학생들은 팀별로 여기저기를 누비며 문화재에 대해 알아보고 명소를 찾으며 무언가를 체험했다. 그중에 역시 빠지지 않는 핵심 미션이 '낯선 사람과 대화한 뒤 인증샷 찍기'였다. 학생들은 전주 한옥마을의 상점 주인, 외국인 관광객, 순천만에 산책 온 취업 준비생 등을 만나 대화를 나누고 인증샷을 찍었다. 그리고 그 사람의 삶을 상상하고 나누는 시간을 가졌다. 배움을 확장하고 세상에 대한 견문을 넓힌다는 수학여행의 취지에 딱 맞는 활동이었다.

### Case 3. 가족 여행 중 미션

코로나 19가 잠잠해지면서 많은 학생들이 가족 여행이나 체험학습을 떠나고 있다. 여행지에서 겪는 새로운 경험은 학생의 성장에 큰 밑거름이 된다. 그런데 가족 여행이다 보니 아쉬운 점이 있다. 새로운 곳에서 새로운 것을 보고 겪지만, 새로운 사람을 만나지는 않는다. 그래서 가족 여행을 떠나는 학생들에게 의도적으로 '처음 뵙겠습니다' 미션을 준다. 처음에는 누구랑 이야기하냐며 난색을 표한다. 그러면 괜찮다고, 어렵게 생각하지 않아도 된다고 말해 준다. 가족과 묵는 숙소의 직원분과 잠깐 이야기를 나누는 것도 좋고, 식사하는 식당 옆 테이블의 가족에게 말을 걸어 봐도 좋다. 〈유퀴즈 온 더 블록〉의 유재석이 되지 않아도 괜찮으니 부담 갖지 말라고 격려해 준다. 그러면 아주 잠깐이라도 낯선 사람과의 만남을 실천하고 온다. 그 실천은 또 다시 학급 다른 친구들에게 보석 같은 깨달음으로 나눔이 된다.

#### 성찰 메모

사회 교과 수업으로 지역 교류를 하거나 자매 학급 등을 추진했다. 심지어 어떤 선생님은 국제 학급 교류를 하신다는 소식도 들었다. 부러운 일이다. 어떤 형식, 어떤 대상이든 낯선 사람과의 접촉을 늘려 주는 것은 학생의 사회적 공감 능력 향상에 직결된다고 확신하기 때문이다. 그런 기회가 없는지 눈을 더 크게 뜨고 찾아봐야겠다.

"저에 대해 뭘 아세요?"

화장기 없이 초췌한 얼굴을 한 지영의 이 한마디가 대한민국에 커다란 파장을 일으켰다. 《82년생 김지영》이라는 소설은 사회 전반에 걸친 여성의 삶에 대한 재조명과 사회적 차별, 덩달아 조명받는 소외된 남성까지 파장을 넘어 파문이라고 할 만한 파급력을 보였다.

문학의 힘은 이렇게 강하며, 특히 공감 능력을 키워 주는 데 탁월하다. 인지학자 레이먼드 마와 키스 오틀리의 연구에 따르면 소설을 자주 읽는 사람은 남의 마음을 잘 이해하고, 남의 이야기에 쉽게 공명하며, 남의 관점에서 세상을 볼 줄 안다고 한다. 뇌과학 연구에서는 문학작품의 줄거리를 이해할 때 사용하는 뇌의 영역과 공감을 할 때 활성화되는 뇌의 영역이 겹친다는 것이 밝혀졌다. 깊은 몰입과 관점 이입, 문학은 공감의 정수인 셈이다.

그런 의미에서 10여 년 전부터 교실에 부는 온작품 읽기 열풍이 반갑다. 온작품을 통해 학생들과 공감 여행을 떠날 수 있기 때문이다.

### Point 1. 교육과정 재구성을 활용하라

온작품 읽기 수업을 할 때 가장 많이 하는 고민은 시수 확보이다. 초등학교의 경우 국어 교과에서 '독서' 단원이 따로 있지만 학기당 3차시 내외로 매우 적기 때문이다. 그래서 교육과정 재구성은 선택이 아닌 필수이다. 재구성을 할 때 관련 성취 기준과 학습 주제를 잘 활용하면 많은 시수를 확보하면서, 성취 기준 달성과 공감 능력 향상을 동시에 이룰 수 있다. 예를 들어 4학년 1학기 국어 교과의 경우 '[4국02-05] 읽기 경험과 느낌을 다른 사람과 나누는 태도를 지닌다', '[4국05-02] 인물, 사건, 배경에 주목하며 작품을 이해한다', '[4국05-05] 재미나 감동을 느끼며 작품을 즐겨 감상하는 태도를 지닌다' 등의 성취 기준을 묶어 충분히 한 작품을 활용해 공감 능력을 길러 줄 수 있다.

**Point 2. 개별 작품에 대한 자료보다는 만능 툴tool**

온작품을 활용한 공감교육 사례를 공유하면 학습지를 요청하거나, 활동 과정을 구체적으로 알려 달라는 요구들이 많다. 하지만 각 교실의 상황과 니즈가 달라 적용하기 힘든 경우도 있어서 안타깝다. 개별 콘텐츠보다는 만능 툴이 더 실용적이라고 생각한다. 모든 음식에 첨가하면 감칠맛을 내는 조미료처럼 다양한 상황에 적용하면 나만의 콘텐츠를 만들 수 있기 때문이다. 작품을 선택하는 툴은 다음과 같다.

1. 아동, 청소년을 대상으로 한 문학작품
2. 사회적 공감을 위해 학생과 접점이 적은 외집단이 등장하는 작품
3. 등장 어휘나 설정이 지나치게 어렵지 않은 작품

작품을 읽으면서 교과서 대신 활용할 학습지를 만든다. 학습지에 들어갈 주요 내용은 다음과 같다.(줄거리나 내용 파악에 대한 질문은 생략)

특정 장면에서

1. 인물이 어떤 생각을 하고 있을까요? 왜 그렇게 생각하나요?

2. 인물이 어떤 감정을 느끼고 있을까요? 왜 그렇게 생각하나요?

3. 인물이 어떤 행동을 하고 있나요? 왜 그런 행동을 할까요?

4. 인물은 무엇을 결심하거나 바랄까요? 왜 그렇게 생각하나요?

5. 만약 당신이 이 인물이라면 어떤 선택(말이나 행동)을 하고 싶나요? 그 이유는 무엇인가요?

6. 표정을 살려 인물의 얼굴을 그려 주세요.

7. 다음 인물의 대사에 대해 공감을 담아 마음 읽기로 대답을 써 주세요.(아래 예시 참고)

- 흥부 : 아이고, 형님에게 쌀 얻으러 갔다가 뺨만 맞고 돌아왔네. 쌀은 얻지도 못했으니 이제 우리 식구 어떡하나!

- 나 : (                                                                    )


이야기 전체에서

1. 인물의 사회적, 환경적, 관계적 / 정서적 배경에 대해 써 봅시다.

- 사회적 배경 예시 : 오른쪽 다리를 저는 장애를 가지고 있음. 초등학교 4학년이고 백인

- 환경적 배경 예시 : 부유하고 부족한 가정환경. 형 2명 있음. 고급 주택이 많은 마을에 살고 있음.

- 관계적 / 정서적 배경 예시 : 내성적이고 겁이 많음. 친구들과 잘 어울리지 못함. 외로움을 많이 탐.

291

2. 시간 순서에 따라 인물의 인생 그래프를 그려 봅시다.

3. 만약 내가 작품 속으로 들어간다면 인물과 어떤 관계를 맺고 싶나요? 어떤 행동이나 선택을 할 건가요? 이유는 무엇인가요?

4. 인물이 작품 속에서 튀어나와 실제로 지금 이 순간 여기에 있다면, 어떤 경험을 할지 상상 글쓰기로 써 봅시다.

5. 인물이 작품 속 모든 상황을 조정할 수 있다면 어떻게 이야기를 꾸며 가고 싶을지 상상해서 써 봅시다.

## Point 3. 다양한 확장 활동

다양한 독후 활동은 작품 감상에 풍미와 깊이를 더할 뿐 아니라 공감 능력도 향상시킬 수 있다. 첫 번째는 핫 시팅이다. 핫 시팅은 작품의 특정 장면에서 하기도 좋고, 전체를 다루고 나서도 효과적이다. 인물이 되어 생각을 글로 표현하는 것뿐 아니라 말과 행동으로 옮겨 보면 더 깊은 관점 취하기가 된다. 두 번째는 뇌 구조 그리기다. 해당 인물의 뇌를 들여다볼 수 있다고 생각하고 생각, 감정, 결심 등을 그리고 꾸미는 활동이다. 특히 모양이나 색깔을 다르게 해 생각과 감정을 구분하면 더 효과적이다. 세 번째로 '어깨에 손을' 활동도 의미 있다. 인물을 연기할 학생 한 명을 교실로 초대한 뒤 자신에 대해 이야기하게 한다. 그러면 나머지 학생들이 그 인물에게 다가가 '어깨에 손을' 활동을 한다. 그리고 소감을 나누면 된다.

## Point 4. 시작하기 좋은 작품

좋은 문학작품을 많이 알고 계신 선생님들이 많다. 내가 모든 작품을 알고 있지 않기에 어떤 작품이 최고라고 추천하는 어리석은 짓을 하지 않으려 한다. 다만 처음에 무엇으로 시도해 볼지 너무 막막한 분들이 계시다면 '내가 해 봤더니 이 작품 정도는 괜찮은 것 같다'는 지극히 주관적인 팁이라도 남겨 볼까 한다. 참고로 나는 소설도 좋지만 영화도 사회적 공감 능력을 키우는 데 큰 도움이 된다고 생각한다.

1. 《가방 들어 주는 아이》: 다리가 불편한 친구의 가방을 들어 주며 생기는 이야기. 장애를 가진 친구에 대한 공감 능력을 키울 수 있다.
2. 《돈가스 안 먹는 아이》: 이슬람 종교를 믿고 생김새도 다른 아부와 함께 지내는 이야기. 인종, 종교에 대한 공감 능력 향상에 도움이 된다.
3. 《안네의 일기》: 유대인 소녀 안네를 통한 인종차별과 학살의 이야기.
4. 《톰 아저씨의 오두막》: 노예제도를 통한 인종차별 이야기에 접근할 수 있다.
5. 〈원더Wonder〉: 장애를 가진 친구와 소년의 우정을 다룬 영화
6. 〈인생은 아름다워Life is beautiful〉: 홀로코스트를 다룬 영화

### 성찰 메모

문학의 힘은 위대하다. 내가 이 활동에서 가장 좋았고 바라는 점은 아이들이 커서도 문학을 사랑하고, 그 속에 몰입하여 익숙하지만 잘 모르는 사람들과 낯선 외집단에 대한 공감 능력을 키우는 것이다. 그것이야말로 독서의 강력한 매력이 아닐까?

공감에 대해 이야기하고, 공감교육을 한다고 하면 많은 사람들이 이렇게 말한다.

"선생님은 공감을 엄청 잘하시겠어요. 선생님 아내분이나 아이들은 얼마나 좋을까요?"

행여나 아내가 이 말을 들을까 무섭다. 공감이 서툰 나를 항상 지지해 주는 아내에게 미안하고 고맙기 때문이다. 나는 여전히 공감이 어렵다. 감정보다는 이성이 앞서며, 마음을 읽어 주는 것보다 해결을 돕는 게 편하다. 더구나 가족, 특히 아내에게는 더욱 어렵다. 실제 연구 결과에 따르면 부부가 결혼하면 1~2년 후에 공감 정확도가 떨어지기 시작한다고 하는데, 이는 각자의 관심사가 달라지고 상대방과 무언가를 동시에 함께하는 것이 어렵다는 것을 깨닫기 때문이라고 한다. 내가 생각하는 이유는 서로 많은 역사가 얽혀 읽기 때문인 것 같다. 생활의 절대 다수 영역을 공유하다 보니 상대의 불편한 감정 원인이 나에게 있음을 아는 순간 공감이나 인정보다는 해명과 판단을 하고 싶어진다. 그래서 나는 역설적으로 공감을 강조하지만 동시에 공감 강박을 경계하라고 이야기한다. 누군가에게 꼭 공감해 줘야 한다는 생각 때문에 내 생각의 주장을 주저한다면 어쩌면 상대에게 동조 압박을 받거나 스스로 공감 강박을 느끼고 있을 가능성이 있다. 그래서 경계 세우기가 필요하다.

그럼에도 불구하고 공감으로 인해 내 삶은 변하고 있다. 우선 학급에서 극단적인 대립이나 심각한 신체 폭력, 학교폭력 등이 거의 사라졌다. 물론 언제나 아이들이 웃으며 생활한다거나 갈등이 없는 것은 아니지만, 공감을 바탕으로 그 이상 심각한 수준으로 커지지는 않는다. 누군가에게 큰 상처를 주고 공격성을 보이려면 상대를 비인간화하고 대상화해야 하는데, 그것에 대한 경계와 인식이 만들어져 있기 때문인 것 같다. 특히 매일, 조금씩 하는 연결과 공감 쌓기 활동이 학급 내에서 관계의 윤활제와 안전망 역할을 하고 있다.

또 하나는 교사로서 느끼는 책임의 중압감이나 부담감이 줄어들었다. 교사는 학생의 문제나 갈등을 책임지고 평화적으로 해결해야 한다는 압박감에 시달린다. '공정하게 해결하지 못해서 학부모 민원이 들어오면 어떡하지?', '제대로 해결이 안 되어서 아이들에게 상처가 남지는 않으려나?'하는 걱정이 머릿속을 맴돈다. 공감은 이런 부담감을 줄여 준다. 공감의 기본은 상대의 존재에 대한 인정과 존중이다. 상대가 나보다 능력이 부족해 보이거나 어리더라도 결국 제 삶의 주인으로서 역할을 할 수 있다는 믿음을 가져야 공감이 가능하다. 결국 문제 해결은 학생 스스로가 해야 하는 본인의 몫이다. 교사의 책임을 피하거나 방관하는 것 아니냐는 오해도 생길 수 있고, 그럼 교사는 뭘 하냐는 낯선 질문을 할 수도 있다. 교사는 공감해 주는 사람이다. 그리고 공감은 상대방이 스스로 문제를 해결할 수 있는 힘을 북돋아 주고 격려와 지지를 보내 주는 것이다. 언제든지 힘들 때면 어깨를 기대도 괜찮다며 보여 주는 넓은 품이다.

공감교육을 한다고 당장 학생의 행동이 180도 바뀌는 것은 아니다. 여전히 친구를 비난하는 아이도 있고, 다른 사람의 감정 살피기를 꺼리는 학생도 있다. 하지만 가랑비에 옷이 젖듯 하루하루 공감을 쌓아 가다 보면 어느새 빗물은 바다가 되어 우리를 공감의 물결 위에 두둥실 태울 것이라고 믿는다. 그래서 나는 오늘도 공감 수업을 한다.